# 精神障害者支援の思想と戦略

## QOLからHOLへ

田中英樹
Tanaka Hideki

Ψ
金剛出版

# まえがき

「精神障害者支援の新パラダイム」（田中、二〇一〇）を発表して早一〇年近く経った。この間、わが国の精神保健福祉の何がどのように変わったのだろうか。精神保健福祉法の改正により、家族の保護者規定は法律からは削除された。精神科病院には一定数の医療保護入院患者に対応した退院後生活環境相談員が配置された。精神科病院の改革に対する大臣指針も示された。障害者総合支援法による地域での障害者支援の各種事業や施設の整備も大きく前進した。国際的に見てあまりにも立ち遅れていたわが国の精神障害者支援、精神科医療やリハビリテーションが、近年ようやく改革に向かう変化を見せてきた。精神保健福祉士の誕生、入院中心から地域生活中心への流れ、障害者総合支援法の制定など、地域基盤の良質な医療、科学的な精神障害リハビリテーション、生活支援や就労支援などの障害者福祉施策の前進など、この一〇年、二〇年は精神障害者支援にとって薫風の流れが形成されてきた。

筆者は、日本精神障害者リハビリテーション学会第二六回東京大会（早稲田大学）で、大会長として基調講演する予定であるが、そのテーマは「今、ここから時空の扉を開けよう！」である。大会テーマである「拡げよう！

ベストプラクティスのうねりを！」と合わせて、知と希望を創造する学術集会がどんな成果を生み出すのか期待が高まるが、本書は筆者の基調講演では語りきれないわが国の到達点、近未来図を描くため、企画された。

本書は二部構成である。序章では、わが国の現状として精神障害者の現状や施策の動向および課題を挙げた。これらは、数年で大きく変化する内容でもあり、序章に位置づけた。

第Ⅰ部は「精神障害者支援の思想と戦略」とした。先に挙げた「精神障害者支援の新パラダイム」を下敷きに全面改稿したが、今回新たに執筆した原稿と、未発表論文、既に発表した論文を修正・加筆した内容で再構成した。内容は第Ⅰ部の「はじめに」で触れているので、ここでは第Ⅱ部について若干紹介しておきたい。

第Ⅱ部は、筆者がこれまで発表した論文から主なものを選び、一部は修正して構成した。およそ原理論から具体的考察の順に並べた。第五章「精神障害リハビリテーションの概念」の初出は、日本精神障害者リハビリテーション学会が総力を挙げて取り組んだ『精神障害リハビリテーション学』（二〇〇〇年）である。精神障害リハビリテーションの概念は当時、仮の定義として発表したが、その後も変更されていない。第六章「思想史としての精神障害リハビリテーション」の初出は二〇〇四年で、精神障害リハビリテーションの思想を跡づけ、「ＨＯＬ（ホープ・オブ・ライフ）」をニューミレニアム時代の思想として紹介した。第七章「精神保健福祉学とは何か」は、二〇一一年に発足した「日本精神保健福祉学会」の学会誌が初出で、筆者は石川到覚初代学会長（現・大正大学名誉教授）の次に学会長に選ばれ、その立場から論考した。第八章「民間活動の意義と歴史」は二〇〇二年初出で、第三章「基盤は地域」につながる足跡を紹介することで地域実践の意義と歴史を掘り下げた。第九章「九州における精神科病床数の蓄積過程に関する研究」は、九州で八年間の研究生活を送る機会を得、またいずれ首都圏に戻ることを想定しての研究であった。多くの離島を訪れ、研究の楽しさを味わうことができた。

さて本書の題名『精神障害者支援の思想と戦略――ＱＯＬからＨＯＬへ』は、相当以前から考えていたフレーズである。二〇〇三年、長崎でお会いしたメアリー・オヘイガン（世界精神医療ユーザー・サバイバーネットワークの創立者の一人）は、「希望」について以下のように述べた。

リカバリーをもたらすことができるサービスは、専門家が私たちに希望を失わせないようなサービスである。リカバリーは希望のないところには起こらない。専門家が暗い予測を立てたり、治療の見込みがないと考えたとき、それはリカバリーにはならない。専門家は、ユーザーの管理者として振る舞うのではなく、自分たちにはユーザーの人生に前向きの変化を起こす力があると考えてほしい。

サービスの持つ科学性も大切であるが、希望のもたらす意味はあまりも大きい。

日本の現状の捉え方は、評価者の立ち位置によって幅がある。精神科病院を退院して地域で暮らせるようになった精神障害者はどれだけ増えたか、その結果精神科病床数は大きく削減されたか、障害者差別解消法の創設と施行で社会の偏見や差別はどれだけ薄まったか……といくぶん否定的に評価する立場から、退院促進、地域移行・地域定着支援が進められると共に、障害者総合支援法により精神障害者が利用できる地域資源は大幅に整備され、世界の背中が見えてきたと肯定的に評価する立場の人もいよう。筆者は、基本的に前進面を評価しながらも、未だに課題が大きいことも冷厳に認識している。しかし、現在は過去の動線に繋がっており、未来への扉でもある。本書を手にとった人にとって、本書が意味ある出逢いになることを願っている。

［文献］

田中英樹「精神障害者支援の新パラダイム――精神障害者を支える実践と権利擁護」社会福祉研究、一〇九号、二〇-三〇頁、二〇一〇年

精神障害者支援の思想と戦略——目次

# 精神障害者の実態と施策の変化

## ――入院医療の変化

精神障害者支援の方向性は、精神障害者の全体状況であるその人数、置かれた生活の実態、精神障害者の願いの総量と質、つまりニードを実証的に明らかにすることが出発点である。しかし、わが国の精神障害の定義は、一つのものとして明確に示され、かつ共通言語として通用しているとは言い難い。「障害」という言葉を使用しながら、それが「疾患」を意味するものとして、一九五〇年の精神衛生法制定以来長く使用されてきていることや、精神障害の範囲あるいは内容が、法制度上の扱いと医学やそれを基礎とした医療上の扱いに齟齬があること、同じ自治体が使用する際にも、法律に基づく手続きの場合と統計や広報等での場合によって、違うものを示していることがある。精神疾患という意味でのわが国の精神障害者数は、約三九二・四万人（平成二六年患者調査）と報告されているが、これは年間の入・通院者の実数である。そのうち、三一・三万人が入院（精神科病院二八万七〇〇〇人、他の精神病棟および施設入所二万六〇〇〇人）、三六一・一万人が通院である。また、福祉対象としての精神障害者保健福祉手帳の取得者は九二万一〇二二人（一級一一万六〇一二人、二級五五万〇八一九人、三級二五万四一九一人（二〇一六（平成二八）年三月末現在））と、身体障害者・知的障害者と比べると取得率はここ数年で大幅に増加傾向にあるものの、未だ上限に達したとは言えない。これは、精神保健福祉法が定めた医療対象である精神疾患患者としての精神障害者（Mentally Disordered）と、障害者基本法が定めた福祉対象としての精神障害者（Mentally Disabled）の二重規定による。精神保健福祉法第五条では、「この法律で『精神障害者』とは、統合失調症、精神作用物質による急性中毒又はその依存症、知的障害、精神病質その他の精神疾患を有する者をいう」と規定している。つまり、精神疾患を有していることをもって精神障害者と規定している。

一方、障害者基本法第二条第一項では、「障害者／身体障害、知的障害、精神障害（発達障害を含む。）その他の心身の機能の障害（以下「障害」と総称する。）がある者であって、障害及び社会的障壁により継続的に日常生活又は社会生活に相当な制限を受ける状態にあるものをいう」としている。この定義は、精神保健福祉法と異なり、個人モデルおよび社会モデルで生活に継続的に制限が加わっていることをもって障害者と規定している。

したがって、厳密な意味で精神障害者数を特定することは困難であるが、両者の中間に「生活のしづらさを抱えた障害のある人」を精神障害者（主に統合失調症圏や気分（感情）障害の疾患）と捉えている。精神障害者は、①見えない障害（非可視的）のため、理解されにくい。診断のための検査が困難。②疾患と障害を併せもつ（ベースに精神疾患があり、日常生活および社会生活に影響が大きい）。③病状が悪化する場合もある（可逆的）。④根強い偏見や差別がある。⑤医療（継続した治療）と福祉（さまざまな生活支援）の両側面の支援が不可欠である、といった特性がある。

精神障害者の多くが、映画「ビューティフルマインド」のジョン・ナッシュ博士のように、①精神症状からくる苦痛、②服薬とその副作用からくる苦痛、③置かれた状況からくる心理的苦痛、④病気や長い入院生活の結果

表1　精神病床数・入院患者数・精神通院医療支給決定件数
（平成29年630調査／精神保健福祉資料）

| | |
|---|---|
| 病床数等 | |
| 1.　精神病床数 | 328,182床 |
| 2.　入院患者数 | 284,172人 |
| 　　措置入院 | 1,621人 |
| 　　医療保護入院 | 130,360人 |
| 　　任意入院 | 150,722人 |
| その他 | 1,469人 |
| 3.　自立支援医療（精神通院医療）支給決定件数 | 1,817,829件 |

もたらされた生活スキルの低下などを抱えている。

精神障害者の精神疾患の種別構成割合は、統合失調症圏約七七・三万人、気分（感情）障害約一一一・六万人、神経症圏約七二・四万人、認知症約六七・八万人などである。入院では統合失調症圏が一五・五万人と入院患者の五五％を占めるが、気分（感情）障害は二・七万人と少ない。通院では近年に入り気分（感情）障害が三五・九％と大幅に増加し、統合失調症圏二一・五％、神経症圏二〇・七％の三大疾患が特徴である。

長らく常に検討課題となってきたわが国の精神科病床であるが、世界基準からみれば病院中心主義が続いているとはいえ、患者統計（二〇一四（平成二六）年）や六三〇調査（精神保健福祉資料＝厚生労働省が毎年六月三〇日付で都道府県・指定都市に報告を依頼する調査）、医療施設調査・病院報告（二〇一六（平成二八）年）の結果を見ると、ここ一、三年は病院中心主義から脱却をめざす新たな変化も生じている。新規入院患者の約五八％が三か月以内に、約八七％が一年未満で退院し、病床利用率には低下（約八六・二％の利用率）があり、病床数（人口万対二六・三）、平均在院日数（二六九・九日）、長期入院群（一〇年以上約二四・六％、五年以上約三八・五％）、入院患者の高齢化（六五歳以上四七・五％）などに若干ではあるが変動が見られる。

しかし、精神科病床三三万床はわが国の総病床数（一四〇万床利用／全一五六万床）の二割を占め、また、世界の精神科病床数（一六五万床）でも世界人口の二％のわが国が二割を超えて占有している。ちなみに人口千対精神科病床数は、日本の二・六三に対し、アメリカ〇・二一、イギリス〇・四、フランス〇・八六、イタリア〇・〇九、スウェーデン〇・三四、オーストラリア〇・四一、カナダ〇・三四、ニュージーランド〇・二七であり、先進諸国はほぼ人口千対一床を切り、さらに先進地域は〇・二〜〇・六床前後の水準になっている。

世界基準では、すでに精神疾患の入院治療は特別なことで第一の選択肢ではない。しかし、わが国では、入院がいまだ主要な選択肢になっている。その結果、精神障害者は社会との隔絶や孤立の状況に置かれ、生活スキルや能力と意欲の低下を余儀なくされ、これまで築いてきた家族や仕事を失うこと、その人らしい人生や希望、誇り、そして生きていく力の喪失に繫がっていく。

## ――地域生活者としての精神障害者

一方、地域における生活の実態ではどうであろうか。精神障害者の地域生活には、収入や住居、働くことや余暇活動、社会参加や権利擁護、地域を基盤とした良質な治療、仲間や専門家の支援などさまざまな要素が必要である。地域生活といっても施設に長く入所中の者、入退院を繰り返している者もいる。住まいの状況・どこで暮らしているのかは、表1に示したように家族と同居が多い。精神障害者はほぼ家族と同居か、さもなければ施設やグループホームなど、暮らす場所は制限されている。数万人は働いているし、数万人は医療機関の精神科デイケアや福祉施設などを利用しているが、どこにも通わず自宅で過ごしている無職・無役割の者が大半である。その結果、家族の援助がない限り生活保護費や僅かな障害年金に頼らざるを得ず、生活のさまざまな側面で自由が制限されている。

表1　精神障害者の住まいの状況（単位％）

| 家族と同居 | ひとり暮らし | 福祉ホーム等 | グループホーム | 老人福祉施設 | その他 |
|---|---|---|---|---|---|
| 76.8 | 17.9 | 1.3 | 1.7 | 0.5 | 1.8 |

どのくらいの精神障害者がどこで働いているか、就業実態では、一五歳以上六四歳以下の精神障害者保健福祉手帳所持者のうち、全国で六万一千人が就業（平成二〇年一月発表厚生労働省職業安定局高齢・障害者雇用対策部調査結果）しており、八〇％以上は就業していない。その就業も、常用雇用は三二・五％で、多くがパート、アルバイトなどの不安定な就業か小規模作業所や授産施設などでの福祉的就労である。一般の成人は雇用情勢が悪い時でも一般企業で九割以上が就労しているが、精神障害者は僅か数％が雇用されているに過ぎない。本人の就労したい希望は各種の調査で六、七割あるが、現実には働く場と機会が絶対的に不足している。精神障害者の一般就労の月平均収入は一五万円であるが、福祉的就労の収入（工賃）平均一、二万円では当然生活はできない。

日常的に誰と交流があるかの調査では、全国調査はないが自治体や施設の調査では圧倒的に家族が多く、次いで障害者仲間や専門家となっており、精神障害者ではない人との交流の機会は少ない。地域の典型的な精神障害者は、成人になっても家族と同居し、就労の場も収入も少なく、同じ精神障害者や支援者との人間関係しかない。地域生活の質（ＱＯＬ）は高まっていないのが現状である。

## ――地域生活支援の現状

地域における支援の現状ではどうであろうか。一九九九年の精神保健福祉法改正による二〇〇二年からの市町村における在宅福祉サービスの展開（手帳申請等の窓口業務、福祉に関する相談窓口業務、精神障害者居宅生活支援事業）は、精神障害分野の福祉において他障害の施策に追いつく努力を示した。精神科デイケアに代表される医療サービスを除き、これまで精神保健福祉法の下で展開されてきた社会復帰施設・事業などの精神障害者の地域生活支援は、障害者自立支援法（二〇〇五年）の制定以来、主要な三障害を統合し、市町村を中心とした新たなシステムに再編された。したがって、精神障害者に利用対象を限った障害福祉サービスではないが、「介護給付」「訓練等給付」「自立支援医療」などの自立支援給付（個別給付）と市町村および都道府県の地域生活支援事業に大別して、これまでの障害種別の施設・事業を昼のサービス（日中活動）、夜のサービス（居住支援）に大きく再編し整備されつつある。二〇一六（平成二八）年四月一日現在、計画相談支援事業所八七三六か所、地域相談支援（地域移行支援）事業所三二四九か所、地域相談支援（地域定着支援）事業所三一二〇か所、相談支援専門員一万〇二四八人（地域相談支援を含む）、地域活動支援センター約三〇〇〇か所（Ⅲ型を含む推定値）、障害者就業・生活支援センター三二七か所、障害者総合支援法における就労系障害福祉サービス（平成二八年二月または平成二九年二月の国民健康保険団体連合会（国保連）調査では、就労移行支援事業三三七五事業所（三万二三三八人）、就労継続支援A型事業三五九六事業所（四六四四六人）、就労継続支援B型事業一万〇二二四か所（二五万二五九七人）などがある。主要三障害の利用人数は、国保連によれば「就労継続支援B型では障害種別による差はほとんどないが、就労移行支援および就労継続支援A型では、精神障害者の伸びが大きくなっている」と分析している。

精神障害者の就労を二〇一三（平成二五）年度障害者雇用実態調査（国保連データ）で見ると、一般就労が四・八万人（平均賃金約一五・九万円）、就労継続支援事業A型一万四五四三人（平均賃金六・九万円→二〇一六（平成二八）年七・一万円）、就労継続支援事業B型五万三五三一人（平均一・四万円→二〇一六（平成二八）年一・五万円）となっている。二〇一六年五月には障害者総合支援法が改正され、自立生活援助と共に就労定着支援が創設され、報酬改定も進められてきた。いずれにせよ、就労移行支援・就労定着支援は、全体的に見ると前進面も期待されるが、成果目標通りに進んでいるとも言い切れない。特に最近では設置法人の多様化などの背景もあり、就労継続支援A型事業所の中には、自立支援給付金からの賃金補填、労働時間の一律短縮、計画倒産など不適切な事例が発生してきた。今後の国の運営基準の見直しが注目されている。

なお、精神障害者の民間企業における雇用状況を二〇一七（平成二九）年六月一日現在で見ると、五万人を初めて超えた（厚労省職業安定局調べ）。また、二〇一三（平成二五）年の障害者雇用促進法の改正を受けて、二〇一八（平成三〇）年度から精神障害者が法定雇用率に加わったことで、国および地方公共団体の雇用義務が二・三％から二・五％に、都道府県の教育委員会が二・二％から二・四％に、従業員四五・五人以上の民間企業が二・〇％から二・二％にそれぞれ引き上げられた。また、障害者の就労と生活支援を一体的に進める障害者就業・生活支援センターも二〇一八年四月現在で三三四か所に増加した。これらは精神障害者の就労状況を大きく改善する追い風になっていくと期待されている。

また、精神障害者グループホーム約一万人分（三障害を合わせると二〇一七年度末で七三四二か所一〇万八三〇二人分）などの整備は目標以上に進んでいるが、耐震防災対策の強化はこれからの課題である。

さらに、本人の意思を尊重して、精神科病院・障害者支援施設・グループホームからの一人暮らしを希望する精神障害者を支援する自立生活援助事業が創設され、二〇一八年度から実施された。この制度では、一定の期間、利用者宅への定期的な訪問活動で生活の様子を見守ると共に、電話やメールを含め随時のサポートもする。この他にも、地域生活支援拠点の整備、計画相談支援の充実、日中サービス支援型指定共同生活援助の創設、精神障害者にも対応した地域包括ケアシステムの構築など地域を基盤とした制度の構築が進められつつある。

## ――精神障害者支援の主要な課題としての「社会的入院」の解消

精神保健医療福祉における日本のパラダイムチェンジを概括すると三期に分けることができる。第一のパラダイム転換は、一九〇〇年から一九一九年の二〇年間で、「治安モデル」（隔離収容保護の確立としての収容施設の整備）が国家レベルで確立した。第二のパラダイム転換は、一九五〇年から一九六五年の一六年間で、「医療モデル」（入院医療中心主義の確立、補完としての地域での疾病管理である公衆衛生）が確立した。そして、第三のパラダイム転換は、一九九五年からおよそ二〇一九年までの二五年間であろう。このパラダイム転換は「統合的生活モデル」、精神障害者の地域生活支援の確立である。つまり「それぞれの地域で、継続した良質な治療・リハビリテーション・生活支援が総合的に具備され、包括的な生活上の必要に応じ、生活の継続性と充実をもたらすために、いつでも、誰にでも、どこでも、支えあうシステムを形成していくこと」（田中、二〇〇一）にある。

第三のパラダイム転換期の特徴は、①サービス提供者中心の施策から、サービス利用者中心への転換、②医学モデルから統合的生活モデルへの転換、③国際障害分類（ＩＣＩＤＨ）から国際生活機能分類（ＩＣＦ）への転換、④インテグレーションからインクルージョンへの転換、⑤計画行政の導入（障害者プラン・障害者基本計画・市町村障害者保健福祉計画）と義務化、⑥入院・入所中心からコミュニティケアへの転換、⑦障害者の在宅サービスおよび雇用・就業確保の重視、⑧市町村基盤および三障害統合施策の重視、⑨権利擁護の実効ある確立などがメルクマールとなっている。その意味で新パラダイムへの転換は目前ではあるが、なお力を入れるべき課題も存在する。

その第一は、長期入院患者の退院促進、とりわけ、わが国特有の歴史的積み残しである「社会的入院」の解消、退院促進・地域移行支援が喫緊の課題である。なお、「社会的入院」に定説はないが、厚生労働省は「受け入れ条件が整えば退院可能」（新障害者プラン）というように、病状的には退院できるにもかかわらず地域における受け入れ条件が整わないなどの社会的事由により、長期にわたり入院継続を余儀なくされている状況を示す説明概念である。新障害者プラン（二〇〇二年）では、その数を七万一六〇〇人とし、向こう一〇年以内に退院・地域移行を目指すとした。世界保健機関（WHO）は、二〇〇二年に日本の精神医療を病院収容から地域医療に転換する勧告をわが国に通告し、国は二〇〇四年九月に、「精神保健医療福祉の改革ビジョン」を発表し、「入院医療主体から地域生活中心としたあり方への転換」を掲げ、受け入れ条件が整えば退院可能な者（約七万人）の退院促進（ひいては約七万床の病床数削減）を基調とした。

しかし、かつて旧厚生省の過去の調査（一九八三年）では、「退院可能・条件が整えば退院可能」を三〇・四％とし、日本精神神経学会は一九八九年、「社会的理由による二年以上の入院者」を三三・一％とし、一九九九年には、「条件が整えば六カ月以内に退院可能な二年以上の入院者」を三一・五％と再び明示した。これらの数値に対し、ユーザー側である全国精神障害者家族会連合会（一九九五年）は、「社会資源が整備されれば退院可能な一年以上の入院者」を三九・七％としたのに対し、経営者側の日本精神病院協会（一九八九年）は、「社会的入院」概念を認めず「寛解・院内寛解」患者を一二・九％としたように立場により数値に開きがある。実態的にはおおむね約三割の入院患者が「社会的入院」と言われている。この解決が急がれるのは、「社会的入院」の半数以上が高齢化しており、現に毎年一万人を超える長期入院患者が病院で生涯を終えている（医療施設調査・病院報告）。一〇年間で一〇万人を超える入院者が死亡退院していることになる。二〇一六年以降では、毎年の死亡退院は二万人を越えてきた。そのため、退院促進の強力な働きかけがなくても、病床は減少していくという報告すらある。このままでは長期入院患者は過ぎ去った人生を取り戻すことなく病院内で生涯を終える。そうなれば、わが国の精神障害者施策は、最大の人権侵害として世界から非難されることになる。

国は、二〇〇三年度から精神障害者退院促進支援モデル事業を県レベルで試行的に始め、二〇〇八年度からは、地域体制整備コーディネーターや個別支援を担う地域移行推進員（自立支援員）を配置した精神障害者地域移行支援特別対策事業による退院促進に拡大し、さらに、地域生活への移行支援にとどまらず、地域生活への移行後の地域への定着支援も行う事業へ見直しを進め、二〇一〇年度から「精神障害者地域移行・地域定着支援事業」を開始している。この事業は、地域生活体験プログラム（実際の体験談を聞く、体験するなど）、個別支援計画の作成、支援ネットワークの構築などを柱としているが、これまでの精神障害者退院促進支援モデル事業や地域移行支援特別対策事業でも七年間で実質二〇〇〇人に満たない成果しか挙がっていない。この原因は、「社会的入院」の解消を法的な強制力を伴わない「事業」で展開し、精神科病院の意向や善意に依拠し、家族以外の社会的受け入れ施策が立ち遅れていることにある。

前述の精神保健医療福祉の改革ビジョン（「入院医療中心から地域生活中心へ」の改革のために、①国民の理解の深化、②精神医療の改革、③地域生活支援の強化を今後一〇年間で進める）が、大きく動き出したのは、二〇一三年の精神保健福祉法一部改正からである。法改正によって、①精神分裂病が正式に統合失調症に呼称変更されたこと、②医療の提供を確保するための指針が定められることになったこと、③保護者制度の廃止（保護者に関する規定を削除したが、医療保護入院時の家族の同意要件は残った）、④医療保護入院の見直し、⑤精神医療審査会に関する見直しが規定された。法改正を受けて、二〇一四年四月には、「良質かつ適切な精神障害者に対する医療の提供を確保するための指針」が厚労省から発表された。指針では、「入院医療中心の精神医療から地域生活を支えるための精神医療の実現に向け、精神障害者に対する保健医療福祉に携わる全ての関係者が目指すべき方向性を定める」ことを前提に、四つの事項を提示した（表2）。

続く同年七月一四日には、「長期入院精神障害者の地域移行に向けた具体的方策に係る検討会」が取りまとめた「長期入院精神障害者の地域移行に向けた具体的方策の今後の方向性」が公表された。この中身は、長期入院

表2 「良質かつ適切な精神障害者に対する医療の提供を確保するための指針」
（厚生労働省告示第65号（平成26年4月1日適用））

| |
|---|
| 1. 精神病床の機能分化に関する事項 |
| ・機能分化は段階的に行い、人材・財源を効率的に配分するとともに、地域移行をさらに進める。その結果として、精神病床は減少する。<br>・地域の受け皿づくりの在り方や病床を転換することの可否を含む具体的な方策の在り方について精神障害者の意向を踏まえつつ、保健・医療・福祉に携わるさまざまな関係者で検討する。<br>・急性期に手厚い医療を提供するため、医師、看護職員の配置について一般病床と同等を目指す。<br>・入院期間が一年未満で退院できるよう、多職種のチームによる質の高い医療を提供し、退院支援等の取り組を推進する。<br>・一年以上の長期入院者の地域移行を推進するため、多職種による退院促進に向けた取り組を推進する。 |
| 2. 精神障害者の居宅等における保健医療サービス及び福祉サービスの提供に関する事項 |
| ・外来・デイケア等で適切な医療を受けながら地域で生活できるよう、外来医療の提供体制の整備・充実及び地域における医療機関間の連携を推進する。<br>・アウトリーチ（多職種のチームによる訪問支援）を行うことのできる体制を整備し、受療中断者等の地域生活に必要な医療へのアクセスを確保する。<br>・在宅の精神障害者の急性増悪等に対応できるよう、精神科救急医療体制を整備する。<br>・精神科外来等で身体疾患の治療が必要となった場合、精神科と他の診療科の医療機関の連携が円滑に行われるよう協議会の開催等の取り組を推進する。<br>・医療機関及び障害福祉サービス事業を行う者等との連携を推進するとともに、居住支援に関する施策を推進する。 |
| 3. 医療従事者と精神障害者の保健福祉に関する専門的知識を有する者との連携に関する事項 |
| ・精神科医療の質の向上、退院支援、生活支援のため、多職種との適切な連携を確保する。<br>・チームで保健医療福祉を担う専門職種その他の精神障害者を支援する人材の育成と質の向上を推進する。 |
| 4. その他良質かつ適切な精神障害者に対する医療の提供の確保に関する重要事項 |
| ・保健所の有する機能を最大限有効に活用するための方策を、市町村等の他の関係機関の在り方も含めて様々な関係者で検討し、当該検討に基づく方策を推進する。<br>・非自発的入院の場合においても行動の制限は最小の範囲とし、併せて、インフォームドコンセントに努める等精神障害者の人権に最大限配慮して、その心身の状態に応じた医療を確保する。<br>・自殺対策（うつ病等）、依存症等多様な精神疾患・患者像に対応した医療を提供する。<br>・精神疾患の予防を図るため、国民の健康の保持増進等の健康づくりの一環として、心の健康づくりのための取組を推進する。 |

精神障害者の地域移行および精神医療の将来像として二つの柱を示した。第一に、長期入院精神障害者の地域移行を進めるため、本人に対する支援として、「退院に向けた意欲の喚起（退院支援意欲の喚起を含む）」「本人の意向に沿った移行支援」「地域生活の支援」を徹底して実施。第二に、精神医療の質を一般医療と同等に良質かつ適切なものとするため、精神病床を適正化し、将来的に不必要となる病床を削減するといった病院の構造改革が必要。資源としての病院敷地のグループホーム等への活用は議論のあるところではあるが、二〇一五年以降、長期入院精神障害者の地域移行は本格的に進められることになった。

二〇一六年以降で見ると、明らかに精神科の入院患者数は減少し政策効果が現れているが、一方、ニューロングステイと言われる新規の長期入院者の堆積も課題となってきた。また、障害者総合支援法も二〇一六年五月に改正され、二〇一八年四月から報酬改定も合わせて施行されている。今後は、精神医療の更なる改革を進めながらも、障害者総合支援法の更なる改正、精神保健福祉法の改正を見守りながら、政策の重点が「社会的入院」対策から精神障害者の地域生活の充実に移行することに期待をかけたい。

周知のように、長期入院および社会的入院の存在は先進各国ではすでに解決済みのことである。わが国では、精神科病院の開設が民間病院主体で進められてきた経過から、先進各国のように一足飛びに改革が進まない現実がある。それでも、精神科病床数の削減、短期入院の促進など精神科病院の改革を急ぎながらも、一方で精神障害者の働く場や住まいの場、生活を楽しむ場の確保、社会参加を中心とした地域生活の充実、権利擁護、偏見や差別の解消といった課題に取り組む必要がある。前者が解決してから後者の課題に向かうのではなく、同時併行して推進するのが基本戦略である。

# 第I部

# 精神障害者支援の
# 思想と戦略

# はじめに

本書で第Ⅰ部を独立させ、大半を新たに書き下ろした理由から先に述べたい。

「基本は思想」「基準は世界」「基盤は地域」の三つの章は密接に関連している。それは、わが国の精神障害者支援の現状を動的に分析した結果、何が論ずべきテーマかを定立したことによる。精神障害者支援の世界をリードしてきたものは、エビデンスベースの証明の科学の発展も含めて思想が出発点となっている。全ての人々の社会生活を豊かに幸せにする営みは手段ではなく、その根本には思想がある。思想は世界観であり、社会観であり、人生観であり、人間観である。取り上げた思想「エンパワメント」「ストレングス」「リカバリー」「レジリエンス」はいずれも脱施設化が完了した欧米で、コンシューマイズムの台頭のなかで発せられたものである。なお、うまく説明できたか自信がないが、「ＨＯＬ（ホープ・オブ・ライフ）」は筆者が長年考えてきたキーワードである。

世界で進められている多くの改革、新たな技術やプログラムとその効果のエビデンスは、脱施設化後の精神障害者支援でその有効性が認められたものである。脱施設化がその途についたばかりのわが国で参考になるのかと問われれば、大いになると断言できる。われわれは先を進むモデルとなる各国から学ぶ。しかし、各国がそうであったように、わが国も進歩や改革が全国で一様に始まっているわけではない。学ぶべきモデルはわが国の中にも、つまり地域の実践にもある。世界がベストプラクティスを掘り起こし、発信し、各国の底上げを図ったと同じように、わが国の水準を世界基準に追いつかせるためにも、取り組みをリードする優れた地域実践を紹介し考察することで、未来を展望し、論ずべき中心軸を明らかにできればと考える。

なお、第四章は援助技術に関して若干取り上げた。ここでは、筆者の研究関心であるストレングスモデルやコミュニティソーシャルワーク、ＳＷＯＴ分析や「ストレングス・リング」なるキーワードについて経験から論じてみた。現場実践に少しでも寄与できればと考えたゆえである。

# 第1章 基本は思想

## ――はじめに

一五年前になるが、二〇〇三年九月二十六日、第一一回日本精神障害者リハビリテーション学会長崎大会で、筆者は大会長として基調講演を行った。そのときのテーマは「基準は世界、基盤は地域、基本はひと――わが国精神障害リハビリテーションの実践課題を問う」（田中、二〇〇三）であった。会場は一〇〇〇名を越える人々（一二四六名）で溢れ、海外からもチャールズ・ラップ（アメリカ）、ジェフ・シェパード（イギリス）、メアリー・オヘイガン（ニュージーランド）、ベイ・ジュンギュ（韓国）ら一一名のゲスト（家族を含む）をお招きした。

筆者は冒頭、大局的な見地から切り出した。

いまわが国では、精神保健福祉をめぐって言わば「理想と現実」が同居しています。理想は、「新障害者プラン」（二〇〇二年）が提起されたように、社会的入院の解決や脱入院化・脱施設化と地域での自立生活支援が施策の奔流になりつつあることです。しかし、「現実」はどうでしょうか。精神障害者社会復帰施設整備予算は本年度大幅に圧縮され、新規整備は計画の半分も認められませんでした。市町村を基盤に福祉サービスを整備する課題も、このままでは選択できるサービスメニューの不足もあって理念の裏付けが伴っていない実態にあります。しかしわれわれに現実に直面してのたじろぎは許されません。われわれの希望と実践が課題解決の推進力だからです。未来と現在は、われわれの希望と実践にあるからです。今年は、五〇年前に連載がスタートした鉄腕アトムの生誕日（二〇〇三年四月七日）にあたります。五〇年前は空想の世界としか思われなかった今日の文明の発達を誰が想像できたでしょうか。精神障害者の置かれてきた過去は、一言で言えばアウト・オブ・ザ・コミュニティでした。そして現在は、イン・ザ・コミュニティになってきました。間違いなく未来は、バイ・ザ・コミュニティを展望することになると思います。

その上で、わが国における精神障害リハビリテーションの今日的課題について、一九九五年以降のパラダイムを「精神保健福祉法時代」と表現し、これまでの約一世紀に及ぶ日本の精神保健福祉施策全体の流れからは「第三の転換期」と位置づけた。この転換期は、「精神障害者の地域生活支援システム構築の時代」であり、「統合的生活モデル」と称し、今後一五年は続くと考えていると述べた。

さて、一五年後の二〇一八年がやってきた。筆者は第二六回日本精神障害者リハビリテーション学会東京大会で、再び大会長として登壇する予定である。転換期であることの最初の理解は、世界基準で物ごとを考える時代に入ったということである。世界基準とは何か？　まず本質的な哲学の転換が挙げられる。その代表格は、精神障害者の人としての尊厳と権利に対する思想の定着にある。

一九九一年の国連決議「精神病者の保護および精神保健ケア改善のための諸原則」では、すべての患者が最も制限の少ない環境で治療を受ける権利、自分が居住する地域で治療を受け、ケアされる権利を原則として採択した。また、すべての精神病者が可能なかぎり地域において生活し、働く権利をもつことも原則とした。これにより、施策とケアの目標、戦略は大きなシフトチェンジをすることになった。それから三〇年近く経ち、いまわれわれの目標は、隔離収容型の治療ではなく、精神障害者の地域での包括的な生活支援とソーシャルインクルージョンにある。今日の精神障害リハビリテーションがこの目標に沿って展開されていることは明らかなことであろう。

## 1 エンパワメントとストレングス

エンパワメント（Empowerment）とストレングス（Strength）は提唱された時期に二〇年近いタイムラグがあるが、どちらも伝統的なソーシャルワーク理論への批判、ケアマネジメントへの批判から、新しいパラダイム理論を打ち立てるために登場した。それまでの福祉利用者のニーズや利用者の見方は、パレンスパトリエ（国親・リーガルモデル）、パターナリズム（伝統的医学モデルや病理モデル）、伝統的なお世話型援助（利用者の希望や能力を限定的に理解し専門家がレールを敷く）が支配的であったし、ケアマネジメントではブローカー（仲介型）モデルが支配的であった。

一九七六年に、バーバラ・B・ソロモン（Solomon, B.）が、『ブラック・エンパワメント――抑圧された共同社会におけるソーシャルワーク』（*Black Empowerment: Social Work in Oppressed Communities*）を著し、「エンパワメントアプローチ」が現代ソーシャルワークにおける実践モデルとして大きく台頭してきた。ジュディス・A・B・リー（Lee J.）は、エンパワメントを積極的に取り入れたフェミニスト・ソーシャルワークを提唱した。どちらの提唱もパワーレスの人々やマイノリティグループの支援から始まった。支援の目的はパワーを獲得することにである。そのパワーとは、直接的には生きていく力のことであり、理想的には人間の解放を目指したものである。二〇〇〇年七月にカナダ・モントリオールで開かれた国際ソーシャルワーカー連盟の総会では、エンパワメントアプローチの成果が取り入れられ、次のような新たな「ソーシャルワークの定義」を採択した。

ソーシャルワーク専門職は、人間の福利（ウェルビーイング）の増進を目指して、社会の変革を進め、人間関係における問題解決を図り、人びとのエンパワメントと解放を促していく。ソーシャルワークは、人間の行動と社会システムに関する理論を利用して、人びとがその環境と相互に影響し合う接点に介入する。人権（ヒューマンライト）と社会正義（ソーシャルジャスティス）の理念は、ソーシャルワークの拠り所となる基盤である。

（国際ソーシャルワーカー連盟（International Federation of Social Workers（IFSW）日本調整団体の定訳）

エンパワメントとは、利用者が生活の主体者（主人公）として自己決定能力を高め、自己を主張し、生きていく力を発揮していくことであり、援助者は利用者の潜在する力を肯定的に評価し、力の発揮を促進するあらゆる支援が含まれる。ソーシャルワーカーは利用者の同盟軍であり、理想と意識を共有する。ソーシャルワーカーは利用者に同伴・伴走しながらさまざまな情報や知識、スキルを提供して支援する。エンパワメントの基本的な性格は、第一に、自己という主体こそがその固有性ゆえに価値と権威の最高の源であることを示したこと。第二に、エンパワメントは援助する者とされる者との、地域社会においてはマイノリティとマジョリティとの、またフォーマルセクターとインフォーマルセクターとの力の配分をより対等化することによって両者の間に新しい関係を生み出すものであること。第三に、個人と地域社会を結びつけるコミュニティグループの主体的な能力形成や組織化を重視していることである。

一方、精神保健福祉分野では一九八二年、ソーシャルワークにおけるエンパワメントアプローチの新しい研究プロジェクトが発足し、カンザス大学を中心に新たなケアマネジメントのモデルが、チャールズ・A・ラップ（Rapp, C.A.）やデニス・サリベイ（Saleebey, D.）らによって提唱されてきた。利用者と地域社会が有する「ストレングス」を評価し、積極的に活用しようとするストレングスモデルである。ストレングスを和訳すれば、「長所、力、勢い、強さ」などであるが、すでに一般の術語としてだけではなく、社会福祉援助の専門用語としての意味を有するために、ストレングスは和訳されずそのまま紹介されている。

長い間、ソーシャルワークは個人と環境の持つ好ましくない部分、すなわち病理や欠陥、問題に焦点をしぼって理論化され、実践されてきた。しかし、「問題に焦点を当てることの問題」が問い直され、代わって問題に覆われ見えなくなっていたストレングスが新たに注目されたのである。

いまやケアマネジメントの代表的なタイプとして、ストレングスモデルがわが国でも紹介され、実践されている。サリベイによれば、ストレングスとは、困難で衝撃的な人生経験を軽視したり、苦悩を無視したりせず、このような試練を教訓にし、耐えていく能力であるレジリエンスを基本にしている。われわれが伝統的に行ってきたのは、問題指向のアセスメントである「診断」であった。しかし現在では、精神障害者が望み、欲し、希望する、夢見る願望からアセスメントはスタートする。ストレングスの四つの種類「性質・個人の性格」「技能・才能」「環境のストレングス」「関心・願望」から、精神障害者が有するストレングスが見えてくる。ストレングスは個人のストレングスだけではなく環境がもつストレングスを含め両方の強みや良さを見ることが基本となっている。しかも、これらは成長・変化すると見る。

ラップはストレングスモデルの六原則（表1）を明らかにしている。

表1　ストレングスモデルの6原則

| | |
|---|---|
| 原則1 | 精神障害者はリカバリーし、生活を改善し高めることができる。 |
| 原則2 | 焦点は欠陥でなく個人のストレングスである。 |
| 原則3 | 地域を資源のオアシスとしてとらえる。 |
| 原則4 | クライエントこそが支援過程の監督者である。 |
| 原則5 | ワーカーとクライエントの関係性が根本であり本質である。 |
| 原則6 | 私たちの仕事の主要な場所は地域である。 |

ストレングスモデルの第一の原則は、「精神障害者はリカバリーし、生活を改善し高めることができる」としている。その詳細は、「成長やリカバリーの可能性が、クライエントにすでに内在していることを強調する」「専門家の援助は、彼らの成長やリカバリーを最もよく進めるための条件づくりである」「ストレングスモデルとは、その人のストレングス、関係性、そして希望の確立に焦点を当てる」「個々人がもっている可能性こそが、彼らの人生により良い結果をもたらす」

第二の原則は、「焦点は病理ではなく、個人のストレングスである」としている。その詳細は、「人はそれぞれが持つ個人的な興味・関心や向上心、そしてストレングスに基づいて成長する傾向がある」「人は、人生をうまく生きるために家族や地域が有する資源を使う」「人は、得意なこと、楽しめること、自分にとって意味のあることに時間を使う傾向がある」「ストレングスに焦点をおくことは、同時に行動の動機づけを高める」「ウィークネスに焦点をおくことは、絶望や憂鬱といった感情を強める」「ストレングスモデルはクライエントの個性化を高める」

第三の原則以下の詳細は省くが、ストレングスモデルは伝統的なソーシャルワーク実践のように利用者の病理や欠陥に焦点をあてた「診断」とそれに基づく問題解決支援（つまり病理や欠陥への対処）を目的としていない。診断に基づく支援は、結果として画一的でクライエントの個性を無視した地域サービスを生み出してきたからである。

ストレングスモデルが支援するのは、クライエント一人ひとりの個性的な希望の実現である。そのため「問題」は、個人や環境の欠陥ではなく、「クライエントの希望の実現を阻むもの」として定義される。ストレングスに着目するのはそれが希望の実現に必要だからであり、クライエントの希望は地域で実現される。ストレングスモデルではすべての環境に、資源、人材（家族や友人を含む）、社会関係、機会、サービスが内在しているとみなす。特に地域は「資源のオアシス」と捉えられ、「われわれの仕事の主要な場所は地域である」ことが原則とされている。

「エンパワメント」と「ストレングス」には共通性がある。ストレングスはエンパワメント実践を行っていくための土台とみなされ、すべての人々や地域社会がもつ潜在能力を指す概念である。エンパワメントとストレングスは弱者の哲学であり、マイノリティの武器であり、確かな理念と具体的な支援技術を結びつけている。人生の挫折を体験した者にとって、それはリカバリーをめざす青い種火のように、耐えてその出番を準備するために用意されたものである。そのために、「潜在的に備わっている能力」を肯定的に正当に評価すること、「モチベーション（関心や希望）」に重点を置き、支援目標を契約していくこと、自尊感情（セルフエスティーム）や自己評価を高め、意識化を図ること、過去ではなく、「いまここで、これから」を重視すること、「個人のエンパワメント／個人のストレングス」と「地域のエンパワメント／地域のストレングス」を引き出すこと、ごく普通にある地域の資源を活用すること、といった共通性である。

## 2 リカバリー

二〇〇三年は、わが国の精神障害リハビリテーションが「リカバリー」に出会った最初の年となった。同年、長崎（日本精神障害者リハビリテーション学会第一一回長崎大会）でお会いしたメアリー・オヘイガン（Mary

O'Hagan）は、アメリカ発の「リカバリー」という概念をニュージーランドで再定義し、リカバリーアプローチを国の精神保健福祉政策の基本に据えていると報告した。彼女は、リカバリーアプローチを、「人生の物語のなかに精神疾患を統合できるように、苦しみの個人的な意味を見つけることを精神保健従事者が援助するとき、サービスはリカバリーをもたらすことができる」と述べた。

リカバリーの本質的な意味は、精神病を患ったことによる人生への破局的な影響、例えば、失われた当事者の権利、役割、責任、自己決定権、失われた可能性や人々の支援などであるが、これらの影響や喪失から精神障害当事者自身が病気や障害を抱えながらも自らを社会的に再生・再構築していくプロセスであり、「人生の再建」という実存的価値や哲学的指針を表現した概念である。それゆえ、リカバリーのゴールは、人生が固有であるように一人ひとりで当然異なる。リカバリーの目的は、病気や障害に挑戦することであるが、それは病気や障害があったとしても自己の可能性や新しい同一性の価値、つまり自分が何者であるか、自分にとって自分の経験は何を意味するのかを再び創り出す、自己価値の再編を意味する。リカバリーは、何をすることが自分にとって有益であるか、自分がどのような生活をしたいかという個別的なビジョンを持つこと、病気によってもたらされた生活パターンの変更、危機や生活課題への対処方法の発見など、個人レベルの課題に関与するとともに、社会のスティグマや偏見の克服、市民権の回復や社会参加など社会レベルの課題にも関与する概念である。

さて、ニュージーランドのウェリンク（Wellink）・トラストのコンシューマ・アドバイザーから聞いた話に、「四つのリカバリー」があった。その第一はパーソナル・リカバリーであり、自分が経験した病気をどのように意味づけて、捉え直すかという自己の気づきや自己価値の再編にかかわるリカバリーである。第二に、クリニカル・リカバリーであり、病気ないし身体的な回復の意味でのリカバリーである。第三が、カルチュアル・リカバリー、文化的ないし共通感情という精神的な意識にかかわるリカバリーである。そして第四に、ソーシャル・リカバリー、つまり社会における自己位置のリカバリーがある。リカバリーには以上の四つの位相がある。精神疾患からの回復は平板なものではなく、個別的で広がりをもつのである。日本ではこのような多重性を表現するためか、「リカバリー」とカタカナ語で流通している。

このように、リカバリーアプローチは、単なるサービス供給のモデルではない。それは、極限を体験した者だけが発せられる生き方、人生という根源的な問いかけから出発した思想を表している。長崎の同じ会場で、早くからリカバリーアプローチに着目していた野中猛や木村真理子は「リカバリーワークショップ」を多数の精神障害当事者の参加を得て開催した。今日では、リカバリーを中心哲学にし効果が実証されたACT（包括型生活支援プログラム）、IPS（個別援助つき雇用）、IMR（リカバリーに基づく疾病管理）、FPE（家族心理教育プログラム）、WRAP（元気回復行動プラン）、ストレングスモデルのケースマネジメントなどのプログラムや支援技法がわが国にも紹介され、その実践が始まっている。また、二〇〇九年からは地域精神保健福祉機構COMHBO主催の「リカバリー全国フォーラム」をはじめ、リカバリーに関する集会・催しが各地で開催され、リカバリー志向を共有し、普及することは所与の認識となっている。

しかしながら、アメリカで誕生したリカバリー概念がどのような社会的文脈で精神保健福祉のメインストリームとなってきたのか、ニュージーランドがそうであったようにわが国が直面する独自の課題に対応して発展させるには何が必要かを考えたとき、アメリカで発信されたリカバリーの考え方を歴史的に考察することには意味があると考える。

## ——背景としてのアメリカの精神保健福祉改革

リカバリーは、三つの主な思想的起源をもつと言われる。

第一に、一般的な意味において「リカバリー」は、アメリカのセルフヘルプ運動から出発した。「回復」は日々積み重ねる「過程」であり、自分たちは「リカバリーのさなかにある」ことを強調したAA（Alcoholics Anonymous）である。アルコール依存からのリカバリーの物語は、一九三九年に『アルコホリックス・アノニマス』（*Alcoholics Anonymous: The Story of How Many Thousands of Men and Women Have Recovered from Alcoholism*）のタイトルで出版された。一九三七年には「リカバリー協会」という精神障害者のセルフヘルプ・グループも誕生しているが、「いくぶん権威主義的である」と評されたが詳細は不明である。脱施設化が本格化してくる一九六〇年代から七〇年代に入るとAAに代表されるセルフヘルプが全米各地に広がってくる。一九六〇年代からは、意識覚醒（Consciousiness Raising）、認知の再構築、一九六五年にはヘルパーセラピー原則、生の叙述的体験、一九七六年には体験的知識（Borkman, T.）、一九八〇年以降では、エンパワメント、集団効力、ソーシャルサポートといった考え方がセルフヘルプの領域に次々と出現した。一九九〇年以降のリカバリーはその流れの中に出現した。同時代のアフリカ系アメリカ人による公民権回復運動（一九六四年の公民権法の制定）や、ベトナム帰還兵と市民による反戦運動、女性解放運動、障害者の自立生活運動や権利獲得運動（一九九〇年のADA法）などが政治的社会的な志向性が強いエンパワメント概念に向かったのに対し、リカバリー概念は一九七三年にアメリカのオレゴン州で始まった「ピープルファースト」運動や精神障害当事者のセルフヘルプ・グループが主に推進した。

第二に、ウィリアム・アンソニー（Anthony, W.）が述べたように、「リカバリーの種は、脱施設化の時代の影響（後遺症）として蒔かれたビジョンである」。リカバリーは、長期の隔離収容、長期の服薬による副作用、離職や離婚、社会的偏見・スティグマ、地域支援の不在、再発と生活破綻による新たな施設収容化、単身化、貧困、孤立、ホームレス化など疾病や障害によって失ったもの（その人らしい人生や希望、誇り）を自らの手に取り戻すことを意味する。その中で精神障害当事者のセルフヘルプ運動も不安定ながらも各地に拡がっていった。一九八〇年代から九〇年代にかけて、リカバリーが現実的に起こりうることであることを何千ものリカバリーした精神障害当事者による自叙伝的報告が示してきた。

精神保健サービスにおけるユーザー運動は、人としてのあたりまえの権利や自己決定の思想に起源を持つ。一九五五年、五六万人の入院という収容時代のピークを経て、抗精神病薬の開発も契機となり一九五〇年代後半から始まったアメリカの脱施設化は、一九六三年のケネディ教書、同年秋の地域精神保健センター設立法（Community Mental Health Center Construction Act／CMHC法）の制定までは「順調」であった。地域精神保健センターは、人口七・五～二〇万人に対して一か所ずつの割合で全国に一五〇〇か所設置される予定であったが、その後は成功しなかった。ベトナム戦争への介入や軍事費に圧迫された連邦保健医療福祉予算の削減を契機に、一九七〇年代以降の「回転ドア現象」を生み出し、「鍵の不自由か、道端の自由か」と揶揄される状態まで悪化してくる。一九五五年から一九九〇年にかけて、州立病院の病床は人口一〇万人あたり三三九から四〇にまで減ったにもかかわらず、地域での自立生活支援の基本サービスは、デイケアなど通所型の拠点サービスかグループホームに代表されるステイ・イン・サービスであった。一九八一年にはレーガン政権によりCMHC法も廃止される。

地域の精神障害者は治療と服薬の継続が治療者から求められるだけで、精神障害者の自己決定は、事実上は剥奪され、無視され、制限され、無力化され、形骸化されてきた。当時のことをチャールズ・ラップはこう述べる。

（…）「地域で生活している」大部分の人々が酷い状況の中で何とか生き延びていた。多くはホームレスであったり、都会のスラム街で生活していたり、閉口させられる家族と一緒に生活していたりした。仕事や最低限の必需品を賄えるほどの収入を持つものはほとんどいなかった。大部分の人が必要な精神科的ケアを受けていなかった。サービスを受けるためには本人が予約をしなければならなかったからである。その結果、長期在院は頻回の入院を意味する回転ドアにとって代わった。

（チャールズ・A・ラップ／ストレングスモデル演習資料（於・早稲田大学）二〇〇九年八月一九日）

精神障害者が求めたものは、病気の治療以上に、市民としての当たり前の権利、即ち、住む場や仕事、友人や教育であった。リカバリーの手記の背景にはこのような現実があった。

第三に、地域統合に焦点を当てた精神障害リハビリテーションが、これまでの機能的限界を克服するために、新たな目標概念を必要としたことである。アメリカでは、先に述べたような脱施設化の失敗を受けて、一九七八年に国立精神保健研究機関（NIH）がコミュニティ・サポート・システム（CSS）を提唱し、一九八〇年代には次々と立ち上がってくる。この新しいシステムは、精神障害者が地域でQOLを保ちながら生活していくために必要なさまざまなサービスを提供することに焦点が当てられた。この時代に一般的であったサービスは、薬物療法、危機介入サービス、ナーシングホーム、ハーフウェイハウス、ボード・アンド・ケアホーム、グループホーム、デイセンター、シェルタードワークショップ、福祉サービス、仲介モデルのケアマネジメントなどである。しかしこれらは、コンセプトから見れば病院がモデルとなった地域での保護的な施設かサービスに他ならない。それらは新たな抑圧、「ベルリンの壁」にたとえられる。ラップは続けてこう述べる。

いろいろな意味でわれわれがCSS時代に行ったことは、地域の中に病院を複製することであった。クライエントは同じように悩んでいる人と生活しており、デイトリートメントプログラムで一日を過ごし、他のクライエントと気晴らしをし、働いている少数の人は保護された居留地でそれを行っていた。その生活は病院にいるときと同じように、他のクライエントと精神保健専門家によって支配されていた。（社会的場所は）地域にいたが、（社会的関係は）未だ地域ではなかったのである。ただ名目上においてだけ「地域統合」が実現されつつあると考えられた。この隔離はスティグマと差別の強化を持続させ、精神障害のある人々の価値を貶め続けている。

精神障害のある人々の地域での不可視の隔離と画一的で保護的なサービス供給のなかで、一九九〇年代に入り、リカバリーは精神障害リハビリテーションの新たな目標概念として登場した。戦後の精神障害リハビリテーションにとって、一九四五年のＡＤＬ概念の登場による「生活」への着目を最初のパラダイム転換とすれば、リカバリー概念の出現はノーマライゼーションや自立思想、ＱＯＬ概念、バリアフリーが登場した一九七〇年前後の第二のパラダイム転換に続く第三のパラダイム転換の到来である。すでに第二期において、リハビリテーションの持つ他動詞的性格（リハビリテーションさせる）は自動詞的性格（リハビリテーションする）に変わりつつあったが、一九九〇年代以降、リカバリーは地域統合の時代の新たな目標となった。

すでに述べたように、リカバリーに先駆けて登場した重要な概念にエンパワメントがあり、その具体的な方法論としてカンザス大学グループが開発したのがストレングスモデルのケースマネジメントであったが、ストレングスモデルもリカバリー思想によって進化を遂げてきた。この進化の過程で新たに個人の潜在的な能力、立ち直る弾力性ともいうべきレジリエンスの発見も確認されてきた。ストレングス同様リカバリーもこのレジリエンスを土台としている。

パトリシア・ディーガン（Deegan, P.）は、リカバリーを次のように説明する。

リカバリーは、一つの過程であり、生活の仕方、姿勢であり、日々の課題への取り組み方である。それは完全な直線的過程ではない。ときにわれわれの進路は気まぐれであり、たじろぎ、後ずさりし、立て直し、そして再度出発することもある。（…）求められるのは課題に立ち向かうことであり、障害による難問に対処し、障害による限界のなかで、あるいはそれを乗り越えて、新たな価値ある誠実さと目的を再構築することである。願いは。意味ある貢献ができる地域で、生活し、仕事をし、人を愛することである。

（Deegan, 1988）

しかし一九八〇年代から始まった心理社会的リハビリテーションにおいて、リカバリー概念を専門家たちが抵抗なく受け入れたわけではない。リカバリーは精神障害当事者の視点であり、あくまでも当事者自身が行うリハビリテーションと捉えられていたようである。事実、ディーガンに代表されるように精神障害当事者たちは、リカバリーをもってリハビリテーションを再定義したのである。

一九九三年、ボストン大学の精神科リハビリテーションセンターが発行する雑誌、「心理社会的リハビリテーション」誌（*Psychosocial Rehabilitation Journal*）で、リカバリーが初めて特集された。所長のアンソニーは述べる。

リカバリーのコンセプトは、精神医学や精神障害の分野で非常に一般的ではあるが、今までは精神障害者のリサーチであり、トレーニングであるという両面で注目されてきた。精神病または障害からリカバリーするというコンセプトは、苦しみが消えたり症状の全てがなくなったりすること、完全に病気が回復するという意味ではない。例えば、麻痺がある人は骨髄が回復していないが回復するのと同じように、精神障害者は病気自体は治っていないがリカバリーするのである。（…）病気や障害は治癒・改善できていなくてもリカバリーできる。（…）リカバリーは、その人の態度や価値観、感情、目標、技術、役割などを変えていく極めて個人的で独自のプロセスである。（…）病気が原因となって生じる制限があるにしろないにしろ、充実し、希望に満ち、社会に貢献できる人生を送ることである。リカバリーは、人が精神疾患からもたらされた破局的な状況を乗り越えて成長するという、その人の人生における新しい意味と目的を発展させることである。

（Anthony, 1993）

こうして二〇〇〇年代に入り、病気の治療や障害の改善とリカバリーを明確にわけることに成功した。同時にリカバリーは精神障害リハビリテーションの目標概念の中心となった。ストレングスモデルのケースマネジメント、クラブハウスモデル、ビレッジモデル、ACT、IPS、セルフヘルプ・グループの発展は続き、二〇〇三年には、大統領調査委員会（ニューフリーダム委員会）報告において、リカバリーは科学的根拠に基づく実践（EBP）プログラムの哲学として全米そして世界に発信された。

## ――リカバリー概念とわが国の実践課題

すでにリカバリー概念は、要素（例えば、希望、エンパワメント、人間としての誇り、自己選択・自己決定、社会で果たす有意義な役割など）や重要性を共有する段階から、その戦略、目標、プロセス、効果的な方法を科学（エビデンス）と結びつけて修得する具体的なプログラム開発の段階に普及発展している。

筆者もそのことの重要性には異存がないが、こうした進化のスピードがリカバリーを技術の枠内に押し込めることへの違和感があり危惧している。リカバリーは、その社会的インパクトと切り離して個人レベルの目標に矮小化できないからである。かつてリカバリーが生物学的な意味での「疾病の回復」と同義語で用いられ、治療偏重主義が優先された時代と変わりなくなる。

専門家が旗を振っても、精神障害当事者にリカバリーへの目覚めを促すことはできない。リソース・キットが各国で翻訳出版され、研修会が開かれることで、わが国の精神障害リハビリテーションの発展が証明できるのだろうか。日本の三〇万人近い精神科入院患者数は、政策的努力は進められているが大きく減少したわけではない。世界の総精神科ベッドの二〇％を占有し、入院日数も世界平均の一〇倍というわが国は、リカバリー概念から何を学べばよいのだろうか。野中は、リカバリー論の六つの意義を示し、医療や福祉という援助の否定的側面に気づくことができること、医療や福祉のシステムを見直すことができることを挙げた（野中、二〇〇六、一七六～一七七頁）。

リカバリーは、各自がその人なりに多種多様に定義することが可能と言われるほどに当事者発の思想である。疾病や障害を「乗り越える」ことも「自分が納得できる人生を追求する」ことも、人としての当然の権利であり当たり前ではあっても、その道は技術的に修得できるほど生易しいものではない。精神医学者ヴィクトール・E・フランクル（Frankl, V. E.）は『夜と霧』のなかで、ナチスによる強制収容所への収容体験を綴り、「人生が自分を待っている」と希望の存在を語った。その希望はナチスの敗北と人々の解放によって実現した。アメリカもヨーロッパもオセアニアも、過去数十年にわたる脱施設化とコミュニティケアへの転換から、初めてリカバリーという精神障害当事者の実存的で個人的なプロセスと目標、そして当事者自身の自己決定が強調される段階に入ったのである。

わが国がリカバリーの歴史から学ぶことは、第一に、精神障害当事者やその家族など、ユーザーのニードに耳を傾けることであり、権利を理解することである。リカバリー概念がもたらしたサービスのクライエント中心主義は、それが政策的な実践から日常的なサポートまで貫かれる第一命題である。第二に、だからこそ地域にあるスティグマや偏見、制度的な差別や劣悪な生活の実態というリカバリーの阻害要因を取り除く社会的な努力なしにリカバリーは実現しない。これは、個々の専門家の努力だけではもとより実現しないわが国固有の課題である。第三に、リカバリーはリッジウェイ（Ridgway, 2001）が述べるように、個人が独力で達成できるものではなく、多くの支援が必要になる。個別の支援に限定して述べるならば、そのプロセスに伴走する専門家の新しい働きを要求する。収容保護ではなく、治療効果の少ない薬ではなく、良質で地域ベースの精神科医療を提供することと、地域生活への移行支援、科学的に効果が高い精神障害リハビリテーション、アウトリーチ型のサービス開拓、地域に「可能性に開かれた居場所」を見つけること、意義ある活動や仕事を通じて社会とつながることなどを柱に、精神障害当事者の希望に沿って、希望に導かれて支援することである。

### ──リカバリー概念の拡がりと今後

リカバリーがそうであるように、一つの思想にはとてつもない力がある。二〇一〇年七月二十五日、都立松沢病院で開かれた「こころの健康政策構想実現会議」の発会式で、ユーザーとして代表の一員となった竹内政治（全国精神障害者団体連合会理事）は、「主体性を取り戻す、自分らしく堂々と生きる」と自らのリカバリーを語った。同じくピアサポーターの黒川常治は、そのために「市民としての当たり前の生活を求めて、こころの健康の保持および増進のための精神疾患対策基本法の制定運動に取り組みたい」と決意を述べた。わが国でもリカバリー運動の波がやってきたといえよう。

## 3 レジリエンス

ストレングスとリカバリーの基盤にはレジリエンスがある、と述べてきた。

これまでの精神医学において、解明すべきはその個体の持つ脆弱性（バルネラビリティ Vulnerability）であった。例えば外的要因に還元不能な精神疾患（内因性とされる統合失調症や双極性障害）の原因として、その個体が持つ弱さ、傷つきやすさなど発病促進的に作用する生物学的因子が想定され、それを解明することが治療につながるとされた。その後、もともとの個体の脆弱性と外的ストレス要因との相互作用により精神疾患が発症するとするストレス（・脆弱性）モデルのような立場も現れるが、発症の根本原因を個体の持つ脆弱性に帰する立場であることは変わらなかった。医学をモデルに発展したソーシャルワークやその他の支援技術も、不適応状態の原因としてクライエントの持つ弱さ・傷つきやすさを探し、類型化された弱さに「診断」を下してそれを修正する支援を組み立てる姿勢は同様であった。

「レジリエンス」はある意味、脆弱性の対極にある概念である。第一〇四回日本精神神経学会総会（二〇〇八年）では、「脆弱性モデルからレジリアンスモデルへ」というパラダイム・シフトがテーマとされた（加藤、二〇〇八）。

レジリエンス（Resilience）という言葉を英和辞典（日本語 WordNet）で調べると「弾性限界の範囲で歪められた後に元の形や位置に戻ることのできる素材の物理的特性」と物理学での説明があり、「弾性、弾力、フレキシビリティ、反発力」などが対応する訳語で紹介されている。術語としては一七世紀から「跳ね返す」という一般的な意味で使用され、十九世紀には「圧縮された後に元の形に戻る柔軟性」の意味で使われている。その後、生態・環境学で、自然破壊にもかかわらず逞しく再生する自然の復元力を説明する概念としても使われだした。

英米圏では精神医学や心理学の領域で、一九七〇年頃よりこのレジリエンスの概念に関心が集まり、一九九〇年以降は、フランスでトラウマを負った子どもたちが逆境を乗り越えられるように導く戦略の原理として使われ、ストレスや困難な状況に耐え、負けない「心のしなやかさ」「跳ね返す力」という意味でも用いられている。

子どもの発達研究では、エミー・ワーナーとルース・スミス（Werner, E. & Smith, R.）による「カウアイ研究」（1955-2001）と呼ばれる長期縦断研究が有名である。この研究では不適応のリスク要因の解明の副産物として、リスクの存在にもかかわらず不適応に陥らない子どもたちの存在が知られた。ウォーリン夫妻（Wolin, S.J. & Wolin, S.）は、暴力や虐待、親の精神疾患や家庭崩壊、貧困といった問題の多い家族で育ち、逆境を生き延びた成人にインタビューを行い、従来の逆境と病理を因果関係でつなぐ考え方を「ダメージモデル」とし、逆境に対処し生き抜く「チャレンジモデル」を定式化した。その上でレジリエンスの表現として、洞察、独立性、関係性、イニシアティブ、ユーモア、創造性、モラルの七つを挙げた（ウォーリン／ウォーリン、二〇〇二）。

さらに二〇一一年、三・一一東日本大震災後、米国メディアは、災害後の日本人の逆境にめげず助け合う秩序だった行動をレジリエンスとして報道した。つまりレジリエンスとは、逆境の中を生き抜く回復力や自己治癒力、回復に向かう潜在能力を有する個体や環境の可能性を表現する概念である。

加藤・八木ら（二〇〇九）によれば、二十一世紀の精神医学における「脆弱性モデルからレジリエンスモデルへ」「ストレスモデルからレジリエンスモデルへ」「生物心理社会モデルからレジリエンスモデルへ」という強調点の移行は、明確な予防・治療的視点への期待の反映であり、「このモデルの何よりの特徴は、発病の誘因となる出来事、環境、ひいては病気そのものに抗し、跳ね返し、克服する復元力、あるいは回復力を重視・尊重し、発病予防、回復過程、リハビリテーションに正面から取り組む観点を持っていることに求められる」という。

述べてきたように、ソーシャルワークの分野でもレジリエンスの概念はストレングスモデルの理論形成を補強する視点として注目されてきた。今日ではストレングスモデルやナラティブアプローチなどのソーシャルワーク実践で、多くのソーシャルワーカーがレジリエンスの見方を支持している。カンザス大学のサリベイ（Saleebey, 1997）は、レジリエンス志向の枠組みが病理学的なパラダイムからの転換においてストレングス理論に不可欠であったと述べている。ソーシャルワークは、利用者のレジリエンスとストレングスを引き出し促進するパラダイム、概念の構成、評価方法、および介入モデルの創造を試みている。わが国でも森田ゆり（一九九九）は、リカバリーとの関連から「レジリエンスはリカバリーをもたらす内的な原動力」と説明している。また藤井達也（二〇〇四）はレジリエンスの詳細なレビューを紹介し、個人のレジリエンス項目を解明していくだけでなく、個人と環境の相互作用を解明していく課題について述べている。

リカバリーが目標となる精神障害者支援においては、疾患や障害の一般的な原因（脆弱性）を特定し、本人がその弱さに対処し続けるための支援は必ずしも必要ない。その人のレジリエンスを想定し、人それぞれのリカバリーのあり方、状況に応じたさまざまなリカバリーの過程——それはクライエントの人生そのものである——に伴走していくことが求められているのである。

## 4 ホープ・オブ・ライフ

ホープ・オブ・ライフ（Hope of Life: HOL）の着想は、筆者が学生時代、霜山徳爾によって邦訳出版された『夜と霧』（一九六一年邦訳）を、とある古本屋で発見して人生や希望の意味を考えていたときであった。筆者が希望を考えるときの原点であるヴィクトール・E・フランクルは、自著『一心理学者の強制収容所体験』（一九四七年／『夜と霧』の原題）で、繰り返し、困難にたじろがない内面的な拠り処を持っているかどうかを問い続けた。彼はユダヤ人であるがゆえに、ポーランドのアウシュヴィッツ収容所をはじめ、各地の強制収容所に収容された体験を記述している。彼は自著の中で、「人生の生活の意味は決して一般的に述べられないし、この意味についての問いは一般的に答えられない（…）各人にとって唯一つで一回的である人間の運命は、この具体性を伴っているのである。如何なる人間、如何なる運命も他の者のそれと比較され得ないのである」（邦訳一八四頁）を始め、「（極限状況の中で）我々を救うことのできる唯一の考えは……苦痛と死の意味を含む全体的な生命の意義を考えること」「生き残るには希望を失わないこと」「希望を捨てる必要はない」などと思索している。

筆者は、二〇一八年三月二日にアウシュヴィッツ＝ビルケナウ強制収容所を訪れた。今はポーランド国立博物館であり、その管理運営費はすべてドイツが支払い見学料は無料である。入り口には、「働けば自由になる（ARBEIT MACHT FREI）」の看板が修復され、掲げられていた。今も囚人を乗せた貨物列車のレールが収容所跡の敷地内に続き、ガス室や犠牲者が残した女性の髪、メガネ、子どもの靴、義足、鞄などの展示品や数々の写真を見て、ここを含むすべての強制収容所で、ユダヤ人を中心に障害者、政治犯、戦争捕虜など三〇〇万人以上を虐殺した（ホロコースト）ことが、事実であったことが実感として確認できた。ものすごい寒さと風で凍りつきそうな長い真っ直ぐな道を歩き、ようやく「一九〇四」というフランクルが収容されていた（らしい）収容空間に辿り着いた。そこでしばらく留まり、『夜と霧』を何も誇張せず、淡々と綴った科学者の強さに思いを馳せた。

さて、再び希望に話を戻すと、『広辞苑』（第七版）には、①ある事を成就させようとねがい望むこと、また、その事柄。②将来によいことを期待する気持ち、とある。「希望に燃える」「希望的観測」「希望を見失う」など、未来への漠然とした期待や一縷の望み、願望、ときにはあまり根拠がない見通し、夢よりは可能性があるが確かな根拠もない、あるいは具体的な目標やその反対である失望や絶望など、希望には幅や深さがある。

希望は、近代の思想家や文学者にとっても魅力あるキータームである。若干紹介しておく。「昨日の夢は、今日の希望であり、明日の現実である」（ロバート・ゴダード）、「友よ、逆境にあるときは、つねに、こう叫びなさい。『希望がある、希望がある、まだ希望がある』と」（マルティン・ルター）、「人々の行動はすべて根底に希望があります」（ヴィクトル・ユーゴー）、「何事につけても希望するのは絶望するよりも良い。可能なものの限界をはかることは誰にもできないのだから」（ゲーテ）。

三木清の『人生論ノート』の元となった雑誌「文学界」への寄稿の最終章は、「希望について」であった。

> 希望というものは生命の形成力以外の何物であるか。我々は生きている限り希望を持っているというのは、生きることが形成することであるためである。希望は生命の形成力であり、我々の存在は希望によって完成に達する。生命の形成力が希望であるというのは、この形成が無からの形成という意味をもっていることに依るであろう。運命とはそのような無ではないのか。希望はそこから出てくるイデー的な力である。希望というものは人間の存在の形而上学的本質を顕すものである。
>
> （三木、一九七八）

希望の人生における意味や重要性が語られ続けてきたにもかかわらず、希望の内実はまったく一人ひとりにとって個別主観的なもので、客観的基準も評価もできない。一〇〇人いれば一〇〇人の希望がある。しかし、二一世紀に入り、希望を科学する学問としての「希望学」が玄田有史、中村尚史、宇野重規などを中心とした東京大学社会科学研究所全体を挙げた独立の事業として立ち上がった。これは哲学や文学とも、人間の内面の科学とも異なる。希望と社会（環境）との関係を科学的に考察するという新しい学際的な研究である。玄田によれば、そこで希望とは「行動によって何かを実現しようとする気持ち」（Hope is a Wish for Something to Come True by Action）と定義されている。

一九八〇年代のＱＯＬとの出会いから、次のステージを表す用語としてＨＯＬを漠然と考えはじめたのは筆者が就職してからのことである。一九八四年、雑誌「総合リハビリテーション」誌に掲載された上田敏の巻頭文「ＡＤＬからＱＯＬへ――リハビリテーションにおける目標の転換」（一二巻四号、一九八四年四月）によると、世界的には、「一九八〇年の第一四回リハビリテーション・インターナショナル（RI）世界大会（カナダ・ウィニペグ）ではこれ（QOL）がメイン・テーマの一つにとりあげられている。リハビリテーション医学の分野でもこれは一九七九年の第五六回アメリカ・リハビリテーション医学会（ACRM）（ハワイ）のメイン・テーマとしてとりあげられ、さらに一九八二年の第四回国際リハビリテーション医学会（IRMAⅣ）（プエルトリコ・サンフアン）でもかなり大きくとりあげられている」と紹介されているように、ADLからQOLへの目標転換は明確になった。一九九五年のWHOによるQOLについての調査では、QOLを「個人が生活する文化や価値観のなかで、目的や期待、基準および関心に関わる、自分自身の人生の状況についての認識である」と定義し、QOLを構成する領域を六つ（身体的側面・心理的側面・自立のレベル・社会的関係・生活環境・精神面・宗教・信念）に分けて定式化している。

二十一世紀に入ると、QOLはその状態を評価する尺度開発が進み、またQOLを指標とした国際比較が多数行われ、各国の幸福度の比較や個人の生きがいや自己実現、満足度が数値化できるようになった。施策の評価や支援方法の引き上げにとって、QOL概念の果たしてきた、また今日果たしている役割は大きい。

しかし、筆者は精神障害リハビリテーションの仕事に係りながら、客観的な評価尺度や価値基準の開発とそれに基づく比較研究の重要性は言うまでもないものの、目の前の精神障害者のこころの内、生活や人生まで他者と比較し評価する、あるいは評価基準からその大小・多少を判断できるのだろうかと疑問に思ってきた。

実生活において、「部屋を片づけない」「汚れた服を着ている」「好きなものばかり食べ、栄養に偏りがある」「誰もしないおかしな趣味がある」「規則正しい生活ができない」「大人になっても漫画ばかり読んでいる」「高望みばかりしている」人であっても、誰に迷惑をかけているわけでもない、その人の勝手である。ではその人が考える「生活の質」とは何であろうか。そこにあるその人なりの人生の「希望」とはなんであろうか。

　リハビリテーションの目標が当事者本位であるとすれば、支援の現場では生活や人生の多様性、その人のこだわりやその人らしさを尊重するのが当然である。フランクルが収容所で掴み取ったように、人生は誰にとっても一度きりであり他人と比較できない。その人なりの納得できる人生、その人なりの生活の意味はその人の価値尺度で測られ、客観的な評価尺度で測ることはできない。そのため、実践的にわれわれ支援者は、「最善の支援」を目指して「客観的に評価できる一般的に効果的な支援」の提供に傾いてはならない。

　二〇〇三年、第一一回日本精神障害者リハビリテーション学会長崎大会で、筆者は「今後の精神障害リハビリテーションは、知らない他人とではなく愛する人との一緒の生活、人生の希望に対応したHope of Lifeをめざさなくてはなりません。ＡＤＬからＱＯＬへ、そしてＱＯＬからＨＯＬへとわれわれの目標を一段と高めようではありませんか」と呼びかけた。

　しかし先の玄田らの研究のように、ＨＯＬもそれを促進する要因の研究、すなわち客観的な研究が次にやってくることは避けられない。それが一人ひとりの幸福にどう結びつくかはこれからの課題である。

［引用・参考文献］


Anthony, W. : Recovery from mental illness : The guiding vision of the mental health service system in the 1990s. *Psychosocial Rehabilitation Journal*, 16, 11-23, 1993.

Copeland, M. E. : *Wellness Recovery Action Plan*, Peach Press, 1997.

Davidson, L. Rakfeldt, J. Strauss, J. : *The Roots of the Recovery Movement in Psychiatry*. Wiley-Blackwell. 2009.

Deegan, P. E. : Recovery: The lived experience of rehabilitation. *Psychosocial Rehabilitation Journal*, 11, 11-19, 1988.

Fukui, S., Davidson, L.J., Hotter, M.C., and Rapp, C.A. : Pathways to Recovery (PTR) : Impact to Peer-Led Group Participation on Mental Health Recovery Outcomes. *Psychiatric Rehabilitation Journal*, 34 (2), 42-48, 2010.

Powell, T.J. : *Self-Help Organization and Professional Practice*. NASW, 1987.

Ridgway, P. : Re-storying psychiatric disability: Learning from first person narrative accounts of recovery. *Psychiatric Rehabilitation Journal*, 24 (4) ; 335-343. 2001.

Saleebey, D. : Introduction: Power in the people. *The Strengths Perspective in Social Work Practice 2nd ed.* White plain. Longman, pp.1-18, 1997.

Wellington Mental Health Commission: Recovery Competencies for New Zealand Mental Health Workers. pp.1-3, 2001.

ウォーリン、S・J／ウォーリン、S（奥野光・小森康永訳）『サバイバーと心の回復力――逆境を乗り越えるための七つのリジリアンス』二〇〇二年

上田敏「ADLからQOLへ――リハビリテーションにおける目標の転換」総合リハビリテーション、一二巻四号、一九八四年

加藤敏「脆弱性モデルからレジリアンスモデルへ」精神神経学雑誌、一一〇巻九号七五一－七五六頁、二〇〇八年

加藤敏、八木剛平編『レジリアンス――現代精神医学の新しいパラダイム』金原出版、二〇〇九年

ガートナー、アラン／リースマン、フランク著（久保紘章監訳）『セルフ・ヘルプ・グループの理論と実際――人間としての自立と連帯へのアプローチ』川島書店、一九八五年（Gartner, A. & Riessma, F. : *Self-Help in the Human Services*. Jossey-Bass Publishers, 1977）

こころの健康政策構想会議「こころの健康構想政策会議提言書」二〇一〇年

田中英樹「思想史としての精神障害リハビリテーション」精神障害とリハビリテーション、八巻二号、四－一〇頁、二〇〇四年

田中英樹「精神障害リハビリテーションの国際動向と課題」精神障害とリハビリテーション、一三巻一号、二〇〇九年

長瀬修、東俊裕、川島聡編『障害者の権利条約と日本――概要と展望』生活書院、二〇〇八年

日本精神障害者リハビリテーション学会第一一回長崎大会研修会資料集、一四三－一四五頁、二〇〇三年

野中猛『精神障害リハビリテーション論――リカバリーへの道』岩崎学術出版社、二〇〇六年

藤井達也『精神障害者生活支援研究――生活支援モデルにおける関係性の意義』学文社、二〇〇四年

フランクル、ヴィクトール・E（霜山徳爾訳）『夜と霧』みすず書房、一九八五年

三木清『人生論ノート』新潮社、一九七八年

森田ゆり『子どもと暴力――子どもたちと語るために』岩波書店、一九九九年

ラップ、チャールズ・A／ゴスチャ、リチャード・J（田中英樹監訳）『ストレングスモデル――精神障害者のためのケースマネジメント［第二版］』金剛出版、二〇〇八年（Rapp, C. A., Goscha, R.J. : *The Strengths Model, Case Management with People with Psychiatric Disabilities, Second Edition*. Oxford University Press, 2006）

ラップ・チャールズ・A／ゴスチャ、リチャード・J（田中英樹監訳）『ストレングスモデル――リカバリー志向の精神保健福祉サービス［第三版］』金剛出版、二〇一四年（Rapp, C. A., Goscha, R.J. : *The Strengths Model: A Recovery-Oriented Approach to Mental Health Services, 3rd Edition.* Oxfoed University Press, 2011）

# 第2章 基準は世界

## はじめに

インターネットが発達した現代では，世界中の動きや情報が瞬時にわかる。わが国は明治以来欧米の文物を取り入れ近代化を成し遂げてきたが，グローバル化した現代では物流や流行だけの話ではなく，対人サービスの施策や技術も国際的な評価にさらされるものとなっている。わが国の精神医療福祉は，戦後だけをとっても国際的な基準とは大きくかけ離れ，それが現在も続き取り返しのつかないタイムラグが生じてしまっているようにも見える。しかし，各国の対人サービス施策や技術の形成にもそれぞれ歴史があり，国際基準の先進諸国と称される国々も，それを成し遂げるための努力と紆余曲折があったのである。

本章では，わが国の精神保健福祉の改革に大きな影響力を持つ先進諸国から，コミュニティケアの展開としてイギリスを，精神医療改革の経験としてイタリアを，リカバリーの浸透としてニュージーランドを取り上げ論じる。また当初の脱施設化の失敗を教訓に，精神保健医療福祉サービスにおいて常に新たな取り組みを行ってきたアメリカについては、州によって施策も法律も違いがあることから鳥瞰して論じるには無理があり、筆者が現地で見聞したニューヨークのファウンテンハウス、ロサンゼルス郊外ロングビーチのビレッジ、インディアナ州インディアナポリスのACT活動についてのみ紹介する。考察ではわが国と世界の比較を論じ、現在の世界との距離は、努力次第で縮まる可能性があることを結論とした。

## 1｜イギリス　コミュニティケアの展開

### ――はじめに

イギリスの人口は約六〇〇〇万人で日本のほぼ半分。周知のように、議院内閣制に基づく立憲君主制国家で、イングランド、ウェールズ、スコットランド、北アイルランドからなる連合王国である。日本との関係は、文明開化の近代以降、政治、経済、文化、教育など各方面で多くを学び最も影響を受けた国の一つである。交流や比較研究も盛んであり、精神保健福祉分野も例外ではない。

一九九九年十月、イギリスの保健省は精神保健に関する包括的な施策指針文書（グリーンペーパー）を発表した。タイトルは、「精神保健に関するナショナルサービス・フレームワーク――サービスのための基準設定」(National Service Framework for Mental Health: NSF)「精神保健NSF」と略す）であり、イギリスの精神保健施策一〇か年計画ともいうべき文書である。その中間評価を中心としたレポートが二〇〇四年に保健省から発表され、二〇〇五年、伊勢田堯、日本精神障害者リハビリテーション学会政策委員長（当時）を中心とした訳出チームにより翻訳がなされた（日本精神障害者リハビリテーション学会、二〇〇五）。

ここではコミュニティケアの展開という視点から、イギリス精神保健福祉の沿革と特徴について「精神保健

ＮＳＦ」に至るバックグラウンドをおおよそ一世紀というロングタームで、制度面から観ていきたい。

## ――コミュニティケアの源流

精神障害者はエリザベス救貧法（Elizabethan Poor Law 1601）以来、新救貧法（Poor Low Act）を経ても「貧困な狂人」以外の何者でもなかった。どの国でもそうであったように、国家政策への反応が「狂気」の支配や、社会の危機を防止することに占められていた。精神障害者が「監獄」「マッドハウス」「貧民院」「私宅監置」など、治安を目的としたアウト・オブ・ザ・コミュニティから出発したことは、イギリスも例外ではなかったのである。変化の兆しは、一八世紀末〜十九世紀初頭の「啓蒙的人道主義の時代」からである。ウイリアム・チューク（William Tuke）による道徳療法（Moral Treatment）の振興、一七九二年ヨーク療養所（York Retreat）の設立、ジョン・コノリー（John Conolly）とサミュエル・チューク（Samuel Tuke）による物理的拘束の廃止などが始まりである。しかし、全般的には隔離収容政策が展開された時代であった。一七七四年マッドハウス法（Madhouse Act）、一八〇八年群立てん狂院法（County Asylum Act）、一八二八年改正マッドハウス法、一八四五年精神病者法（Lunatics Act）、一八九〇年精神病法（Lunacy Act）を契機に、本格的な精神病院建設の時代に入った。

最初の変化、コミュニティケアの源流は二〇世紀の幕開けからである。ビクトリア女王の死（一九〇一年）から二〇世紀は始まったが、第一次世界大戦（一九一四〜一九一八年）前後から局面が大きく動き出す。一九一一年国民保険法（National Insurance Act）を契機に医療施設の整備が促進され、一九一三年精神欠陥法（Mental Deficiency Act）では、施設収容を重視する方針が採られた。一九一四年全国規模では初めての民間団体である精神欠陥者ケア全国連合会（Central Association for the Cars of the Mentally Defective）が結成されるが、これは後の一九二七年精神福祉全国連合会（Central Association for Mental Welfare）に組織再編される。

第一次世界大戦後、すぐに結成されたのが、一九一九年退役軍人福祉協会（Ex-services Welfare Sociaty）であり、一九二〇年に失業保険法（Unemployment Insurance Act）も成立している。この頃、フレデリック・ミルナー（Fredrick Milner）が戦争神経症や精神疾患に罹患した退役軍人を援助する仕事を行っている。一九二六年精神病と精神疾患に関する王立委員会（一九二四〜二六年）報告（Royal Commission on Lunacy and Mental Disorder）は、「将来の基本方針は、予防と治療に置くべきである」とし、一九三〇年精神疾患治療法（Mental Treatment Act）が成立、地方自治体精神衛生サービスが始まる。

しかし、一九三〇年当時の精神病院の平均患者数は一二二一人であったように、基調は隔離収容主義（巨大精神病院および施設収容）の時代であることに変わりはない。その中で進んだのは、兵士に対する対策の強化という部分だけである。ともあれ、精神科病棟や外来に患者が溢れだした状況下、一九二九年ロンドン大学経済学部にD・アイリーン・ヤングハズバンド（Dame Eileen Younghusband）によりソーシャルワーカーのための精神保健コースが開設され、一九三〇年には、英国精神医学ソーシャルワーカー協会（APSW）も創立され、同年、ブリストルのドーセット・ハウスに作業療法士を養成する学校も設立される。

一九三九年、第二次世界大戦が始まるが、大戦のさなか一九四二年にベヴァリッジ報告（Beveridge Report）が発表され、窮乏・病気・無知・不衛生・怠惰という五つの巨人悪を一掃して、イギリスは福祉国家の道へ進むことを明らかにした。一九四四年身体障害者雇用法（Disabled Persons Employment Act）の制定は、数少ない戦時社会立法であるが、傷病兵重視の結果である。リハビリテーションと社会復帰（Resettlement）に関する省庁間委員会の報告である一九四三年のトムリンソン委員会（Tomlinson Committee）の報告が下敷きになって、リハビリテーションセンターと職業訓練施設が設立された。報告では神経症や精神病患者を含むすべての障害者を対象としたが、制定された法律では精神衛生法利用者は適用除外とされた。

第二次世界大戦後、一九四六年国民保険法（National Insurance Act）の改正、一九四六年国民保健法（The National Health Service Act）の制定で保健委員会が設置される。また、一九四六年マインド（ＭＩＮＤ）の前身である、全国精神保健協会（National Association for Mental Health）が設立され、協会自らが、ホーム、ホステル、デイケアセンター、ソーシャルクラブなどの運営と普及を始めた。一九四七年に「英国精神科ソーシャルワーク」誌が創刊される（ちなみにＰＳＷは一九五〇年で二三九人）。一九四八年七月五日には、ＮＨＳ（国民保健サービス法）の施行により、地方病院協議会が管轄していた精神病院は、保健省管轄に移管した。また、一九四八年国民扶助法（National Assistance Act）の制定により、三〇〇余年続いた救貧法は正式に廃止されたが、この法律は精神障害者の収容保護を謳う内容を盛り込んだ。一九四八年には児童法（Children Act）も制定され、ロンドンで第三回国際精神衛生会議も開催されている。

さて、一九五四年には、精神病床が一四万八〇〇〇床（万対三五・四）となり、同年に結成された「精神疾患および精神薄弱に関する王立委員会」は、一九五七年ロイヤル・コミッション報告を明らかにした。報告では、「我々が追求する精神保健サービスの主要な原則の一つは、施設ケアからコミュニティケアへということである」「退院患者を含めて病院治療を受けていない患者に対するソーシャルワークは、本質的に地方自治体の責任である」として、患者の早期退院の促進、訓練と地方自治体による社会サービスの強化、居住施設やホステルの整備などを盛り込んだ法改正を政府に勧告した。

### ——施設ケアからコミュニティケアへの方向転換

一九五〇年代も後半になると、抗精神病薬（クロールプロマジン、フェノチアジン）の発見と普及もあって、精神障害者ケアに対する楽観的な観測が増してきた。その最初の兆しは、一九五九年精神保健法（The Mental

Health Act 1959）の制定や、エリー・ヤンセン（Elly Jansen）による同年のリッチモンド・フェローシップの設立などである。また、この動き、施設ケアからコミュニティケアへの方向転換を確実とし、地域精神保健活動が到来する時代を印象づけたのが、一九六一年NAMH（国立精神衛生協会）大会でのイノック・パウエル（Enoch Powell）保健大臣の演説である。「見よ、この大ロンドンを」で始まる世界的にも著名な公衆衛生学者の格調高い演説は、「一五年以内に病院ベッド数は現在の半分も必要としない。数字的に表すならば、七万五〇〇〇床が過剰である」と端的に言い切り、歴史的に評価されるものである。

一九六二年、精神病者のための病院計画／青書（A Hospital Plan for England and Wales, Ministry of Health）が発表された。一般には、Hospital Planと呼ばれる（その後一九六六年にはNew Hospital Planが発表された）。翌一九六三年に開始された青書「保健と福祉――コミュニティケアの展開」に基づく、「地域保健と福祉の一〇か年計画」（Ten-Years Health and Welfare Plans）は、イギリスにおける最初のコミュニティケア計画である。このプランでは、向こう一〇年に精神病床数人口万対三三を一八に減少させる数値目標を明示した。そのために、巨大精神病院の分割・縮小閉鎖と総合病院における精神科の設置義務と促進、居住型福祉施設の開発などを計画目標に挙げた。実際、一九五四年には約一五万人いたイングランドとウェールズの入院患者が、一九七九年には七六〇〇〇人と半減する。また、一九六一年当時の地方自治体所属のPSWは、イングランドとウェールズで一一二八名であったが、一九六九年には一七七三人、一九七二年には二〇〇〇人以上に倍増している。なお、一九六七年時点でデイケアセンター七一か所、ソーシャルクラブ二四七か所が設置されている。

一九六八年はまた新しい変革が打ち出された。保健サービスおよび公衆衛生法（Health Service and Public Hygiene Act）が成立（実施は一九七一年から）し、保健サービスに関わる地方自治体の役割と権限の拡大、民間非営利部門の活用が打ち出された。同時に福祉施策ではシーボーム報告（Seebohm report）が発表され、「地域でのケア」（Care in the Community）への転換が宣言された年である。同報告は、「われわれは精神障害者のコミュニティケアを実施しているという信念が広まっているが、それは全国の多くの地域で依然として悲しい幻想である」（パラグラフ三三九）と現状を評価し、一九七〇年には、地方自治体社会サービス法（Local Authority Social Services Act）を制定した。この法律によって、福祉サービスは一九七一年に創設された地方自治体社会サービス部（ＳＳＤ）に移管することになった（シーボーム再編成と言われる）。またこれに伴い、領域別に配属されていたソーシャルワーカーはＳＳＤに所属が変わり、ＮＨＳ所属の病院精神科ソーシャルワーカーもＳＳＤ所属に変更された。ＳＳＤのＰＳＷには、宿泊施設の提供、職業訓練所の活用、職業斡旋、地域での積極的なコンサルテーション活動の強化が要請された。

一九四〇年代から六〇年代の技術・プログラムの発展についても補足しておきたい。第二次世界大戦後の代表的なプログラムは、マックスウェル・ジョーンズ（Jones, M.）らによる治療共同体（Therapeutic Community）、ビエラ（Bierer, J.）による治療患者クラブ（Therapeutic Patient Club）などが代表的であるが、それらを含め開放病棟理念（Open Door Policy）、社会療法（Social Therapy）が活発化してくる。また、行動変容療法に位置づけられるトークン・エコノミーなども評価された。一九六〇年代になると、一九六八年来日したクラーク勧告で日本でも有名なクラーク（Clark, D. H.）をはじめ、多くの精神科医が精神保健の改革に力を注いだ。こうして地域プログラムでは、ソーシャルクラブ、デイケア、ハーフウェイハウス、アウト・ペイシェント・クリニックなど標準が出揃うことになる。

### ――コミュニティケアの発展

一九七〇年も変革のエポックとなる年であった。先に挙げた地方自治体社会サービス法の制定の年に、ＮＨＳ

は総合病院における精神科部門の設置を奨励した。また、ＮＡＭＨが「マインド（ＭＩＮＤ）」に名称変更し、積極的な啓発活動やロビー活動を展開しはじめた。

シェルタード・ハウジングの制度化もこの年で、全国統合失調症者同盟（The National Schizophrenia Fellowship）や精神病者家族会および精神保健従事者の合同組織も結成された。専門職団体では、ソーシャルワーク関連七団体が合併し、英国ソーシャルワーカー協会（British Association of Social Workers: BASW）が創設された。一九七〇年は、保健・社会省（ＤＨＳＳ）白書・精神障害者のためのよりよいサービス（Better Services for the Mentally Handicapped）も発表された。また、慢性疾患患者および障害者法（Chronically Sick and Disabled Persons Act 1970）が制定され、作業療法士の積極的な配置が提唱された。一九七二年に発表されたブラウンとウイング（Brown & Wing）による感情表出（Expressed Emotion）研究も一九七〇年に開始された。また一部では、専門職チームによる訪問活動も始まっている。こうして、代表的な治療とケアシステムも、入院中心主義から、外来・デイケア・訪問看護・ホステルに移行してきた。

一九七二年には、国民救援・活動センター（People's Aid and Action Centre）における精神保健サービスが展開されるが、同年発表されたペイン報告（Pane Report）では、巨大精神病院の弊害が報告されており、依然として病院改革が課題であったことに変わりはない。続く一九七三年には、ＮＨＳ再組織法（NHS Reorganization Act）が制定される。また、一九七四年にはホステルを中心に、アルコール依存症者居住施設設立連合（Federation of Alcoholic Establishment）が結成された。一九七五年時点で一〇〇床以上の精神科病院は一三〇か所あったが、一九七五年白書「精神病者のためのよりよいサービス」（Better Services for the Mentally Ill）ではこう述べている。

概ね、病院以外の諸種のコミュニティ資源は、依然として最小限にとどまっている。……われわれは、地域

社会において質量共に適切な援助施設が全般的には存在しないという事実に直面せざるを得ない。（一二頁）

白書は、入院患者を地域に戻すことを目標に、精神障害者ケアを保健福祉サービスの優先施策と位置づけ、地方自治体での専門家によるチームアプローチを打ち出し、地域精神保健センター（ＣＭＨＣ）の開設が始まった。また同年発表されたバトラー報告による地方保安病棟（Regional Secure Unit）制度も発足した。これは、ＮＨＳから独立した特別保健局が所管する特殊病院（Special Hospital）から送致される施設である。しかし実際は不人気で設置があまり進まなかった。

こうしたなか、一九七六年にはデイホスピタルやデイセンターなどのデイ・ユニット利用者が四〇〇ユニット一万五〇〇〇人を越えるに至り、マインドによる「病院から家庭に」のキャンペーンが繰り広げられた。また同年には、保健医療と福祉が連携して障害者・高齢者の長期入院患者の退院を促進するための財源措置である共同税源制度が導入されたことにより、地域宿泊施設は著しく増加しはじめた。

一九七七年の国民保健サービス法の制定により、地方自治体立社会復帰施設の増加、職業訓練、宿泊訓練、グループホーム、宿泊所、ボランティアワーク、雇用ケア等の増加など、コミュニティケアはスローガンでなく現実のものに根付いてきた。

## ――コミュニティケアの構造改革

一九七九年のサッチャー政権誕生は、コミュニティケアの構造改革をもたらした。それは、財政的な制約、経済効率の視点から福祉サービスに混合経済（民間と行政）政策を導入したことによる。一九六〇年代の完全雇用時代の終焉、精神病院から民間ナーシングホームへの流れ、「福祉国家」が批判され、ボランティアや民間福祉部門などインフォーマルな地域社会資源の活用が強調されてくる。

こうした中、一九八一年ＤＨＳＳが「コミュニティによるケア」（Care by the Community）を打ち出し、一九八二年の「バークレイ報告」（Berkley Report）（多数派）は、ソーシャルワーカーにインフォーマルケアの活用と開発を含む社会的プランナーとしての働きを要請した。一九八二年には精神保健（修正）法（Mental Health（Amendment）Act）が成立するが、同年、ユーザーの権利とエンパワメントの促進を目的にBritish Network of Alternatives to Psychiatryが結成される。続く一九八三年には、改正精神保健法（Reform of the Mental Health Act）により、コミュニティケア財源の一部が自治体に移管すると共に、地区保健局と地方自治体社会サービス部にアフターケアサービスを行うことが義務づけられた。この法改正によって、精神保健法委員会（ＭＨＡＣ）の設置や認定ソーシャルワーカー（Approved Social Worker）も制度化された。一九八四年には、登録ホーム法（Registered Homes Act）が制定され、政府出資のハウジング・コーポレーションがつくられ、グループホームに補助金が拠出されることになった。一九八四年情報保護法（Data Protection Act）により、精神障害者の相談記録なども保護対象とされた。一九八五年住宅法（Housing Act）では、ホームレスおよびその可能性のある精神障害者に支援施策が盛り込まれた。一九八五年コミュニティケアに関する社会サービス委員会報告（Social Services Committee Report on Community Care）では、利用者視点が盛り込まれ、「在宅ケア手当」という入居補助が新設された。

一九八六年の障害者法（Disabled Persons Services, Consultation and Representation Act）では、第一一条で「国務大臣は、国会に対して精神疾患患者と精神障害者へのコミュニティサービスの進捗状況に関して、毎年、報告書を提出しなければならない」とモニタリングに関する国の報告義務が課せられ、併せて介護者とサービス利用者の参加が明記された。同年、イギリスにおける精神医療ユーザーの最初の全国組織である「サバイバーズ・スピークアウト」（発言する生還者の会）も誕生している。

一九七〇年代後半から八〇年代には代表的なサービスとして病院に替わりデイ・ホスピタルが、そしてシェルタード・ワークショップやグループホームが開設されるようになってきたが、一九八八年「グリフィス（Griffiths）報告」（コミュニティケア／行動のための指針）では、これまでの自治体が直営でサービスを提供する方式をやめ、市場でサービスを購入するか、調整する役割に変化させる方向を打ち出し、福祉サービスの民営化、市場主義の導入によるコミュニティケアの促進が提唱された。なお、同年のワグナー報告では、コミュニティケアにおける施設の積極的な活用も強調されている。グリフィス報告を受けて一九八九年に発表されたコミュニティケア白書（Caring for People）では、コミュニティケア改革のための七つのプログラムが提案された。その七項目目に、重い精神疾患患者に対する社会的援助の発展を推進するために、国は地方自治体に対する特定補助金（The Mental Illness Specific Grant）を創設することが盛り込まれた。また、保健的ケアでは、一九九一年四月までに地域保健局に対して、ケア計画の策定を求め、具体的にその基準を示した。例えば、精神病院の売却費は、病院付属ホステルや高齢精神障害者のための地域グループホーム住宅など、新しい施設財源とするよう、地域保健局は財源計画を策定することが義務づけられた。

一九九〇年、人頭税（Poll Tax）導入による国民の強い批判でサッチャー政権は辞任し、メジャー保守党政権にバトンタッチされるなかの六月、国民保健サービス（ＮＨＳ）および地域ケア法の制定により、地方分権と混合経済の導入による福祉サービスの民営化は確実なものになってきた。同法では、コミュニティケアプランの策定義務化、病院閉鎖プログラム、病院トラスト制度などサービストラストの導入、居住サービス資源の重視、ケアマネジメントの制度化、プライマリケアと評価の重視などが盛り込まれた。こうして一九九一年からＮＨＳの病院は、段階的に独立採算の病院トラストへの再編成を始めた。また福祉施策面全体が新たな改革を始めた。

一九九〇年の児童支援法（Child Support Act）の制定、一九九五年の障害者差別禁止法（Disability Discrimination Act）の制定、同じく地域精神保健法（Mental Health（Patient in the Community）Act）、そして一九九六年には介護者（認定とサービス）法（Mental Health Patients in the Community Act）が制定された。

一九九〇年代には、精神病者による殺人事件が社会問題化してくるが、それでも精神病床数は着実に削減され、一九九〇年人口万対一二床が一九九三年には人口万対一〇床へ、一九九九年人口万対六床、二万五〇〇〇床まで削減された。

一九九七年白書（The New NHS: Modern and Dependableでは、再びプライマリケアの重視が強調され、そして翌一九九八年白書「精神保健の近代化」（Modernizing Mental Health）では、アサーティブ・アウトリーチやホームトリートメントの整備が強調された。その中で、地域精神保健チーム（Community Mental Health Team）や精神保健中核グループ（Mental Health Core Group）が、ＮＨＳトラストと自治体社会サービス部門、市場その他のサービス提供の連携により各地で組織化されていった。「精神保健のためのナショナル・サービス・フレームワーク」発表の一年前に、保健省から「A First Service」という三部からなる理論的根拠が発表された。これは標準基準のシステム（臨床レベルの国家研究とＮＳＦ）、供給システム（臨床管理）、モニタリング・システム（健康増進のための委任、国家遂行アセスメントの枠組み、利用者に対する全国調査）である。これには精神保健サービスの改善や管理のために、費用対効果、アクセス改善、エビデンス、モニタリング、および政府のイニシアティブなどを重視することが含まれている。一九九九年「精神保健ＮＳＦ」はこうした背景を受けて、精神保健の促進、プライマリケアとサービスの利用、家族支援、自殺予防を標準に、一八～六五歳を焦点に五つのモデル地域の実践を元に発表された。

また同じ一九九九年には、保健法（Health Act）も制定された。これにより、二〇〇〇年からは精神医療サービスと社会福祉サービスは統合され、社会福祉サービス部門のソーシャルワーカーはNHSトラストの所属に変わった。

## ――むすび

日本とイギリスの比較で感じるのは、制度が非常に似ているようでありながらも、制度や実践の基盤がかなり異なることである。例を示そう。イギリスでは精神医療や障害者福祉を含む対人保健福祉サービスや教育、住宅などを包括的に社会サービスと呼んでいるが、それらに対する地方自治体を含む基盤整備における行政責任が日本より明確であり、制度設計が先行している。そのため、政策研究に端的に現れるように、論証としての実証的研究とその蓄積が重視される。また、政府白書の前に「グリーンペーパー」を示し、法制定後のモニタリングにも力を入れている。しかも、対人サービスにおいてシステム構築を重視する立場は、かなり以前から明確にコミュニティケアを志向している。

精神保健福祉施策に関する中央政府の所管は保健省であるが、地域社会で精神障害者が自立した生活が送れるように支援するコミュニティケアの定着は、ケアシステムの整備に見ることができる。すなわち、第一次ケア（プライマリケア）を最も重視し、一九二一の保健地区、GP（家庭医／サービス購入予算を持つ）、CPN（地域精神科看護師）、ソーシャルワーカー等の配置があり、第二次ケアとしてのクリニック、デイセンター、ケアマネジメント、地域ケアチームの整備が進められ、第三次ケアとしてデイホスピタル、精神科病院が存在していることである。

しかし、一方で福祉サービスは伝統的なコミュニティケアの色彩を変えつつ推移していることにも留意しなければならない。近年の民営化政策の流れの中で、インフォーマルケアの重視、「混合福祉」に舵を切ってきており、国民保健サービスへの財政面からの評価の厳しさも強まっている。政策は労働党/保守党の政権交代により、その緊張を反映しやすい。「精神保健NSF」のような実証的かつ政治的な国家的枠組みは、こうした背景のなかで成立してきたことを認識しておく必要がある。

## 2 イタリア　精神医療改革の経験

### ――はじめに

イタリアは、地中海に張り出した長靴のようなイタリア半島とつけ根に当たる部分、地中海の二つの大きな島(サルディーニャ島、シチリア島)からなる。面積は日本の本州とほぼ同じ三〇万平方キロで、行政単位は、二〇の州(レジオーネ regione)と一〇三の県(プロヴィンチア provincia)、約八〇〇〇の市町村(コムーネ Comune)の三層構造である。人口は約五九〇〇万人(二〇〇八年国連統計)であるが、一極集中はあまり見られず、一〇〇万人を越える都市は首都のローマ(二七〇万人)、ナポリ(一三〇万人)だけである。国民の九七%がカトリック教徒という。小国乱立状態から一八六一年三月七日にカブールやガリバルディらの健闘があり、ヴィットーリオ・エマヌエーレⅡ世がイタリア王国を建国し、その後一八七〇年にローマを獲得して統一国家を完成させる。戦後の一九四六年六月二日に共和国に移行した。そのため中央集権制度が基本ではあるが地方アイデンティティが強く、法律によっては国法より自治体の法律が優先され、国の祝日と別に都市にも祝日があるように地方自治色が極めて強い国である。

日本よりやや遅れて一九六〇年代から高度経済成長を迎えるが、精神医療改革は一九六〇年代後半から始まった。北イタリアを中心とした精神医療の改革運動は、日本でもバザーリアの名前と共に「トリエステの改革」「精神病院を廃止した町」として紹介されており、一九七八年法一八〇号（通称・バザーリア法）が精神科病院への新規入院を禁止し、同年に制定された法八三三号（国民保健サービス法）による脱施設化の開始については、これまで複数の書籍で紹介されてきた。筆者も二度、イタリアの精神保健の視察を行っている。一九八八年にトリエステを視察する機会があり、その改革状況を雑誌「ゆうゆう」で報告したことがある。二〇〇八年の視察では、一九七〇年代前半のオイルショックに端を発した経済不況、八〇年代のミニバブルを頂点とした好景気を経て、九〇年代からの低成長、二〇〇〇年代からの景気後退といった経済変動のなかで、新しい精神保健システムの形成に各地での実践が積み重ねられていた。その動向を注視しながらアレッツオやベローナを含めた状況を把握することに主眼を置いた。ここでは脱施設化以前のイタリアを粗書きしたうえで、北イタリアを中心とした精神医療改革以降を改めて辿り、現在の精神保健システム形成への流れを紹介し、今後の課題を日本の現状を意識しながら考察したい。

## ――精神医療改革前史

イタリアの近代精神医療の歴史は十八世紀に遡る。ピサ大学のビンセンツォ・キアルギ（Vincenzo Chiarugi（1759-1820））が活躍し、一七七四年には、レオパルド大公によって精神衛生法が公布される。ギアルギは、一七八八年に聖ボニファチェ病院を開設（フィレンツェ）し、翌年には博愛主義から精神障害者ケアの開放的処遇を発表し、一七九四年には『精神病とその分類』全三巻を著すなど精神医療の近代化に貢献した。しかし、統一国家になってからのイタリアでは、一八八九年に最初の司法精神科病院の開設があった程度で、精神医療は各都市にまかされていた。二十世紀の始め、一九〇四年に国レベルでの精神衛生法「公的あるいは私的精神科病院に関する規定」（法三六号）が制定され、自傷他害または公序良俗を乱すおそれのある患者の強制入院を定め、地方警察長官が入院を命じる治安目的の法律を整備したことで収容主義政策が本格的に始まった。しかし、州によっては収容施設の乱立やあまりにひどいケアが目立ちだしたため、一九〇九年に法三六号の一部改正（法六一五号）を行い、人道的福祉的配慮として、器具による拘束の原則禁止、病院の定床や設備基準の設定を定めた。それでも大規模な精神科病院の乱立（九割は公立病院）と病床数の増加が続き、一九三一年には刑法（ロッコ刑法）で司法精神科病院への入院手続きを規定するなど微調整がされていた。

## ——精神医療改革とバザーリア

一九六〇年代から七〇年代にかけての精神医療改革にとって、フランコ・バザーリア（Franco Basaglia 1924-1980）にリードされたトリエステをはじめとする北イタリアの改革運動は、精神障害者の見方と精神保健システムの根本的な転換をもたらした。バザーリアは精神障害者は無能・危険・社会復帰不可能という見方が支配的な時代を、精神障害者は能力がある・危険ではない・社会復帰可能であるという見方の時代に転換させた。

バザーリアは「自由こそ治療である」を信念としたが、それは誤解されるような「反精神医学」ではない。彼はピサ大学医学部の学生時代に反ファシスト運動に参加し、現象学や実存主義哲学、マルクス主義者であるグラムシの哲学の影響を受け、バドヴァ大学精神医学部助手・講師時代には、マックスウェル・ジョーンズの「治療共同体」理論に影響を受ける。こうして、一九六一年にゴリツィア公立精神病院の院長に就任したときには、精神医療改革の壮大な実験に着手する。つまり、病院・病棟の開放化、電気痙攣療法・ロボトミー・拘束衣の廃止、徹底的なスタッフ・ミーティング／治療共同体方式による患者参加のミーティングの重視、院内作業や芸術・文化活動の奨励などである。こうしてバザーリアが着任した時は八〇〇人いた入院患者が、一九六八年の離任時には三〇〇人に減少したと言われる。彼は自分たちの改革を宣伝することにも熱心で、一九六〇年代からはトリエステ、アレッツオ、パルマ、ナポリ、トリノなど北イタリア全体で精神医療改革の運動が広がっていく。こうした背景もあり、一九六八年にはイタリア精神科医協会の働きかけにより法四三一号制定され、自発的入院制度の創設、精神病院の縮小と施設基準（一病棟一二五床で五病棟以下に制限）の設定、一対四の人員配置基準の設定、精神科医師、看護師のほかに身体科の医師、社会福祉士や心理士の配置、総合病院内への精神科病床の設置、退院者の治療のための外来設置や精神衛生センターの設置などが規定され、北イタリアを中心に改革が進められた。しかし、自発的入院は増加せず病床数は依然増加する傾向にあった。

バザーリアにとって転機となったのは、一九六八年九月に生じた外泊中の夫が妻を斧で殴り殺すというゴリツィアの事件である。彼は外泊を許可した主治医ではなかったが、病院長として裁判に訴えられる。結果として無罪となったが、責任をとり辞職する。その後、パルマの精神病院長に迎えられるが、共産党との軋轢もあり一年足らずで辞職している。一九七一年、キリスト教民主党のミケーレ・ザネッティ知事の勧めで、トリエステ県立サン・ジョバンニ精神病院（一九〇七年開設）の院長に就任し、本格的な精神科病院の廃止運動を始める。

## ――精神医療改革の戦略とトリエステ

トリエステは、アドリア海に面しスロベニアと隣接する国境の町（バザーリアが赴任した一九七一年には人口三一万人であったが、臨海工業の不振で二〇一五年には人口二〇万人・県全体では二四三・三〇五人）である。バザーリア赴任当時のサン・ジョバンニ精神病院は、二〇万ヘクタール（約六万坪）の敷地に入院患者は一〇五八人おり（八四〇人は強制入院）、医師一〇人、看護者三五三人で治療にあたっていたが、中心は人ではなく拘束衣と薬であった。バザーリアは、「自由こそ治療だ」を合言葉に、一九七一年、精神医療改革の組織である「民主精神医学連合（ＰＤ）」を結成した。この総会には、精神科医、看護者、心理士、ソーシャルワーカーら二五〇〇人が参加、イタリア共産党、急進党、社会党、イタリア労働者総同盟も賛同者に名前を連ねた。バザーリアは、ゴリツィアの失敗を教訓とし、まず味方を増やす戦略を徹底した。院内では、病院スタッフや労働組合と粘り強い話し合いを繰り返し、リハビリテーションを少しずつスタートさせた。それは、病院を徐々に（病棟ごとに）縮小するが、その前に必要な施設を地域に整備するやり方で、一九七二年から開始した。その前年に最初に取り組んだのは、オープンドア（開放化）と鎖の廃止であり、入院患者を出身地別の病棟に再編し、社会的入院患者（当時は六〇〇人）には「オスピテ（お客）」の呼称を導入した。彼は、病気を見るのではなく、一人の人間として見ること（病気ではなく、その人が誰であるかが大事）を基本とした。一九七三年二月には、美術工房の利用者やスタッフで造形した張り子の「青い馬」（マルコ・カバロ）運動で町を練り歩き、討論会を開き市民との対話を促進するなど、市民世論を味方につけることも始めた。同年には、コーパラティーバ・ソシアル（社会協同組合）を院内に設立し、清掃・クリーニング作業を開始する。一九七四年には敷地内に精神保健センターを開設し、翌一九七五年には、院内の共同住居および地域の精神保健センターを開設する。この間、院内外の反対運動と何度も話し合いを重ねたという。こうして、一九七七年に新規入院はゼロとなり、「オスピテ」は約三〇〇人に減少した。

このように北イタリアの精神医療改革が実を結ぶなか、一九七七年から七八年にかけて、イタリア急進党が法三六号の憲法違反・廃止を呼びかける国民投票署名を開始した。結果七五万人の署名を集める。もし国民投票が可決されると一九七八年から精神保健の法律なしの「空白」が生じることへの危機から、政府は新法の制定を急いだ。バザーリアはこの委員会に招聘されなかったが、事実上彼の意見が全面的に取り入れられた。そのため一九七八年五月十三日「自発的および強制による健康診断と治療に関する法律」法一八〇号（精神保健法）が全会一致で制定されたとき、通称バザーリア法と呼称されることになった。この法律の主な内容は、①精神科病院への新規入院の禁止（一九八〇年から実施）、再入院の禁止（一九八一年実施）、②治療は病院以外の地域社会内施設で行う、③入院治療は総合病院での病床（一五床以下）で行う、④強制入院は二人の精神科医が独立して判定し、その期限は七日間以内とする、などであった。続いて、一九七八年十二月二十三日には法八三三号（国民保健サービス法）が制定され、法一八〇号は法八三三号に統合される。この法律では、①地域分担医療の導入のため、地域保健機構（ＵＳＬ（当時の名称）約六五〇の管轄地域）が精神医療を含めて一元的に管理する、②第一次医療サービスを一般開業医とする、③地域精神保健センターの設置と運営などを定めた。その後のバザーリアは、一九七九年一一月にローマの精神医療改革の監督官に招かれるが、一九八〇年八月に脳腫瘍で急逝した。彼が亡くなった一か月後、一九八〇年九月に、サン・ジョバンニ精神病院の完全閉鎖が終了した。

## ――精神医療改革以降のイタリア

### ［イタリア政治の変化と精神医療改革の足踏み］

イタリアの現在の政治は、当時と状況が違い中道右派連合（自由国民、北部同盟）と中道左派連合（民主党、価値あるイタリア）の事実上の二大政党制になりつつある。しかし、精神医療改革が進められた一九七〇年代は、左翼政党（イタリア共産党、急進党）の躍進とキリスト教民主党が拮抗しつつ多数政党時代であった。なかでもイタリア共産党は、一九七二年総選挙で二八％を獲得したのを契機に、翌年には「精神病者の解放」を政策化し、精神医療改革を後押しする。一九七六年六月の総選挙では、三四・四％（二二七議席）を獲得したことで、ベルリンゲル書記長の指導でキリスト教民主党との「歴史的妥協」（閣外協力）路線を歩む（一九七九年一月まで）。しかし、歴史的妥協を同じく推進したキリスト教民主党のアルド・モロ首相の暗殺（一九七八年五月九日発見）、一九七九年総選挙では三〇・四％、一九八三年総選挙で二九・九％、一九八七年総選挙で二六・六％と得票率を低下させたことで、一九九一年には多数派の「左翼民主党」と少数派の「共産党再建派（後の再建共産党）に分裂し、一九八〇年代の精神医療改革はしばらく足踏み状態を続けることになる。

**［一九九〇年代の精神医療改革］**

一九九〇年代以降のイタリア政治はあまりに流動的である。一九九二年のキリスト教民主党やイタリア社会党など既成政党の相次ぐ構造汚職に端を発した政界再編の波の中で、左派・中道・右派の中でも分化する多数政党乱立となり、精神保健に関する一貫した政策が途絶え、法一八〇号は後退の危機を迎えた。キリスト教民主党もマフィアとの関係から検挙者を続出し、一九九四年には解散している。こうした中で、一九九一年十一月法三八一号（社会協同組合法）が制定された。この法律は、「市民の人間的発達と社会的統合に向けた共同体の一般的利益を追求する目的を有する」（第一条第一項）もので、社会福祉・保健医療・教育サービスの供給を目的とする事業であり、社会サービスの専門職によって結成されたAタイプと、障害者に労働参入の機会を提供することを主目的としたBタイプ（精神保健分野で多い）に分けられる。Bタイプでは、組合員の三〇％以上を障害者で構成しなければならない。このように、社会協同組合は、保護的な市場を形成し、非営利を目的とする。税の優遇措置、社会保険料の減免措置、自治体からの委託、補助金が受けられる。翌年の一九九二年には、法一〇四号「障害者の援助・社会的統合・諸権利のための枠組法」（障害者基本法）が制定され、グループホームやファミリー・グループホームが規定されるとともに、解釈ではあるが精神障害者も雇用義務に盛り込まれた。同じ一九九二年には国民保健サービス法が改正され、約六五〇か所あった地域保健機構（USL）が二五〇か所の地域保健サービス公社「ASL」に再編統合（二〇〇五年さらに一九五か所に縮小）され、州政府の下に設置されたために、精神保健局と地域精神保健センターもASLに移管された。これは、USLに国庫補填していた国の赤字財政を減らし、州の負担を州の自由裁量で賄わせようとする政策意図からである。

一九九四年には、国は「精神保健保護のための全国的オブジェクティブ・プロジェクト」を立ち上げ、保健省は「全国精神保健計画」（The National Mental Health Plan of 1994）を明らかにした。これを見ると、人口一五万人をエリアに、各州に精神保健部門を置き、サービスの供給とフォローアップに責任を分担するシステム構築を提起している。内容的には、①地域精神保健センター（ＣＭＨＣ）を州の責任で整備し、在宅患者のケア、救急サービス、家族の相談と支援、ケースマネジメント、社会福祉サービスやリハビリテーションの提供、職業訓練、職場開拓、再入院の防止、退院患者の地域移行支援を行う。②総合病院での精神科病床数（ＧＨＰＷ）は、人口一万人につき一床を基準とする。③デイケアを含む利用施設を人口一万人に一人当たりで整備する。④少なくとも人口一万人につき休息一床を整備する。⑤重度の精神障害者のために、家庭のような施設を二〇床以下で整備する。⑥グループホームを整備する、とされた。

続いて、一九九八年の第二次の三か年全国精神保健計画（The 1998 National Mental Health Plan）では、①他の保健やヒューマンサービスとの統合、②大学との統合、③地域の援助機関との統合、④ＮＰＯの参画、⑤家族会の参加、⑥援助のアウトカムや効果測定、⑦エビデンスに基づく医療の提供、⑧サービスの品質保証、⑨サービス品質の標準化、⑩ガイドラインの設定、⑪子どもや若者向けのサービス供給システムの再編成が示された。

こうして、一九九五年には精神科病床数は民間病院を含めて人口一万対五床に激減し、一九九八年五月には、当時のロージ・ビンディ保健大臣が精神科病院の完全閉鎖を宣言した。二〇〇八年九月にイタリアでお会いしたベローナ大学のブルチ教授によると、一九九〇年代はイタリアの全土において入院から地域移行への支援策を強化し、治療共同体のような居住施設やデイケアセンター、当初はまったく不足していた保護的な就労の場の確保に取り組んだという。

## ――現在の精神保健システムと新しいサービスの動向

［イタリアの病床数の推移］

統計資料によると、一九一四年イタリアでは人口一万対一五床（入院患者五万四〇〇〇人）とあり、一九〇四年からの隔離収容主義政策で精神科病床の増加が早くから行われたことを物語っている。戦後、精神医療の改革が始まった一九六三年の人口一万対一七・三床（入院患者一二万人）が病床数のピークであった。一九七一年には入院患者九万四八〇〇人。一九七七年には、一二・四床（入院患者七万三五〇〇人、うち民間病院四・三床）、法一八〇号が制定された一九七八年には入院患者六万四七五二人、一九八三年には七・六床（入院患者四万二〇〇〇人）、一九八八年には入院患者三万八八〇〇人、そして一九九〇年には、三・四床（民間病院のみ）と激減した。

イタリア全国の二〇〇八年の状況は、保健省の資料によれば急性期用の精神病床一万〇〇八三床である。内訳は、総合病院（精神科病床）に四〇八四床、大学病院に四〇四床、私立小規模病院に五五九五床と、合わせても人口一万人対一・七床という先進諸国では世界最小の水準である。精神科の病床数は、総合病院の精神科と私立病院を合わせても約八〇〇〇床で一万床に届かない。かつての精神科病院の建物は保育所や学校、文化工房、職業専門学校、地域精神保健センター、就労協同組合の事務所などに転用されている。なお精神科病床とは別にカーザ・ディ・クーラと呼ばれる私立精神科看護ホームがイタリア全土で五六か所、三九七五床（二〇〇一年）ある。

現在トリエステでは、四つのセンター（六～八ベッド×四＝三〇休息用ベッド）、大学付属精神保健センター（四〇床→一六床→八床と減少）、総合病院の精神科（八ベッド）で合計五〇床弱、共同住居一二か所七二人が利用、地域資源をよく知っているスタッフを中心に全スタッフ二四五人で年間四〇〇〇人とコンタクトをとっている。また、チームアプローチが主流になってきており、専門家に加え、保健福祉系の大学生や医学部の大学院生、地域の非専門家も地域サポートシステムの一員に加わってきている。さらに、女性や若者向けの精神保健相談機関の活動も活発に展開されている。農業だけでなく、観光やホテル経営など社会協同組合は一三を数え、精神障害者も多く雇用されている。

〔現在の精神保健福祉システム〕

精神保健システムの拠点となる地域精神保健センターは、トリエステで六万人に一か所、全国でも七〇七か所（人口八万人に一か所（二〇〇一年））に達している。ここには、精神科医、看護師、ソーシャルワーカー、臨床心理士、リハビリテーション技術者、教育職、事務職など二〇数名が配置されている。精神障害者が利用する地域の居住施設は一三七七か所、利用者定員で一万七三四三人分、住民一万人の割合では三・四人分である。最近ではイタリアでもマネージド・ケア改革の影響を受けつつあり、台頭するＮＰＯや相互扶助グループの中で、見方によっては危機とも言える。たしかに、前述した社会協同組合（Ａタイプ（障害者と利用者の混合方式で大きいもので三〇〇人規模）とＢタイプ（七一年から始まった保護工場的な施設で小さいものは一〇人から））は二〇〇〇年以降大幅に増加しており、その数も正確に把握できていない。また、南北格差は完全に解消できてはいないものの、二〇〇一年から精神保健リハビリテーション技術者の養成が始まっている。地域でもチームアプローチが主流になってきており、精神科医、臨床心理士、ソーシャルワーカー、看護師などの専門家に加え、保健福祉系の大学生や医学部の大学院生、地域の非専門家も地域サポートシステムの一員に加わってきている。

## ――今後の課題

ここで、二〇〇八年に訪問した知見からまとめておきたい。北イタリアの改革運動に端を発した一九六〇年代後半から今日に至るイタリアの精神医療・保健システムの改革は、いまやイタリア全土で精神科病院から医療を含む地域基盤のサービスへと明確に転換した。とりわけ、人口一万人対一・七床という精神科病床数は、その一六倍である日本からすれば驚異の事実である。

しかし注意深く見ると、そこにはトリエステ方式での改革とアレッツオ方式での改革という二つの源泉を見ることができる。トリエステ方式の特徴は、なんと言ってもバザーリア思想の影響であり、そのキーワードは、地域基盤、スモールサイズ、地域精神保健センターを拠点にサポートを組み立てたことにある。精神科リハビリテーションの視点からは、スタッフ・ミーティングを重視した個別治療的リハビリテーションプログラムや、家族教育（一クール一〇回の例会）、触法患者へのサポート（トリエステでは一四人から六人に減少）、地域コンサルテーションが重視されている。一方、アレッツオ方式は、共産党が長く自治政治の中心であったこともあり「限られた予算で最大限のことを」がモットーであり、思想より現実的な選択から、家庭訪問看護を中心に支える二四時間のサービス、個人ケアサポートの徹底、ホームドクターとの連携、予防活動や次世代スタッフの養成を重視しており、そのイタリア全土への影響も大きい。どちらの方式も市民とのつながりを重視していることには共通性があるが、アレッツオ方式はより「特別なコミュニティを作らない」方向を向いている。換言すれば、トリエステ方式はスペースオリエンテッドサービスであり、アレッツオ方式はデリバリーオリエンテッドサービスであるとも言える。

また、これだけ進んだイタリアでも課題は散見される。水野雅文は、「イタリア全土を鳥瞰すると、トリエステのような都市ばかりではなく、現実にはさまざまな困難を抱えている地域も多い」という。各地域を視察したわけではないため詳細は不明だが、地域精神保健センターでもトリエステのような二四時間オープンは一割程度と少なく、ハーフウェイハウス（永住型と一時滞在型）やグループホーム（二四時間スタッフ常駐型、一二時間のスタッフ通勤型、必要時のスタッフ訪問型）は全体に古い建物が多い。就労の場の確保も簡単ではなく、だからこそ社会協同組合が増加する。セルフヘルプグループの活動もアメリカや日本と比較してもあまり活発には見えない。イタリアの精神障害者の生活が他の地域住民並みに向上したとも言い切れない。

それでも精神科病院ではなく、地域で暮らしている姿は本当の意味で人間的である。欧米で増加しているACTはあまり普及していないが、その理由についてある精神保健センター長の「ネットワークが十分ではない地域では必要でしょうが、私たちのところではネットワークがしっかりしているので、なくても対応できています」との返事が印象的であった。

わが国では長期入院患者の地域移行支援が焦眉の課題となっており、そのための地域ケアシステムの構築が急がれるところであり、すでに脱施設化を過去としたイタリアの経験から学ぶことも大きい。しかしそれはバザーリアの思想であると単純化できない。またイタリアの国民性にあるとも言い切れない。むしろテクノラート型政治に移行しつつある現在のイタリア政治の政策選択にこそ鍵があると思われる。

## 3｜ニュージーランド　「リカバリー」の浸透

### ――ニュージーランドの概要

筆者がはじめてニュージーランドを訪れたのは二〇〇三年六月で、緑の大地、美しい国、羊の国、人が優しい国、多民族国家という印象であった。当時の人口は約三九〇万人、二〇一八年現在四九〇・五万人であるから、この間一〇〇万人も人口が増えた国である。国土面積は日本の約七割で二六万八六八〇平方キロ。北島と南島という大きな二つの島、そして周辺の小さな島々からなる。主な産業は、乳製品、食肉、羊毛などの輸出産業、観光、映画のロケ地などである。二〇一七年春先にオークランドを訪れたときは肌寒い晩秋の気候で驚いたが、レストランやお土産屋など観光産業が栄えていた。また日本同様火山地帯であり地震が多い。英語とマオリ語が使われ、イギリス連邦加盟国である。

ニュージーランドの歴史をかいつまんで紹介しておく。世界で最も若い国と言われ、約一〇〇〇年前、南太平洋のポリネシアからマオリの人々がカヌーでこの地に渡って来たことに始まるが、その後、オランダ人探険家アベル・タスマン(Abel Tasman)の発見、そして一〇〇年後の一七六九年にイギリス人のジェームス・クック(通称キャプテン・クック)の艦隊が領有を宣言したことを契機にイギリス、フランスなどヨーロッパから移住が始まり、一八六〇年にはマオリ戦争(一八七二年終結)の結果先住民族であるマオリ族と和解し、さらに一九四七年にイギリスの自治領から独立を宣言、現在に至る。

とくにマオリ族の諸権利を認め、発見者のオランダ語である「ノヴァ・ゼーランド」を英語読みの「ニュージーランド」(New Zealand)とマオリ語の「アオテアロア」(AO(雲)TEA(白)ROA(長い))の両方を正式の国名とした。ニュージーランドは世界で最も成功した多民族国家であり、二〇一三年の国勢調査では、ヨーロッパ系七四・〇%、先住民族マオリ人およびマオリ系一四・九%、アジア系一一・八%、太平洋諸島系七・四%、中東系・ラテン系・アフリカ系一・二%、その他一・七%である。最初に訪問した二〇〇三年は日本を含むアジア系が六~七%であったことから、増加していることがわかる。

## ――精神保健福祉改革

一九六〇年代のニュージーランドは、諸外国と同様主要な六か所の巨大精神病院に精神病患者を収容していた時代(人口万対三〇床)であり、一九七〇年代から欧米の後を追い脱施設化に踏み切る。しかし地域ケア不在のためにアメリカと同じく「回転ドア現象」が続いた。改革の出発点は、一九八〇年代後半から活発化してきたＮＧＯ（非政府組織）の活動、メアリー・オヘイガン（O'Hagan, M.）らのコンシューマ活動の興隆、そして一九八〇年代に起きた精神障害者による一連の傷害事件や暴力や自殺を契機として、一九八八年判事のケイ・メイソン（Mason, K.）によって政府に提出されたメイソン・レポートであった。八〇年代の動きは精神保健福祉の改革により一層の議論を促し、一九九四年ニュージーランド政府は、「展望――精神保健サービスの戦略的方向性」（Looking Forward: strategic directions for the mental health services）という政策文書を発表し、包括的な精神保健サービスの提供、アルコールや薬物依存を含む総合的な精神保健施策、地域精神保健サービスへの費用確保などを提唱した。その後再びメイソンらに促され、一九九七年に政府は「前進――豊富で良質なサービスのための国民精神保健計画」（Moving Forward: The National Mental Health Plan for More and Better Services）を発表し、マオリ人へのサービス改善、社会全体への啓発活動の強化などを具体的指針として発表した。一九九八年には、コンシューマ・精神科医師・弁護士の三者で構成されたメンタルヘルス・コミッション（ＭＨＣ）が設立された。歴史的な改革の文書、リカバリー思想を具体化した「ブループリント（Blueprint for Mental Health Services Working Document 1997）」はＭＨＣから発表された。ＭＨＣは、精神障害者のリカバリーを妨げる最も大きな障壁がスティグマであると宣言し、スティグマ解消を施策の重点に掲げた。ＭＨＣが直ちに手がけたことは、国家公教育プログラムである「ライク・マインズ／ライク・マイン」（Like Minds, Like Mine）の設立である。「精神病のある人々を真に評価して、包摂する国をつくろう」を合言葉に、キャンペーンの中でニュージーランドの著名人（例えばラグビー元ニュージーランド代表のジョン・カーワン、ミュージシャンのマヒナランギ・トッカーやマイク・チャン）が公然と精神疾患を患った自身の経験についてテレビで話をした。筆者らが訪れたときも全国放送の四つのチャンネルのうち、三つのチャンネルが国民向けのわかりやすい啓発用コマーシャルを提供していた。

ウェリントン病院では、筆者らが二〇〇三年に視察に訪れる七、八年前までは、一二〇〇床の病床があったが、現在は一〇〇床しかないという（二〇一七年現在では僅か二九床）。同行した野中猛氏の「脱施設化にスタッフは適応できたのか」という質問への、「住まいの決定権はコンシューマにある」というスタッフの答えに納得した。

## ――精神保健福祉サービス

筆者らが二〇〇三年に訪れたときは、すでに当事者参加の徹底、マオリ族への配慮、地域集中介入チーム（ICT／緊急評価、安定化、治療、他のサービスへの紹介を提供する。一日二四時間、週七日間の機動的かつ迅速な対応が可能）、ドロップイン・センター、コミュニティサポートワーカー（CSW）、リカバリーと希望に結びついた具体的政策の展開、六週間限定のデイケア治療、前述の政府の諮問機関である「ライク・マインズ／ライク・マイン」作成のテレビコマーシャル（出演者は国民誰もが知っている有名な精神障害当事者）、所得保障制度（レジデンシャルサービスを受けるメンバーは一日一八〇ニュージーランド・ドル）などに驚いた。

ウェリントン病院のHome Based Treatment Centerを訪問したとき、コンシューマ・アドバイザーであるモニカさんのお話では、「利用者の参加を保障する法律」には、次のような記載事項があるという。①利用者の権利を擁護する、②利用者を雇用する、③利用者がサービスを運営する、④利用者がトレーニングに貢献する、⑤プロジェクトに対して「利用者コンサルタント」として契約する（評価は利用者に依頼する）、⑥利用者同士のネットワークを地域、全国レベルで展開する。

ニュージーランドは全国を二一の地区保健機構（District Health Board: DHB）に区分し、たくさんのNGO組織と連携して改革を進めている。DHBは主に、二次および三次医療を公的な入院施設や精神保健センターが担い、居住や雇用支援など生活支援サービスはＮＧＯ等によって担われている。また一次医療は地域の一般開業医（ＧＰ（家庭医））が担当している。

第二次精神保健改革計画（二〇〇五～二〇一五年）が進められた後の二〇一七年の訪問では、シービュー精神病院（The Seaview Asylum）（一八七二～二〇〇九）など古い巨大精神病院はすでにいくつかが廃止されていた。二〇一二年六月には、「精神的健康の増進とすべてのニュージーランド人のウェルビーイングのために」と副題のついた「ブループリント」第二版がＭＨＣから発表された。その中ではリカバリーについて、「リカバリーの哲学は希望を強調し、自己決定、完全な市民参加、そして精神障害のある人々のための幅広いサービスとリソースを生み出す」と述べている。リカバリーはすべての施策の基軸概念となった。二〇一四年にはメンタルヘルス問題のための地区保健機構サービスを利用した患者の九％が入院患者のチームによって観察・集中的なサポートを受けていたが、二〇一〇年代後半では、一般開業医が主要な精神医療サービスを支えることになり、二〇一一～二〇一二年に、公共の精神科専門医療への照会の一五％は一般開業医から来ていた。また、ＮＧＯ団体が大幅に増加していた。なかでもパスウェイズ（Pathways Trust）、チャレンジ（Challenge Trust）、リッチモンド・ニュージーランド（Richmond New Zealand Trust（Emerge Aotearoa））は活発に事業展開しており、広報・事業活動・商品開発・市場調査・職場開拓などにその道の専門家を採用しており、また多くのコンシューマーも雇用されている。地域の危機介入チームにはスタッフとしてコンシューマーが当たり前に参加している。二〇一六年にはコンシューマーの三〇％がこれらＮＧＯサービスを利用していた。ＮＧＯの組織は国際的な組織・大規模な予算をもつ全国組織から非常に小さなグループにわたり、実態がつかめないほど広がっているという。小さなＮＧＯは、電話によるクライシスサービス、ドロップイン・センター、自助グループ、家族支援、住居サービス、就労支援など多岐にわたる。マオリ族への特別なサービスは太平洋の部族にも拡大しており、日常生活支援、家族支援や住居支援、雇用の確保、薬物依存への対応、スティグマへの挑戦が続いている。また子どもや若者への早期介入支援、女性や高齢者へのメンタルヘルス支援、自殺対策が強化されているという。オークランドに二〇〇六年に開設されたメイソン・クリニック（以前のキャリントン病院の用地の一部の上に建設）は、マオリ族のケアのために公会堂、大食堂、宿泊設備の区域と中庭のある空間として設計された。ニュージーランド政府は、雇用されているコンシューマーの賃金を他の労働者と公平になるように企業側に働きかけているという。

## ――むすび

二〇一七年五月に神奈川県の民間精神科病院で、ニュージーランド人青年（二七歳）が約一〇日間の身体拘束を受けた後で心臓発作を起こして意識不明となり、救急搬送先の病院で死亡したニュースは、ニュージーランドで大きく報道されたと聞く。わが国の精神保健福祉法でも隔離・身体拘束等の行動制限は限られた要件の下でのみ認められるもので、ニュージーランドでも行動制限はあるそうだが、何日も身体拘束が行われることは考えられないという。これまで紹介してきたニュージーランドの精神保健福祉の状況から見れば意識の差が生じるのは明らかである。いずれにせよ、ニュージーランドからはリカバリーと希望に焦点を当てた思想の共有と定着、医療と生活支援とリハビリテーションがリンクするサービス提供のしくみ、コンシューマーの役割、チームアプローチの徹底、人材を育てる基本の堅持、インクルーシブな風土、次々と発表される政策の優位性、モニタリングやアウトカム評価など学ぶべき点が多い。

## 4 アメリカ――代表的な実践モデル

脱施設化が先行したアメリカは、地域移行の当初の失敗を経て、そこから学びさまざまな先駆的地域実践を構築してきた。一九九九年にWHOと世界心理社会的リハビリテーション学会（WAPR）の合同選考委員会は、日本の五か所を含むアジア一五か所、アフリカ五か所、オーストラリア・ニュージーランド七か所、ヨーロッパ二二か所、カナダ一四か所、アメリカ合衆国一五か所、南アメリカ五か所の合計八三か所の実践を「ベスト・プラクティス」と認定した（第三章参照）。おそらく現在では同水準の実践は数百に達していると想像されるが、アメリカは世界の「ベスト・プラクティス」をリードしてきた歴史がある。ここでは精神障害者の地域生活を支援する包括的な取り組みの視点から、世界中からの視察を受け入れているアメリカのファウンテンハウス（ニューヨーク）、ビレッジ（ロサンゼルス）、ACTモデルを紹介する。

### ――ニューヨーク・ファウンテンハウスとクラブハウス

ニューヨーク西四七番街、タイムズスクウェアの横手に並ぶ住宅地に、ひときわ大きな、そして今では年月を経た建物となった施設、ニューヨーク・ファウンテンハウスがある。ここがクラブハウス発祥の地である。ユーザーが受付し、見学を案内してくれる。足を踏み入れると、廊下も部屋もぴかぴかである。

一九四〇年代、ニューヨーク郊外にある精神科の病院から退院した四人が、「私たちはひとりぼっちじゃない（WE ARE NOT ALONE）」を合言葉に、地域で「WANA」という自助グループ活動を始めた。その後、彼らの活動を支援する市民ボランティア、企業家、精神保健関係者も協力し合い、一九四八年にファウンテンハウス

（実際に二階のテラスに小さな泉があることからそう呼ばれる）を設立した。一九五〇年代には、ジョン・ビヤード（John H. Beard）が、重度の精神障害者のために、現在もファウンテンハウスで行っているさまざまな独自の精神科リハビリテーション・プログラムの基盤を作りあげた。一九七七年以降、クラブハウス方式と呼ばれるこの地域リハビリテーション活動は、ＮＩＭＨ（国立精神保健研究所）のスタッフ研修の資金援助もあり、全米各地にその拠点が設立されるようになった。

ファウンテンハウスの活動は包括的・総合的なものである。デイプログラムは一般にユニット活動（受付・事務・ランドリー・コンピュータ・図書室・ランチと喫茶）と呼ばれている。施設では夜間・週末プログラムとしてレクリエーションもあり、学習会、各種講座など教育・研修プログラムも盛んである。施設外ではアウトリーチ、過渡的雇用（Transitional Employment）プログラム、住宅斡旋を重視している。

クラブハウスの理念は三六項目の基準に明記されている。メンバーが必要としていた「場所・空間」が原点である。それは、自分たちが真の意味で所属できる、自分たちがありのままの人間として貢献することができる、必要とされる人間として受け入れられていると感じることができる、いつでもクラブハウスのメンバーであることが保証されて、完全に自主的に参加できる、場所・空間である。クラブハウスでは、精神障害者は「メンバー」と呼ばれ、メンバーには四つの権利、「誰でも来ることができる場（The Right to a Place to come）」「いつでも帰って来ることができる場（The Right to a Place to Return）」「意味のある人間関係を持つ（The Right to a Meaningful Relationship）」「意味のある仕事がある（The Right to meaningful Work）」がある。

クラブハウスの特徴は、第一に、メンバーとスタッフのパートナーシップによる運営にある。運営に関わるミーティングはスタッフとメンバーで構成され、全ての事項はこのハウスミーティングで決定される。第二の特徴はユニット活動の共働的相互支援にあり、アウトリーチでも手紙・電話・訪問などによる相互支援が活発である。第三に、メンバーの主体性の尊重がある。参加は主体性を尊重するものであり強制されない。クラブハウスを運営するメンバーの主体性に基づいて役割分担がされる。

このようにクラブハウスは、専門職とメンバーとの対等な関係を基盤に、相互のエンパワメントを促進するために、固有でユニークなユニット活動はもちろん、運営のすべてのレベルでその成果と責任を分かち合う共働的相互支援を特徴としている。メンバーは仲間とスタッフに支えられ、経験を積み、やがて過渡的雇用を経て一般企業へと卒業していく。

一九八八年には、複数の財団から四年間の助成を受け、クラブハウス拡張プログラムが実施され、トレーニングを受けたクラブハウスを継続的にフォローするようになった。その後、ニューヨーク・ファウンテンハウスは先進的なクラブハウスに呼びかけ、クラブハウス間の情報交換、連携を図る目的で一九八九年に世界クラブハウス会議を開催した（その後は隔年開催）。その間に、クラブハウスの基準が策定され、コンサルテーションのシステムができ上がり、ファウンテンハウス以外でもクラブハウス三週間研修を受けられる拠点が立ち上がった。一九九〇年にはクラブハウス国際基準（International Standards for Clubhouse Programs）が公表され、一九九三年からは「クラブハウス開発国際センター（International Center for Clubhouse Development: ICCD）として国際組織に発展した。ＩＣＣＤでは、クラブハウス方式の国際基準を作り、各国のクラブハウス方式の実践に認証を与えている。三六項目の規約が定められ、五年ごとにコンサルテーションを受ける認証は日本を含む世界に拡がり、隔年で世界会議が開催されている。世界標準プログラムとして、①ハウス内の仕事や友愛訪問などのアウトリーチ、②住居提供、③過渡的雇用、④教育、⑤夜間や週末の社交、⑥リサイクルショップ、⑦フォーラムの開催が規定されている。

クラブハウスではマネージャーである職員と会員であるメンバーは共に所属する同僚住民であり、その関係は対等な立場に立つパートナーシップを基盤とする。「参加と協働」と「互酬性」が特徴である。二〇一五年現在、ＩＣＣＤより認証を受けているクラブハウスは、世界で約三〇か国、四〇〇か所以上ある。わが国でも、ＪＨＣ板橋「サン・マリーナ」（一九九二年／東京都、板橋区）、「クラブハウスはばたき」（一九九六年／東京都、小平市）、「ストライドクラブ」（一九九七年／東京都、渋谷区）、「ピア・ステーション・ゆう」（二〇〇三年／奈良県、奈良市）、「クラブハウスゆうせん」（二〇〇五年／岐阜県各務原市）が認証を受けている。また、認証を受けてはいないが、クラブハウス方式で活動している団体もいくつかある。

## ――ビレッジ

一九九〇年にアメリカ・カリフォルニア州ロサンゼルス郡ロングビーチにあるロサンゼルス郡精神保健協会（非営利団体／協会長）が設立し、運営する「ビレッジ」（The Village Integrated Services Agency）も、わが国の関係者が毎年のように視察に出かけているメッカである。

街角の広い道路に面した地上三階建て地下一階の長方形の建物で、中に入ると木の床は手入れが行き届いていており感じが良い。このビレッジは、「精神病院よりも低コストで社会復帰に有効な支援を」という目的で、カリフォルニア州が試験的に五年間のプログラムを実施し、その効果が認められたために、一九八九年に州の補助金を受けることでロサンゼルスに管轄を移して公式に認可された。リカバリーに基づき、医療と、就労・住宅などの生活支援を中心に、包括的かつ総合的なプログラムとサービスを提供するための施設である。ビレッジもクラブハウスと同じく「メンバー」と呼ばれる重度の精神障害者が利用している。日中や夕方に住んでいるところから来所して、仲間とレクリエーションを楽しんだり、食堂で食事をしたり、スタッフと面接したりしている。

ビレッジは、クラブハウス方式を含む全米のこれまでの代表的な地域生活支援と精神科リハビリテーションのモデルを丹念に分析し、その長所を取り入れた新しいモデルを生み出した。ビレッジの理念は、スタッフとメンバーが協働して、「精神障害者が一人前の人間として地域社会で生活し、学び、社会に参加し、就労することができるよう勇気づけること」にある。ビレッジの活動は、雇用促進、居住支援、地域活動、生活支援、家族支援、教育支援、資金援助や金銭管理、医療的ケアまで幅広い。

ビレッジでは「パーソナル・サービス・コーディネーション（PSC）」と呼ばれるチームケアが重視されている。この活動は、超職種のチーム担当制で、一チームは六〜七名（看護師、精神科ソーシャルワーカー、精神保健や職業専門家、精神科医など）とサイズは小さい。また、ライフコーチアドバイザーと呼ばれる精神障害当事者も参加している。このチームスタッフは後述のACTのように、専門的なトレーニングを受けて二四時間・三六五日活動している。

また、ビレッジは、ロスアンゼルス郡精神保健協会が関与する地域のさまざまな支援組織と地域ネットワークを組んでいる。例えば、セルフヘルプグループの「プロジェクト・リターン・ザ・ネクストステップ」「ホームレス・アシスタンス」「マイフロントドア」「ヒューマンサービスアカデミー」などのほかに、権利擁護機関、精神保健評価チーム（Mental Evaluation Team: MET／バンクーバーの緊急精神保健サービス「Car87」のように、犯罪パトロールと人命保護を目的とする警察官とソーシャルワーカーのチームによる夜間巡回活動）などがある。

## ——ACTモデル

ACT（Assertive Community Treatment）は、重度精神障害者を対象に地域社会で自分らしい生活を実現・維持できるよう包括的な訪問型支援を提供するケアマネジメントモデルの一つである。ACT開発当時のアメリカでは、大都市を中心に精神科病院の退院者が大量にホームレスになる問題が浮上していた。一九六〇年代末に、アーモルド・マークス（Arnold Marx）、レオナルド・スレイン（Leonard Stein）らが行ったウイスコンシン州マディソン市にあるメンドータ州立病院での入院患者の研究ユニットから発展し、「壁のない病棟」という地域ケアの新たなプログラムが開発された。一九七二年に病院で働く治療スタッフをコミュニティに移し、地域で二四時間の訪問型支援を特徴とした包括型コミュニティケアプログラム（The Program of Assertive Community Treatment: PACT）が開始された（元祖であるマディソン市のモデルのみ定冠詞があるPACTと称され、アメリカにおける以降のモデルはACTモデルと呼ばれる）。PACTモデルの成功で地域におけるケアの有効性が立証され、普及後はアメリカのみならず世界中に広まった。

ACTプログラムにはいくつかの特徴がある。プログラムの対象者は地域で暮らす重度かつ重症の成人の精神障害者であり、多くの場合統合失調症と薬物依存、うつ病、ダウン症などの重複障害のある精神障害者で、精神科の治療歴が長く、入院経験がある人が対象である。多職種（看護師、精神保健福祉士、作業療法士、精神科医、臨床心理技術者）と就労支援専門家や精神障害当事者を含むチームアプローチで支援し、チームスタッフは役割を固定せず、職種を超えて支援を行うため、「超職種チーム」とも呼ばれる。支援活動の中心は、三六五日二四時間のアウトリーチであり、住み慣れた利用者の生活の場に積極的に訪問して支援を行う。スタッフ一人当たりの担当する利用者を一〇人以下とするなど全米で基準が定められている。

ACTプラグラムは、人権や自己決定などの理念学習、エンパワメントアプローチやストレングスモデルの研修、重度精神疾患の病因論や予後に関する知識、向精神薬や精神病理学の最近の動向、社会福祉事業に関する政策や精神保健関連法規とその改訂など、全てのスタッフが精神科治療と福祉サービスを説明できるように継続した訓練を受けている。

一人またはペアで事務所の車で利用者宅に訪問することが多い。業務内容は日常生活技能や地域教育やジョブコーチ、公的手続き支援、就労支援、健康増進、薬を届ける、休息で入院している病院を訪問するなどさまざまである。筆者がウィスコンシンのACT事務所を訪れ、朝のスタッフ申し送りに同席したときに見た一五、六人のスタッフが一〇〇人を超える利用者の状況を次々と報告する光景は、ここが利用者の暮らす地域である以外は病棟での様子と変わらない。リカバリー・スペシャリストと名詞に書かれていたACTスタッフに同行したときは、集合住宅や一人暮らし用のトレーラーハウスに訪問し、利用者に目の前で最新の抗精神病薬を飲んでもらいサインしてもらう、肉の塊の見本を示して体重を落とすことの重要性を教育する、スタッフが分厚いマニュアルを車に積んで訪問する、などが印象的であった。

ACTはその効果として入院期間の短縮、QOLや社会生活機能の向上、利用者の満足度の向上、家族負担の軽減、医療費の削減などが報告されている。また厳格な実施基準（フィデリティ）のもとに実践が評価され、サービスの質が確保されている。

## 5 世界基準とは何か

### ——何が現在の国際基準か

本章のまとめとして、今日の精神障害者の地域生活支援の国際基準について、その到達点を明らかにすると、次の七点が挙げられる。

①コンシューマイニシアティブの理念を基に、精神障害の当事者本位・当事者参加で支援がなされている。

②地域での自立生活支援（入院は特別かつ一時的なことである）が基本である。

③権利擁護活動が重視されている。
④国連原則「精神病者の保護および精神保健ケア改善のための諸原則」(一九九一)が基準である。
⑤ICF(国際生活機能分類)の枠組みと視点で進められている。
⑥援助技術は、科学的で根拠のある援助方法が基本である。
⑦反スティグマの啓発活動やプログラムが重視されている。

①は、第二次世界大戦後の人権意識の高揚と理念の発展が脈々と続いていることを示している。一九四八年の世界人権宣言、一九六六年の国際人権規約(A規約[社会権規約]とB規約[自由権規約])、一九七一年の知的障害者の権利宣言、一九七五年の障害者の権利宣言以来、二〇〇六年の障害者の権利に関する条約に至るまでの人権と権利の回復、ノーマライゼーション思想、自立と社会参加、エンパワメント、リカバリー、ソーシャルインクルージョンなどは世界の思想であり理念である。

これらは第一章でも考察したが、若干補足しておきたい。ソーシャルインクルージョンは、社会的排除(Social Exclusion)に対抗する社会的包括(social inclusion)の意味である(田中、二〇〇七)。一九九〇年代にヨーロッパ、なかでもイギリス(一九九七年、ブレア政権で保健省に担当課を設置)とフランス(失業問題や移民問題についての政策スローガンで社会党のジョスパンが一九九七年に首相となり、翌年には社会的な排除を防止する法律が制定)で提唱され、今世紀始めには全世界に普及した概念である。ソーシャルインクルージョンとは、「全ての人々を孤独や孤立、排除や摩擦から援護し、健康で文化的な生活の実現につなげるよう、社会の構成員として包み支え合う」という理念であり、わが国では旧厚生省「社会的な援護を要する人々に対する社会福祉のあり方に関する検討会」報告書(二〇〇〇年)のなかで初めて紹介された。もともと教育分野において普通教育と障害児教育を二分することを前提に両者の空間的統合を強調した考え方に対して、障害児への適切な支援なしに統合の場に参加させるのは投げ捨てであるとの批判から、両者を統合・包括した学校システムを構想しようとしたことに始まり、ノーマライゼーションを具体化するために用いられるようになった。EU加盟国では、近年の社会福祉の再編にあたって、社会的排除に対処するためソーシャルインクルージョンを位置づけ、包括的な社会作りにおける「全ての人が権利を平等に持つ」という価値観を指す。失業や低所得などの貧困やホームレス状態に陥った人、障害によって生活に困難を有する人、制度の谷間にあって社会サービスの行き届かない人を排除し孤立させるのではなく、地域社会への参加を支援し、社会の構成員として包み込むことを目指している。

②は、世界基準では入院治療は特別なことで、第一選択肢ではないということである。先進諸国では長期入院は二〇世紀に解決済みの事柄である。他の医療と同様に、精神科医療も治療は基本的に通院で行われ、アウトリーチや一時的休息の場を提供しながら地域でケアする。入院は陽性症状が活発な場合や希死念慮が強い場合に限られる。長期入院もない。平均入院期間は二週間から一か月以内である。したがって、社会生活を中断することもない。病気による二次的障害のない状態では、精神疾患患者であっても精神障害者にカウントされない。

先進諸国の脱施設化と地域ケアへの転換は、一九六〇年代の北米を第一波に、一九七〇年代にはヨーロッパ各国で、一九八〇年代はオセアニアなど世界規模に広がっていった。その上でさらなる改革が進められている。OECD統計によれば、イタリアでは精神科病床数が二〇一五年現在人口千対〇・〇九床（以下の各国の数字は人口千対精神病床数である）となり、地域ケアの要となる精神保健センターが全国で七〇七か所（人口八万人に一か所）に達している。ニュージーランドは先に紹介したように二〇一七年で〇・二七床である。アメリカは当初の急激な脱施設化の影響を脱し、地域ケアの推進により二〇一六年現在〇・二一床である。イギリスは二〇〇三年に「退院法」を制定し、「社会的入院」に対し罰金を科すなど大胆な施策や、地域ケアに要する予算や人材の確保が国家レベルで推進されてきた。その結果、二〇一六年現在〇・四〇床になった。フランスは、ヨーロッパでも比較的病床数が多かったが、二〇一六年現在〇・八六床である。カナダでは、二〇〇四年に退院者の平均在院日数が一五・四日となり、二〇〇六年には政府による精神保健政策レポート「ついに闇から脱出」が発刊された。精神科病床数は二〇一六年現在〇・三四床である。オーストラリアは精神保健に投入される国家予算が増加基調にあり、しかもその配分が、地域に五一％、病院に四九％と地域ケア重視がはっきりしている。二〇一六年現在〇・四一床である。スウェーデンは二〇〇〇年に「障害者国家行動計画」が策定され、「患者から市民へ」が標榜され、二〇〇九年に施行された「新差別禁止法」や、より高い自立性とより質の高い生活の実現を目指す取り組みが始まった。精神科病床数は二〇一六年現在〇・三四床である。ヨーロッパで一番精神病床数が多いベルギーで一・三七床、ドイツで一・二八床である。

わが国は二・六三床である。脱施設化や地域ケアの推進はたしかに容易なことではない。しかし繰り返すが、先進諸国では脱施設化はすでに過去のことである。

③と④の国連原則と権利擁護について、一九九六年、世界保健機関（WHO）は、国連原則と四五か国の精神保健法の比較や分析を通して、主要な原則を以下の一〇項目にまとめて発表し、ケアの原則に加え自己決定とその援助を規定している。

精神保健の推進と精神障害の予防／基本的精神保健ケアへのアクセス／国際的に承認された原則に則った精神保健診断／精神保健ケアにおける最小規制の原則／自己決定／自己決定の過程を援助される権利／審査手続きの利用／定期的審査の機構／有資格者の決定者／法の支配の尊重

⑤について、一九八〇年に世界保健機関（WHO）は「機能障害・能力障害・社会的不利の国際分類」として「国際障害分類」（ICIDH: International Classification of Impairments, Disabilities, and Handicaps）を発表したが、さらに検討を重ね、二〇〇一年には環境因子の影響を重視した国際生活機能分類（ICF: International Classification of Functioning, Disability and Health）に改定した。これによって「個人モデル」や「医学モデル」に加え、障害は「社会的な障壁」のことであるという障害の「社会モデル」の考えかたが反映された。障害を抱えた人のみが問題ではなく、その人の生活する環境や条件が社会参加を制約しており、そのため社会的なシステムや物理的な環境、地域住民の意識変容（理解促進）が必要とされ、障害へのアプローチも変わることになった。この枠組みと考え方は、二〇〇六年に国連で採択された障害者権利条約にも影響を与えた。

⑥は、エビデンス重視の援助技術の進展である。漫然とした支援ではなく効果が確認された援助技術が選択されるようになり、認知行動療法、社会生活技能訓練（SST）、家族心理教育、ACT、IPS、社会生活場面でのトレーニング、ケアマネジメントなど、新しいプログラムや技術が普及してきた。

⑦について、一九九六年に世界精神医学会（WPA）は「統合失調症に対するスティグマおよび差別をなくすためのプログラム」を発足し、世界に向けてアンチ・スティグマキャンペーンを開始した。続いてWHOが、二〇〇二年から「世界精神保健アクションプログラム（mhGAP）」を開始した。WHOは、コミュニティ全体を介入対象とした啓発活動、若者コミュニティを介入対象とした啓発活動、学校を基盤とした啓発活動を重点的に呼びかけ、その結果、各国が取り組みを強めた。ニュージーランドの画期的なテレビコマーシャル、イギリスのタイム・トゥ・チェンジ（Time to Change）キャンペーン、教育機関での啓発活動、マスメディアへの働きかけなど国際的な活動が広がってきた。各国の比較介入研究ではアウトカムとしての肯定的変化が生まれていると報告されているが、こうした国際的な努力にもかかわらず精神障害当事者の地域参加に「健常者」となお格差が

存在していることも事実である。差別・偏見の戦線での行政や専門職の役割に期待がかかる。

ソーシャルワーカーとしての筆者の立場に引きつけて述べると、専門的技術を高め、社会的役割の遂行を統一的に実践する力を養う本格的な努力が専門職に求められている。二〇一四年七月ＩＦＳＷ（国際ソーシャルワーカー連盟）は、ソーシャルワーク専門職のグローバル定義を再定義したが、「ソーシャルワークは、社会変革と社会開発、社会的結束、および人々のエンパワメントと解放を促進する」と規定し、社会における構造的な障壁は、不平等・差別・搾取・抑圧の永続に繋がるため市民や専門職が見過ごすことがないように、社会の変革、正義の実現を呼びかけている。これは、精神障害者支援においても同意できる専門職の社会的な任務であろう。

こうした世界基準の到達点は、わが国にも国家レベルでの抜本的な精神医療・保健・福祉の改革を不可欠としている。

さて、わが国の現状はどうであろうか。

恥の文化と私的扶養依存主義、不幸な事件の発生に続き後手に回る制度改革の歴史、さらには人権基盤の弱さ、外圧への弱さという社会的背景、民間病院依存と社会的入院に代表される長期入院の常態化の経緯もあり、改革は容易ではない。しかし、専門スタッフの質や技術水準、家族支援の重要性への気づき、良いところを取り入れる「模倣」のうまさなどは有利さでもある。

世界はずっと先を行っているのではなく、背中は見えているのである。あとは追いつく歩幅と速度を増す努力を関係者が実践することにかかっている。

## 補節　東アジアの精神保健福祉の現状と課題

筆者は韓国・中国・台湾の現状を比較し考察したことがある（田中・呉・王、二〇一七）。本章の補節として、東アジアについて再度論じておきたい。

欧米からの理論と実践は早くからわが国に紹介されてきた。しかし、隣国である韓国、中国、台湾といった東アジアの国々の精神保健福祉の歴史や現状については長く紹介されずにきた。漢字文化や儒教精神、家族主義は東アジアの共通文化であり、日本から見れば戦前は侵略と植民地支配により統治下に置いた国々でもあり、戦後は（北朝鮮を除き）相次いで先進国入りした経済大国であるが、関係が深いにもかかわらずあまりにも知らされてこなかった。ここでは、東アジア各国の比較からみた改革の可能性について、精神保健福祉の施策や実践において欧米とは違う東アジア型アプローチの必要性の観点から、主に共通性に着目して考察したい。

結論から述べると、日本が「入院医療中心」から「地域生活中心」へと転じ、ここ数年で精神科病床数は三〇万床を割り、障害者総合支援法により地域資源が整備されてきたのと同様に、韓国の精神科病床数も八万三〇〇〇床を超えたところで緩やかに減少していく方向性が出てきた。台湾も二〇一五年現在で約二万一〇〇〇床と減少し始め、地域の資源づくりが盛んになってきた。一九九〇年に制定された精神衛生法は地域ケアを後押しするように二〇〇七年に改正されている。中国は、「精神衛生法」を二〇一三年に制定し、同年五月一日より施行している。精神科病床数は現在一八万床であるから、対人口比から見てまだまだ不足である。しかし、中国もまたわが国の動き、病院中心からの脱却、地域ケアの推進を見守っている。ここで、東アジア全体の二〇一〇年以降の動向と変化をもう少し詳細に述べておく。

## ――入院医療が依然重要であるが、地域ケアも選択肢として始まっている

国際的に見た東アジア精神保健福祉の特徴は、入院医療が重要な選択肢であり、しかも入院期間が長いことである。中国は一度入院すると長期入院になる傾向が高いが、根本的な問題として精神科病床が人口比で絶対的に不足していたため、放置（不治療）されている場合が多かった。台湾は二〇一五年現在で約二万一〇〇〇床（急性精神病床七四〇八床、慢性精神病床一万三八一〇床）だが、関係者はこれ以上増やす計画はないという。韓国は一九九五年の二万一五三一床から二〇一三年の八万三一二三床まで増加した。その約九〇％はわが国と同じ民間病床である。

しかし今後は、三か国とも入院医療よりも地域ケアに重点を移そうとしている。日本では身体・知的・精神の三障害を同一制度下で、施設・入院中心のケアから地域ケアへの転換を進め、そのための地域資源の整備が急速に進められている。中国ではようやく精神衛生法が制定され、各省の精神衛生予算が大幅に増えた。地域ではわが国と同じような精神科デイケアが始まっている。しかし、地域支援施設や公共精神保健インフラに対する財源の配分は依然として少ない。医療機関を含めインフラ構築の不足に加えて地域格差も大きいため、サービスの利便性や接近性の課題も抱えている。韓国では、続いていた病床数の増加をようやく抑制し、地域ケアに比重を移そうとしている。地域精神保健センターを地域の中核施設として、地域リハビリテーション施設や就労支援、グループホームなどを強化している。二〇一六年五月には、一九九五年制定の「精神保健法」を二〇年ぶりに「精神健康増進法」に改称・改正し、二〇一七年五月三〇日に施行した。これは大きな変化である。地域の関連資源は、基礎精神健康増進センター（日本の精神保健福祉センターの地域密着型）が二二四か所、社会復帰施設が三三三か所、アルコール相談センターが五〇か所である。精神保健法の改正以降、基礎精神健康増進センターは継続的に増加している。

中国の精神科病院は、精神病防治院、療養院、官治院、工場企業病院、そして軍の病院がある。二〇一〇年には精神科病院八〇〇か所、病床は一八万床まで増加したが、それでも不足状態は続いている。二〇一一年、全国で「精神衛生条例」が制定されている都市は上海、北京など七か所であったが、中国で最初の「中華人民共和国精神衛生法」が二〇一二年十月二十六日に制定され、二〇一三年五月一日より施行された。「中華人民共和国精神衛生法」は、「任意入院」原則が盛りこまれ、精神障害者の権利保護のために診断から入院方式まで規定されている。精神衛生法は精神障害者のリハビリテーションを明確に規定し、精神疾患の予防・治療と同列とされた。中国の精神保健福祉システムは病院中心であるものの、精神疾患患者のおよそ八割が地域で生活しており、精神障害者を「病院」ではなく「地域」で支援することが課題となっている。

台湾は、二〇一五年三月末現在、精神科総受診者数は入院・外来合わせて二六四万〇二一四人（総人口の一一％／衛生福祉部統計）となっているが、主たる精神疾患は約六五万人である。主な内訳では、情感性精神病（双極性障害）約二六万人、思覺失調（統合失調症）一二万人、器質性精神疾患九・六万人、児童期精神病二・四万人、妄想状態一・三万人）である。またそのうち、慢性精神病（いわゆる精神障害）は二〇万一七六七人（人口の約一％）である。台湾では、全国を七つの地域に分けてシステムとネットワークを整備している。各地域の拠点病院は大学病院精神科や都市部の公立精神病院が中心であり（病床は私立一・〇に対し公立二・四）、日本統治時代の保健所に医師、保健師、社会工作師（ソーシャルワーカー）を配置して疾病管理を行っている。また都市部を中心に精神科診療所、デイケア、リハビリテーション施設、グループホームが増加している。これにより、精神科病床数は緩やかに減少しており、また強制入院（日本の措置入院）は少なく、二〇一五年には六七七人であった。しかし依然として西洋医学、伝統医学、シャーマン治療が同居しているのも事実である。

## ケアの含み資産としての家族の位置づけ

東アジア全体を鳥瞰すると、儒教精神が薄れつつあるとはいえ、伝統的なイエ制度の文化を背景に、家族主義、家族責任が精神障害者のケアでは暗黙の了解となっている。そのため、日本を除く三か国では、いまだ日常的なケアについて保護者もしくは家族の義務が規定されている。わが国では保護者制度は廃止されたが、医療保護入院では家族の同意が規定されているように不完全な廃止である。韓国や中国では依然、保護者制度が残っている。東アジア全体で、家族の高齢化や家族自身の生活困難、日常的な孤立感が報告されているが、これらは深刻化はしても解消はされないと推測される。わが国で家族支援に熱心な医療機関や保健所などでは、日常的な家族相談や家族心理教育、家族のサポート教室や家族のセルフヘルプ活動の支援が行われているが、これら家族支援の実態の把握も不十分な現状にある。

## 社会的偏見の根強さ

東アジアでは、精神疾患は不治の病であり、身内に罹患者がいることは家族の恥であると考える強い偏見が存在している。世界精神医学会（WPA）は、一九九六年から、統合失調症に対する差別と偏見と闘う世界的プログラム（Worldwide Program to Fight the Stigma and Discrimination Because of Schizophrenia）を発足させている。このプログラムは、「①統合失調症の性質と治療法に関する知識を普及する。②統合失調症をもった人たちとその家族に対する人々の態度を改善する。③差別やスティグマを防ぎ、取り除く行動をおこす」という目標を掲げて全世界に行動するように呼びかけた。この呼びかけに東アジア各国も応じた。また世界保健機関（WHO）は、画期的であった国連原則の一〇周年として、二〇〇一年の世界保健デーの主題に精神障害を大きく取り上げた。その標語は「排除をやめてケアに取り組もう（Stop exclusion—Dare to care）」であり、偏見とスティグマ是正への意志を宣言した。こういった呼びかけに東アジア各国も応じ、病名変更や精神病院呼称の変更が行われた。わが国では一九三七年から使われてきた「精神分裂病」の呼称は否定的イメージを増殖させるとして、日本精神神経学会は二〇〇二年に「統合失調症」に病名を変更し、精神保健福祉法も二〇〇五年に改正され、第五条にある正式病名も「統合失調症」に変更された。韓国では、二〇一二年に「調弦病」に、台湾では、二〇一二年から「精神分裂症更名運動」が起こり、二〇一六年に「思覺失調症」に変更された。中国ではまだ呼称変更の報告はない。「精神病院」の呼称も変更され、わが国では二〇〇六年十月に精神保健福祉法の条文中に、「精神科病院」と「科」が挿入された。韓国は二〇一二年に「精神健康医学科病院」に変更された。中国では最近「脳神経病院」に変更された。明らかに変革の流れは東アジアでも始まっている。

精神保健福祉分野から見た東アジアは戦前と違った意味で日本の役割が比重を増している。偏見と闘いながら生活支援から医療を含む包括的な地域ケアの方向性を示し、地域ケアを担う人材を育てることは東アジア共通の課題となっている。


〔引用・参考文献〕

Baggott, R. : *Health and Health Care in Britain 2ed.* Macmillan Press, 1998.

Morgan S. : *Community Mental Health.* Chapman & Hall, 1993.

Rogers, A., Pilgrim, D. : *Mental Health Policy in Britain 2nd ed.* Palgrave, 2001.

英国バークレイ委員会報告（小田兼三訳）『ソーシャル・ワーカー――役割と任務』全国社会福祉協議会、一九八四年

大熊一夫「ルポ・精神病院をぶっこわした国イタリア」一〜二一「週間金曜日」六七〇号〜六九四号、二〇〇七年九月一四〜二〇〇八年四月一八日

小田兼三『現代イギリス社会福祉研究』川島書店、一九九三年

佐藤紘毅、伊藤由理子編『イタリア社会協同組合B型をたずねて』同時代社、二〇〇六年

シュミット、ジル（半田文穂訳）『自由こそ治療だ』悠久書房、一九八五年
精神保健福祉交流促進協会「イタリアの地域精神保健」メンタルヘルスとウェルフェア、第三号、二〇〇七年
セイン、パット（深澤和子・深澤敦監訳）『イギリス福祉国家の社会史』ミネルヴァ書房、二〇〇〇年
田中英樹「ソーシャルインクルージョンのコミュニティ」『エンサイクロペディア社会福祉学』中央法規出版、二〇〇七年
田中英樹・呉恩恵・王思宇「東アジアの精神保健福祉の現状と課題」「精神保健福祉学」五巻一号、二〇一七年
トリエステ精神保健局編（小山昭夫訳）『トリエステ精神保健サービスガイド』現代企画室、二〇〇六年
仲村優一、一番ヶ瀬康子編『世界の社会福祉四／イギリス』旬報社、一九九九年
仲村優一、一番が瀬康子編「世界の社会福祉五／イタリア・フランス」旬報社、一九九九年
ナポリターノ、G／ホブズボーム、E・J（山崎功訳）『イタリア共産党との対話』岩波新書、一九七六年
日本精神障害者リハビリテーション学会（監修）『英国保健省／精神保健に関するナショナル・サービス・フレームワーク――五年の経過』日本精神障害者リハビリテーション学会、二〇〇五年
ホロウェイ、F「地域精神医学：英国からの教訓」病院・地域精神医学、四二巻二号、一九九九年
水野雅文「改革一五年後のイタリア精神医療事情――北イタリアの精神保健サービスの現状」精神神経学雑誌、九八巻、二七-四〇頁、一九九六年
水野雅文「触法精神障害者の治療と社会復帰――イタリアの状況」法と精神医療、一二巻、一〇〇-一〇五頁、一九九八年
水野雅文「イタリアの精神科医療の歴史と課題」社会福祉研究、八四巻、一一〇-一一三頁、二〇〇二年
水野雅文「世界の精神医療と日本――イタリア」こころの科学、一〇九号、四六-五〇頁、二〇〇三年
モシャー、ロレン・R／ブルチ、ロレンゾ（公衆衛生精神保健研究会訳）『コミュニティメンタルヘルス』中央法規出版、一九九二年
ヤングハズバンド、E・L（本出祐之監訳）『英国ソーシャルワーク史』誠信書房、一九八四年
ゆうゆう編集部「特集トリエステ精神保健の真価」精神保健ジャーナルゆうゆう、一四号、一九九一年
ラモン、S／ジャンニケッダ、M・G（川田誉音訳）『過渡期の精神医療――英国とイタリアの経験から』海声社、一九九二年
レーガン、マーク（前田ケイ監訳）『ビレッジから学ぶリカバリーへの道――精神の病から立ち直ることを支援する』金剛出版、二〇〇五年
ワッツ、F・N／ベネット、D・H（福島裕監訳）『精神科リハビリテーションの実際①②』岩崎学術出版社、一九九一年

# 第3章 基盤は地域

## 1 地域実践の背景としての政策の変化

### はじめに

わが国ではかつて、精神障害リハビリテーションの実践は、一般に病院や施設内での実践、とりわけ医療機関での実践に限定されてきた。例えば、患者の治療や病状の改善を焦点にした病棟内での工夫を凝らした実践、作業療法室での実践、デイケアの実践、リハビリテーション技術を用いた実践など、もちろんそのなかでも優れた実践が報告されてきた。施設でも同じようなことが言える。地域との結びつきがない施設での自己完結的な実践、一市民としての尊厳の尊重や権利擁護が十分でない実践などである。そしてそのなかでも地域と結びついた優れた実践が報告されてきた。

第二章で見てきたように、病院から地域への流れは世界基準では過去のことである。先進諸国の脱施設化の経験は、すでに完了した歴史的な事実の範疇となっている。そのような国では、精神科医療機関や入所型施設の外を「地域」と理解しており、そもそも精神障害者の地域支援というフレーズには入院・入所が含まれていない。したがって、入院や入所と対応した素晴らしいリハビリテーション技術やプログラムというものもあり得ない。その意味での「地域」の実践は、精神障害者が本来いるべき暮らしの場での実践であり、そこには住居、仕事、憩い、仲間、収入、必要な専門家の支援などと共に、同じ市民としての地域住民との交流、地域の一般的な（精神障害者専用ではない）資源の活用、偏見や差別に立ち向かう活動など、技術の枠を超えた多様な実践が必要とされている。

わが国はいまだ地域移行／脱施設化の途上にある。施策の現状はどうであろうか。

## ――「精神保健医療福祉の改革ビジョン」以降の脱施設化施策

病院から施設、施設から地域への流れを表明した二〇〇四年の精神保健医療福祉の改革ビジョン（厚労省）からすでに一〇年以上が経過した。この前後の状況を見ると、国内では一九九三年が入院患者のピークであった。その後、精神病床の微減状況が続き、一〇年以上の入院患者が全体の三割近いという状況が続いた。二〇一一年には、退院可能な精神障害者が入院患者の一七・一％、約五万人（平成二十三年患者調査）いることや、入院患者の高齢化により、毎年二万人を超す死亡退院を生み出していることが明らかになった。この状況を大きく変化させ、精神病床数を世界基準に近づけるためには、国の政策的イニシアティブが必要である。

国は、二〇〇三年度から精神障害者退院促進支援モデル事業を県レベルで試行的に始めた。これは二〇〇八年度からは地域体制整備コーディネーターや個別支援を担う地域移行推進員（自立支援員）を配置した「精神障害者地域移行支援特別対策事業」による退院促進に拡大した。さらに、地域生活への移行支援にとどまらず、移行後の地域への定着支援も行う事業に見直しを進め、二〇一〇年度から「精神障害者地域移行・地域定着支援事業」を開始した。この事業は「特別対策事業」で行ってきた事業に加え、未受診・受療中断等の精神障害者に対する支援体制の構築と精神疾患への早期対応を行うための事業内容を加え、ピアサポーターの活動費用を計上するとともに、精神障害者と地域の交流促進事業も行えるよう見直しを行って実施しているものである。本事業により、障害福祉計画に基づく退院可能精神障害者の地域移行を目指している。

二〇一一年度から開始された「精神障害者アウトリーチ推進事業」は、未治療や治療中断している精神障害者等に、保健師、看護師、精神保健福祉士、作業療法士等の多職種から構成されるアウトリーチチームが、一定期間、アウトリーチ（訪問）支援を行うことにより、新たな入院および再入院を防ぎ、地域生活を維持する試行的な事業である。厚労省はこの事業の柱であるアウトリーチ支援における評価指標や事業効果についての検証を行い、アウトリーチ支援を地域精神保健医療の新たな体制として構築することを目指していると表明している。

精神医療福祉の改革は、二〇一〇年代に入りようやく本格化してきた。二〇一三年、脱施設化の促進策として、国は精神保健福祉法の一部改正により次の施策を始めた。

①精神科医療の提供の確保に関する厚生労働大臣の指針を定める（二〇一五年に指針が発表された）／②保護者制度の廃止（二〇一三年の法改正で実現）／③医療保護入院の見直し（一部実現）／④精神科病院に退院後生活環境相談員を配置（五〇床に一名）／⑤各病院に医療保護入院者退院支援委員会を設置／⑥精神科病院の管理者に地域援助事業者との連携を義務付け／⑦一年未満入院者の平均退院率の引き上げ

などである。また、地域ケアの強化では、⑧医療を含む多職種によるアウトリーチ訪問の推進／⑨サテライト型支援住居の推進／⑩地域相談支援の強化／⑪障害者総合支援法による福祉サービスの拡充／⑫障害者雇用促進法における精神障害者の正式カウントによる法定雇用率の引き上げ

などである。

## 2 わが国の優れた地域実践

厚生労働省の「長期入院精神障害者の地域移行に向けた具体的方策の今後の方向性」（二〇一四年）においても、「長期入院精神障害者の地域の受け皿」が検討課題となり、それは現在も続いている。過去の経緯から、世界基準ではすでに歴史的範疇となった脱施設化への政策的取り組みを優先課題としなければならないわが国では、いまだ本体の「コップ」が入院で、そこからこぼれた部分を受け止める「受け皿」が地域であることを前提とした、逆立ちした議論を展開しなければならない。病院から施設、施設から地域への移行が完了した後の「地域」こそが「精神障害者が本来いるべき暮らしの場」であり、支援が展開される本体の「コップ」である。地域生活を継続できない事態の「受け皿」として、一時的な入院や施設入所が必要になる。わが国では、一刻も早く脱施設化を進めながら、並行して地域での支援を洗練していく必要がある。

さて、このような現状を前提にしても、日本国内には数多くの優れた地域実践がある。一九九九年に世界心理

社会的リハビリテーション学会（WAPR）が選定した世界のベストプラクティスに、日本の五か所の実践が選ばれている。また日本精神障害者リハビリテーション学会（精リハ学会）が二〇〇八年に制定した「ベストプラクティス賞」では、毎年優れた実践が選定されてきた。本章では主にその二団体が選定した実践一〇数か所を中心に紹介し、考察を加えたい。その目的は、未来を見据えて、わが国の優れた実践から学ぶべきことを明らかにすることで、わが国なりの精神障害リハビリテーション活動の底上げを図ることにある。

ただし、WAPRも精リハ学会も精神障害リハビリテーションの枠内で実践を選考していることから、精神医療や社会福祉のみの優れた実践は対象とされていない。実際は、精神医療の改革で成果を挙げているところ、行政部門の福祉施策で先進的なところもあり、わが国の精神医療保健福祉に大きく貢献しているが、それらの実践は対象とされていないことをお断りしておく。

## 3 世界心理社会的リハビリテーション学会「世界のベストプラクティス」

精神障害者の地域生活支援のモデルと評価できる実践について、一九九九年、世界心理社会的リハビリテーション学会（WAPR）が世界保健機関（WHO）の支援を受け、約五年の歳月をかけて選んだ世界のベストプラクティス（八三か所の実践）に、日本から五か所の活動が選ばれた。帯広ケア・センターなど帯広・十勝圏域における生活支援（北海道帯広市）、やどかりの里（埼玉県大宮市（当時））、JHC板橋（東京都板橋区）、群馬県佐波郡境町の精神保健活動（群馬県境町）、麦の郷（和歌山県和歌山市）である。

小川一夫（二〇〇二）によると、この「ベストプラクティス」の選定には、「精神障害リハビリテーションの発展と多様化の中で、概念の整理と実践の方向づけが必要となってきたことがある。関連活動の方向性を示したり水準の底上げを図るための方法として、先進的な活動を「ベストプラクティス」として認定するという方法が採られるようになってきている」という背景がある。同時期にWHOとWAPRは用語の統一と概念整理を目的とした「心理社会的リハビリテーションに関する合意文書」の作成を進め、一九九六年に発表している。

さて、この「ベストプラクティス」の評価基準は、①重度の精神障害者を対象とした活動、②生活能力の改善をめざした活動であり、改善とは、年齢、文化的背景、そして個人の改善にそって、住まい、職場や学校で、身体的、精神的、知的生活能力が増進するように援助している、③パートナーシップを発展させ、市民としての権利を与える活動、④他のサービス、社会資源、援助のネットワークに統合されている活動、⑤医療が利用しやすい環境、の五つであり（伊勢田・小川・長谷川、二〇〇〇）、いずれも後述の日本精神障害者リハビリテーション学会が創設した「ベストプラクティス賞」評価基準に反映された。

群馬県佐波郡境町は、一九六〇年代後半から一九八〇年代にかけて群馬大学生活臨床グループ（江熊要一、中沢正夫、伊勢田堯ら）の全面的な協力の下に、市町村保健婦（当時の名称）を中心とした訪問活動による地域生活支援が展開されたところである。佐波郡東村と並んで生活臨床を学ぶ全国の自治体保健師たちのメッカであった。保健師による公衆衛生モデルとしての実生活場面での援助、再発予防を目標とした当時の先進的な活動であった。現在は伊勢崎市に合併しており、境町としての継続した活動は見られないので、ここでは境町を除く四つの地域での活動を簡単に紹介したい。

### ――十勝・帯広の精神保健福祉活動

日本の精神保健医療福祉、特に精神科医療の改革の必要性が認識されてから数十年が経過した。従来地域の受け皿不足が原因とされていたが、障害者総合支援法が整備された現在でも、なお一八万人の一年以上の長期入院者が残されている。そのようななかで、早くからグループホーム（共同住居や支援下宿など）や地域作業所、精神科デイケア、町村デイケア、地域生活支援センター、地域活動支援センター、セルフヘルプグループ、ボランティアグループを始めとする地域福祉資源を整備し、地域ネットワークの形成と地域ケアシステムの構築で大きな実績を挙げてきたのが十勝・帯広地域である。

日高山脈を背景に肥沃な大地を育てる十勝川が流れる十勝総合振興局の面積は一〇八三一・二四平方キロという広大な空間（東京都、千葉県、埼玉県を合わせた面積）で、圏域人口三五万人（帯広市約一七万人）である。かつて約一〇〇〇床あった精神科病床は、現在六病院から四病院（大江病院、北海道立緑ヶ丘病院、帯広厚生病院、国立病院機構帯広病院）に減り、病床は四六一床（入院は三二九人）、千対精神病床数は一・一床と先進諸国水準である（二〇一七年六三〇調査）。一年以上の入院者は九八名、地域全体での平均在院日数は九六日となっている。

十勝・帯広の精神保健福祉活動は、一九五三年に開設された道立緑ケ丘病院、一九六〇年の緑ヶ丘病院での病棟の開放化、地域交流の促進、地域保健婦の院内研修、一九六五年からの保健所精神衛生活動、帯広保健所で医師・看護婦・保健婦による「十勝地域精神衛生関係者連絡会議」の定期開催（一九六七年からＰＳＷも参加）を通して発展し、同年には「十勝精神障害者家族会（十勝すずらん会）」も結成される。一九六九年に、三人の病院ＰＳＷ（小栗静雄、門屋充郎、草田修治）の呼びかけによる「十勝ＰＳＷ研究会」、一九七三年十勝精神保健協会の結成、一九八二年共同住居「朋友荘」の開設、一九八四年には道立緑ケ丘病院付属音更リハビリテーションセンターの開設、（二〇一〇年度末に緑ヶ丘病院に吸収合併）、同年に、一九九一年帯広ケアセンターの開設、十勝ソーシャルクラブ連合会の結成、一九九〇年代半ば以降は、毎年のように「二十一世紀の精神保健フォーラム」を開催し、マディソンモデルとの交流や世界のベストプラクティス地域との交流が続けられる（その後の歴史については、松浦智和（二〇一八）の論文がよく整理している）。これらの豊富な地域資源は、どこに入通院している精神障害者でも区別されることなく利用できる。この「オープン・システム」が十勝・帯広の特徴である。筆者は一九九八年に博士論文のテーマで帯広を訪れ、精神障害当事者や管理者から聞き取り調査を行った。その後、当時、長崎ウエスレヤン大学で精神保健福祉実習を担当していたことから、毎年のように実習生をお願いしてきた。筆者が北海道出身ということもあって交流させて頂いている。

この帯広・十勝の活動には、精神科ソーシャルワーカーが大きく貢献していると評価されるが、オープンシステムやACTの開始など、保健所や市町村の保健師、精神科病院、リハビリテーションセンター、家族会、商店街や企業を含む市民など官民協働型の地域ネットワークの力強い活動が結集して挙げた成果である。

## ――やどかりの里

やどかりの里は一九七〇年に開設された。そのころ川崎市医療センターに勤め始めた筆者は、大宮市に民間の中間施設である「やどかりの里」があると聞いて、開設間もない時期に訪問したことがある。谷中輝雄氏がメンバーらと共に手作りし、よく整備された小さな広場でバレーボールをしていた。当時はお茶の間のような宿舎、デイケア、作業所程度しかなかった。地域ケアの制度化がまったくなかった時代である。その後、一九七〇年半ばから財政危機に見舞われるが何とかしのぎ、合併後のさいたま市になってからも、地域生活支援センターやどかり情報館などを整備していった。二〇一一年に公益社団法人として認可され、今日に至っている。「ごく当たり前の生活の実現」を求めて始まった活動は、訓練中心の社会復帰活動から社会生活支援活動へと視点を変化させ、同じ市民の視点、生活者の視点、仲間づくりを志向していった。

やどかりの里では、関わる一人ひとりが主人公で、お互いの意見や考え方を尊重しながら、学び合い、話し合いに基づき創造的な活動を展開している。病気や障害があっても健康に暮らすこと、働くこと、活動することを大切にし、病気や障害の体験から学び、体験や実践から生まれた知恵を社会の知恵にしていき、病気や障害があっても「生きていてよかった」と実感できるような地域づくりをめざしているという。法人化後の活動方針は、①主体的に活動に取り組む、②福祉的な支援の充実、③患者中心の精神科医療の実現、④協働の活動づくり、⑤社会保障・権利擁護の推進、⑥協力者の輪を広げる、⑦地域づくりを目指して、である。

障害者総合支援法による地域生活支援事業（指定相談支援（障害者生活支援センター）、地域活動支援センター（障害者地域活動支援センター））、のほか、自立支援給付による各種事業として、やどかり情報館（就労継続支援A型、B型、就労移行支援の多機能型事業所／出版・印刷。ピアサポート事業を中心としたA型事業、やどかり農園・協働ネットワーク事業を中心としたB型事業、自分に合った働き方について所内の実習等を通して考える就労移行支援事業）、エンジュ（就労継続B型支援、就労移行支援／弁当製造・宅配など）、すてあーず（就労継続支援B型／リサイクルショップの運営、布・革製品の製作販売）あゆみ舎（就労継続支援B型／軽作業、配達、リサイクル作業、野菜販売など）、ルポーズ（就労継続支援B型事業／喫茶店、菓子製造販売、農作物販売、まごころ（就労継続支援B型／弁当の製造販売、菓子製造販売）といった事業所拠点をさいたま市内に点在させながら、多様な暮らす場、働く場、日中活動、相談の場を展開している。

## ――ＪＨＣ板橋

ＪＨＣ板橋は、民間精神科病院に二二年間勤めた寺谷隆子氏が、同僚のＰＳＷを誘って退職し一九八三年に東京都板橋区に開設した民間団体である。ホームページには、「精神障がい者の社会参加をはじめ、先駆的創造的な福祉活動を進め、広く区民の心と健康と福祉に寄与することを目的に精神科ソーシャルワーカーたち一一人の共同出資で設立」とある。JHC（Joint House Cosmos）とは、誰もが住民として調和（Cosmos）をもち、交流（Joint）する拠点（House）を目指すスローガンである。

共有する、共同する、交流するという援助者としての基本姿勢が原点で、活動の焦点は精神障害者と共に歩む共生のまちづくりにある。現在は障害者総合支援法の下で、後述するようにさまざまな施設や事業を運営しているが、その中心は、日本初のクラブハウスとして一九九二年に立ち上げた「サン・マリーナ」である。前述のようにニューヨークのファウンテンハウスからはじまったクラブハウスモデルは明確な国際基準を持ち、サン・マリーナもその認証を受けている。

JHC板橋会の事業を概観すると、その道程から三期に分けることができる。第一期は、創生期である一九八三年からの一〇年間で、「相互交流・地域貢献」として自助雇用の実現を図るための援助付き雇用やピアカウンセリング、作業所活動が開始された。第二期は一九九二年からの五年間で、「相互支援システム」としてピアサポートの確立、協働体制として過渡的雇用、友愛訪問等に取り組んだ。自助グループリーダーの育成にも着手している。第三期は一九九七年から現在に至る「参加・協働ネットワーク」として、多分野にわたる多機能ネットワークの拡大、包括的地域支援システムとして法制度も積極的に活用した事業展開である。

現在の主な施設・事業は、JHC大山（就業継続支援B型事業所）、JHC志村（就業継続支援B型事業所）、JHC赤塚（就業継続支援B型事業所）、JHC秋桜（就業継続支援B型事業所）、JHCいずみ（就業継続支援B型事業所）、ピアハウス秋桜、レヂデンス虹（グループホーム）、大山グリーンサービス、まいんど、ピアカフェJHC、地域交流センター、ハーモニー（ピアサポートネットワークセンター）、スペース・ピア（指定相談支援事業所・地域活動支援センターⅠ型）、プロデュース道（就労移行支援事業所）、ワーキング・トライ（障害者就業・生活支援センター）などである。

筆者とのかかわりも長い。川崎市社会復帰医療センター時代から寺谷隆子氏とは交流が続いており、共通の知りあいも多く姉のような存在である。ＪＨＣ板橋の活動は折に触れ寺谷氏から聞き、たびたび訪れてきた。寺谷氏とはＤＶＤ「そよ風はどこにでも――地域精神保健の実際」の制作などを通して、わが国の先進的な活動を紹介してきた地域精神保健実践の普及啓発の仲間でもある。

## ――麦の郷

麦の郷は、一九七七年に六畳一間の長屋の一室から出発し、障害者・家族との出会いの中で「ほっとけやん」（放っておけない）として市民が必要なものをつくってきた。和歌山市や保健所など行政と、精神障害者家族会など民間団体の協働が特徴である。障害者スタッフが活躍しており、障害をもつスタッフが障害をもつ利用者を支援し、障害をもつ人がその能力を発揮して活躍する場を提供してきた。ニュージーランドの高率のコンシューマー雇用を引き合いに、「障害者福祉関係機関は職場を開放すべきである」と主張してきた。

筆者は、麦の里が世界のベスト・プラクティスに認定される前、一九九五年に雑誌「ゆうゆう」の取材で訪れたことがある。和歌山市精神障害者家族会（つばさの会）会長の伊藤静美氏によれば、ＪR和歌山駅前での家族会による街頭署名募金活動や、篤志家による大型の寄付、関係者の支援の広がりなどによって、精神障害者分野ではわが国最初の福祉工場「ピネル」が誕生する。当時の精神保健福祉関係者の認識では、和歌山県は精神科の平均在院日数が全国ワーストワンであったので、感覚的に福祉工場と結びつかなかったことを覚えている。当時の活動は東雄司ら（一九九一）によって報告されている通りである。

現在の活動の特徴は、以下の通りである。

・子どもから高齢者までを支援する仕組み。幼児期から高齢期まで、障害種別をこえライフサイクルを通じた支援のために専門家が相互に協力関係をもっている。

・クリーニング、印刷、ウエス製造、食品の加工・製造など選択できる職種を開発し働く場を広げている。一般事業所への就労支援（就労生活支援センター「つれもて」）とともに、サービス事業で働く人を養成し、法人職員として障害のある人を雇用している。

・結婚したカップル一二組。経済的な余裕ができることによって結婚するカップルが増える。二人で支えあうことは、これまでの必要とした支援が少なくなる。二人の収入を合わせると生活は安定する。

・退職した高齢者が多く働いている。技術や社会経験を豊富にもつ高齢者が、社会貢献として現場で働いており、体力のある若い障害者が高齢者との自然な人間関係のなかで成長している。

・精神疾患発症のリスクを見通し、不登校児の居場所「ハートフルハウス」、ひきこもり青年支援の作業所「エルシティオ」を支援団体と協同して開設した。

## 4　日本精神障害者リハビリテーション学会「ベストプラクティス賞」

日本精神障害者リハビリテーション学会（精リハ学会）は、わが国独自の「ベストプラクティス賞（精神障害者リハビリテーション実践におけるベストプラクティス）」を創設し、二〇〇八年六月に以下に示す「八つの評価基準」を発表した。これは、前述のWAPRの「ベストプラクティス」基準（ボストン基準）を踏まえて設定されたが、ボストン基準の五つは最低限の基準と明記されており、日本の基準は、わが国の独自性も加えて設定されている。

この賞の創設に先立つ二〇〇四年、「精神保健医療福祉の改革ビジョン」において、「入院医療中心から地域生活中心へ」の転換がわが国の施策の基本方向として確認された。前述のように、わが国は全体として脱施設化の課題と地域支援の底上げを並行して進めていく必要がある。精リハ学会の「ベストプラクティス賞」は、その目的に「わが国の精神保健医療福祉の現状を踏まえ、精神障害者リハビリテーションのあるべき姿を展望し、それに到達するための実践の評価基準を提案する」とある。この「あるべき姿」の基準は、「理想とする未来」というよりも、「現存し目標とすべき先進的実践」としての世界基準、グローバル・スタンダードである。

**――精神障害者リハビリテーション実践におけるベストプラクティス評価基準**

（二〇〇八年六月日本精神障害者リハビリテーション学会政策委員会・学会誌編集委員会合同による選考委員会にて作成）

**基準一／実践の対象は、精神障害のために日常生活および社会生活に相当の援助を必要としている人々であること**

ここで規定する実践の対象とは、精神保健福祉法第五条に規定する「精神疾患を有する者」のみでは不十分であり、障害者基本法第二条に規定する「長期にわたり日常生活又は社会生活に相当な制限を受ける者」の条件を満たすものとした。

**基準二／実践の焦点は、生活能力の改善にとどまらず、多様な活動と社会参加を目指した実践であること**

実践の焦点は、国際生活機能分類ＩＣＦの全体の枠組みを踏まえ、心身機能・身体構造、活動や参加、背景因子を含む生活機能のトータルな改善に接近する実践であることとした。

**基準三／当事者が患者としてではなく社会の一員として迎え入れられ、市民権の回復と擁護につながる活動であること**

リハビリテーションの展開が単に病状の回復や改善、再発の防止や疾病の管理に限局した活動ではなく、生活者としての精神障害者の市民権の回復や権利擁護を含む活動とした。

**基準四／個別支援の実践は、利用者および家族の希望に基づき、関連した社会資源のみならず一般社会資源を含めた、統合した援助を図っていること**

ここでは、実践が利用者本人や家族のニーズ、願いに基づいたものであることと、その実現が精神障害者専用または関連した社会資源に結びつけたり開発したりするにとどまらず、ごく普通にある地域資源の活用を含めた市民としての統合を図ることを目標とした。

**基準五／実践の基盤は、閉鎖的自己完結的ではなく、地域との結びつきやネットワークを拡げる活動であること**

閉鎖的自己完結的とは、一個人や組織、一機関や施設、一法人内で完結する展開をいう。地域との結びつきやネットワークとは、自己完結型の限界を超えてさまざまな地域資源、人々、機関や施設と結びついた開かれた実践のことをさす。

**基準六／実践は、利用者の自立を支える医療および他の社会サービスと結びつき、地域生活のＱＯＬを高めるものであること**

精神障害者の地域での自立生活を支援するために、医療の継続は前提としつつ、福祉、労働、教育などさまざまな社会サービスとの有機的な連携や包括的な支援が展開されて、精神障害者のよりよい生活を目標としている実践とした。

**基準七／実践は、人材としての利用者および専門家を育成していること**

実践が精神障害者本人や家族、また関わる市民や専門家を新たな精神障害リハビリテーションの担い手として育てていることとした。

**基準八／実践は、歴史的に蓄積され検証されたものであり、現在も発展を続けていること**

歴史の蓄積とは、その実践の始まりからおよそ一〇年の実績を目安とし、将来も発展が期待されるモデルであることを意味し、検証とは上記の一から七までの要素が歴史的に蓄積もしくは発展してきた成果であることをいう。

以下、この八つの基準を満たし、賞を授与された団体を紹介していくが、二〇〇一七年までの一〇回のうち、第二回、第三回は、選考の結果該当団体がなかった。この理由を常任理事会に対する報告書は次のように述べている。

（今回ベストプラクティス賞にエントリーされた実践は）活動期間が比較的短く、活動範囲も狭く、活動内容についても成熟の過程にあると考えられ、今しばらく実践を続けられ、成果を見極められることが望まれ選考委員全員一致で該当者なしということになりました。ベストプラクティスに選ばれる実践には、当然のことですが精神障害者の心理社会的リハビリテーションの理念に添っていることが最低要件と考えられます。理念なき実践は当事者に役立たず、当事者の満足度や成長、エンパワメントなどが実践成果として明確になる必要がありましょう。（…）

述べてきたように、わが国は「先進諸国の中で脱施設化が完了していない数少ない国」である。コミュニティを中心とする精神保健システムの整備の途上であり、総体として心理社会的リハビリテーション活動が育っていない現状にある。この選考の目的を鑑みれば、ベストプラクティスはリハビリテーションの理念と技術を明確に表現する実践でなければならない。

| 日本精神障害者リハビリテーション学会ベストプラクティス賞受賞団体 | |
|---|---|
| 第1回(2008年度) | 東京大学医学部附属病院リハビリテーション部精神科デイホスピタル（東京都文京区） |
| 第2回(2009年度) | 該当なし |
| 第3回(2010年度) | 該当なし |
| 第4回(2011年度) | 社会福祉法人豊芯会（東京都豊島区）<br>［実践奨励賞］社会福祉法人明清会（群馬県伊勢崎市） |
| 第5回(2012年度) | 社会福祉法人浦河べてるの家（北海道浦河郡） |
| 第6回(2013年度) | 特定非営利活動法人ふれあいセンター（沖縄県那覇市）<br>医療法人万成病院障害福祉サービス事業所多機能型事業所ひまわり（岡山県岡山市） |
| 第7回(2014年度) | 市川コミュニティ精神保健医療福祉会議（千葉県市川市） |
| | ［実践奨励賞］医療法人唯愛会（群馬県安中市） |
| 第8回(2015年度) | NPO法人遠州精神保健福祉をすすめる市民の会（静岡県浜松市） |
| 第9回(2016年度) | 社会福祉法人多摩棕櫚亭（東京都三鷹市） |
| 第10回(2017年度) | NPO法人ハートinハートなんぐん広場（愛媛県南宇和郡） |

**――東大デイホスピタル（第一回受賞）**

さて日本精神障害者リハビリテーション学会が選定したベストプラクティスの第一号、東京大学医学部附属病院リハビリテーション部精神科デイホスピタル（東大デイホスピタル）は、一九七四年に設立され、一九九一年に認可された大規模精神科デイケアであり、「東大方式」と称されるデイケアの草分けとして重要な役割を果たしてきた。

東大デイホスピタルは、精神疾患のある当事者のリカバリー支援を理念として、「働きたい」「学校に行きたい」「自立したい」という切実な希望の実現をめざしている。通常の外来治療で行われる薬物療法に加えて、生活臨床の概念に基づき、集団療法・認知行動療法・心理教育・社会生活技能訓練・就労支援・就学支援・家族支援などさまざまな技法を組み合わせて治療と支援を行っている。

「東大方式」のデイケアの特徴は、患者中心のプログラム展開、働くことの重視、ユニークな実行委員会方式である。また、文京区を中心とした地域ネットワークの展開や精神障害リハビリテーションに携わるスタッフの養成にも力を入れている。受賞後の二〇一六年六月に新設されたリカバリーセンターでは、「コプロダクション」を理念とし、利用者とスタッフが協働して取り組む外来プログラムを実施している。

対象疾患や年齢に制限はないが、二〇～三〇歳代の若い統合失調症の精神障害者が多く、ASDをはじめとする発達障害のある人、不安障害、解離性障害、強迫性障害のある人も対象としている。二〇一三年十一月までに六二八人の方が利用し、五八％の方が社会復帰されており、主に企業就労（一般就労・障害者就労）、就労移行支援、就労継続支援A型／B型、大学・専門学校・高校への進学・復学へと進んでいる。

「デイケア」の位置づけや評価については、デイケアは治療形式として病状の改善や再発予防など予後に貢献し、自己効力感を高め、再入院抑止効果があるとする立場（Being）と、デイケアは仕事や復学など人生の目標、自己実現に向かってまずは行動することを重視する（Doing）立場とで、かつて精リハ学会でちょっとした論争があった。当時市川市にあった国立精神衛生研究所（現・国立精神・神経医療研究センター）の「精研方式」が前者で東大デイホスピタルの「東大方式」が後者であり、医療機関としては珍しい立場であった。

## ――社会福祉法人豊芯会（第四回受賞）

社会福祉法人豊芯会は、一九七八（昭和五三）年から現在まで、障害者通所福祉施設、グループホーム、フードサービス、居宅介護支援事業などを運営している。東京都豊島区で行政機関、区民社会福祉協議会、地元のボランティア、商店街などと連携しながら、よりいっそう地域に密着した法人を目指している。

理念は、一人ひとりの自己実現のために「誰もが人として誇りと責任を持ち、共に暮らし、助け合える地域づくりをめざす」「主体的に働くチャンスを創造し、チャレンジしていける場づくりをめざす」「誰もが安心できる居場所を大切にする」である。運営する事業は多く、ジョブトレーニング事業所（就労移行支援／就労継続支援B型）、フードサービス事業所（就労継続支援A型）、cafeふれあい（就労継続支援A型）、ハートランドひだまり（地域活動支援センターⅢ型）、ハートランドみのり（地域活動支援センターⅢ型）などすべて障害者総合支援法に基づく事業である。

先に挙げた八つの基準について評価すると、豊芯会は［基準一］事業の主たる利用者が障害者基本法で規定している精神障害者であり、さまざまな施設と事業を展開して利用人数も多い。［基準二］医療の継続や生活能力の改善に加え、多様な活動を広げ、社会参加と就労自立を重視している。［基準三］当事者グループの活動を支援しており、精神保健福祉ボランティアの育成にも力を入れ市民的権利の回復と擁護のための広報活動も熱心であり、地域のマスコミでも好意的に評価されている。［基準四］住民が利用する「区民ひろば」をプログラムに活用し、地域のスポーツクラブの利用をすすめ、発達障害者の支援に取り組んでいる地元の大学とも連携し、一般企業に就労を希望するコンサルタント会社とも連携するなど地域にある一般社会資源を活用した実践が広くなされている。［基準五］障害者自立支援協議会への参加や情報交流などさまざまな関係機関とのネットワーク形成に力を入れている。また、地元の商店街や町会、消防団活動にも参加するなど一般社会団体との結びつきが強い点も加えて評価される。［基準六］地域の保健・福祉・労働・医療機関と連携しており、利用者のQOL向上のために献身的に取り組んでいる。また一人暮らし高齢者の支援など地域包括支援センターや社会福祉協議会とも連携した多様な連携が評価される。［基準七］学会でも毎年のように研究発表しその実践をまとめている。職員の研修や精神保健福祉士をめざす実習生の受け入れにも積極的である。さらにピアカウンセラーの養成やボランティア育成にも力を入れている。また一般企業や弁護士会の新人研修の受け入れを行っており、人材養成の対象が社会に広がっている。実践から大学教員・研究者を生み出し、理事長の交代が容易な点なども優れている。

［基準八］活動開始は一九七八年であり、実践を蓄積しており、将来も発展が期待できる実践モデルと評価される。

## ――社会福祉法人浦河べてるの家（第五回受賞）

社会福祉法人浦河べてるの家（以下、べてるの家）がある北海道の浦河町は、競走馬の育成と日高昆布など漁業で有名な町だが、現在の人口は約一万二〇〇〇人と減少が続いている。べてるの家は、回復者クラブ「どんぐりの会」の有志メンバー数名と浦河日赤病院に勤めていたＰＳＷの向谷地生良氏が、浦河教会の旧会堂を拠点として活動を始めたのがはじまりで、そこで考え出された「当事者研究」と呼ばれる実践は精神保健福祉領域を超えて知られている。筆者も何度も訪れ、視察やインタビューを行ってきた。

八つの基準について評価すると、べてるの家は、［基準一］事業の主たる利用者が地域で暮らす統合失調症当事者、アルコール等の依存症当事者であり、かつ障害者基本法が規定している精神障害者である。彼らの地域生活を支援するためにさまざまな事業を展開しており、一〇〇名以上の精神障害者が地域で暮らし利用人数においても基準を満たしている。［基準二］べてるの家は生活共同体であり、同時に働く場の共同体であり、かつケアの共同体であるという三つの性格を有している。浦河赤十字病院精神科を拠点とした良質な医療支援と結びついており、定期的なケアカンファレンスやＳＳＴなどによる科学的な精神障害リハビリテーションを実施することで、生活技能や生活能力の改善に加え、多様な活動を広げ、社会参加や起業活動を重視しており、基準を十分に満たしている。［基準三］べてるの家は、一九七八年に結成された当事者グループ「どんぐりの会」の活動を端緒としており、発足当時より当事者と支援者が古い教会堂で共同生活をしながら、北の地から日高昆布の通信販売などの社会的起業を通じて全国にその存在が知られてきた。浦河町の住民と深く結びついており、市民的権利の回復と擁護のための啓発活動にも熱心であり、多くのメディアが好意的に報道し評価している。〔基準四〕必ずしも地域資源が十分とは言えない人口減少の街にあって、精神障害者が地域にどのような貢献ができるかを追求しており、子育てや高齢者の支援などを通じて、また地元の漁業組合や観光資源とも結びついて町おこしを担うなど、地域と統合した実践を展開している。〔基準五〕町役場をはじめ、教育委員会、医療機関、児童相談所、保健所、ハローワークなどさまざまな関係機関とのネットワーク形成に力を入れており、地域との結びつきを大切にしている。また、地元の自治会や商工会、防災活動にも参加するなど地元の一般社会の団体との結びつきも強く、地域に溶け込んだ活動が評価される。〔基準六〕先に述べたように地域の保健・福祉・労働・医療機関と連携しており、利用者のＱＯＬ向上のために献身的に取り組んでいる。加えてべてるの家は、児童虐待の防止、不登校や引きこもりの支援、育児支援、身体・知的など他障害の相談支援、一人暮らし高齢者の支援など、他団体とともに、地域住民の暮らしを支える包括的総合的な支援活動を展開していることも評価される。〔基準七〕べてるの家は学会でも毎年のように研究発表しその実践をまとめ、またビデオや多数の書籍でその成果を発信し、国内外の研究者や調査にも積極的に協力している。さらに当事者が全国で精力的に講演活動を展開しており、さまざまな専門職や団体の研修の受け入れも行っており、人材養成の対象がグローバルに広がっている。〔基準八〕べてるの家は一九八四年に設立され実践を積み重ねてきた。精神保健福祉分野でその名を知らないものはいないだけでなく、広範な人々に知られるようになってきており、この分野ではわが国の草の根的実践の代表であり、全国的な実践を牽引する優れた実践モデルと高く評価される。

**――特定非営利活動法人ふれあいセンター（第六回同時受賞）**

沖縄県那覇市の中心で、一九九五年、保健所の精神保健相談員（当時）が中心となり、有限会社「ふれあい工場」を設立したのが、特定非営利活動法人ふれあいセンター（以下、ふれあいセンター）の始まりである。その後、精神保健福祉相談員が保健所を退職し、市内中心街にビルを借り「ふれあいセンター」を設立した。二〇〇六年に成立した障害者自立支援法により関連する施設の再編をやむなくされ、施設の統廃合や業務の見直しが行われた。これにより「ふれあい工場」に関係する小規模作業所（「ふれあいセンター」と「なは倶楽部」）は統合しNPO法人となり、地域活動支援センター（Ⅲ型）として新たに出発した。現在は就労継続支援B型事業所として再出発し、グループホーム（共同生活援助事業）も実施している。障害があっても自立と納得のいく社会参加を目指すことを理念に掲げ、楽しく継続して通えるような訓練の場を心がけている。訓練の場としては、県立看護大学内食堂エンジェルや施設の清掃、エンジェル厨房の調理補助、エンジェルホールの弁当販売、会計補助、空きびん選別作業、弁当の配達販売などがある。レク活動は、毎週水曜日のグラウンドゴルフ交流会や全体交流会などがあり、グランドゴルフ交流会ではピアスタッフを中心にコース設営や記録係を行い、地域の人達も合わせると一〇〇名ほどが参加。全体交流会では職員も参加してドライブや食事会、DVD鑑賞などをしている。さらに沖縄県各地、離島にも広がった「つどい」の活動がある。結婚や子育ても含むオルタナティブなサービスの開発と提供を展開してきた先駆性がある。

［基準一］ふれあいセンターは事業の主たる利用者が障害者基本法で規定された精神障害者であり、さまざまな施設と事業を展開している。また、今日の理念であるコンシュマー中心の実践を見事に体現している。［基準二］医療の継続や生活能力の改善に加え、多様な活動を広げ、社会参加を重視している。とりわけ就労活動や病院から地域生活への移行支援、ピアサポート活動などが評価される。［基準三］当事者中心の活動を支援しており、偏見と差別を解消し、地域住民の理解と受容を得ることに工夫を凝らしている。「納得のいく社会参加」や「人の役に立つ」を目標に、自己実現とともに地域啓発活動や市民的権利の回復と擁護のための広報活動にきわめて

熱心である。［基準四］ふれあいセンターは、有限会社・NPO法人・任意団体のメンバーズクラブの三つの組織で構成され、利用者のニーズに沿った会員や地域からの支援があり、医療関係者だけでなく、さまざまな地域援助機関とも結びついている。［基準五］毎週土曜日にグランドゴルフ交流会を開催し、地域住民との交流を日常化している。［基準六］地域の保健、福祉、労働、医療機関と連携しており、利用者のQOLの向上を高めるために献身的に取り組んでおり、基準を満たしている。［基準七］沖縄県内外からの保健医療福祉実習生を受け入れており、自らも講演会や大学の講義で体験談を発表するなど人材の育成に積極的である。またその理念は沖縄各地の実践に広がっている。［基準八］一九九三年が活動の始まりであり、将来も発展が期待できる実践モデルと評価される。

**――医療法人万成病院障害福祉サービス事業所多機能型事業所ひまわり（第六回同時受賞）**

筆者は二〇一七年三月にこの多機能型事業所ひまわり（以下、ひまわり）を訪れた。そのときの様子から。

ひまわりは二〇〇九年から「こころの病気を学ぶ事業」を岡山市立京山中学校と共催で実施している。中学二年の生徒二一七名（全八クラス）を対象に、一日六時間の連続授業である。万成病院の広い講堂を会場に、公開授業のため県外の視察者を含めて四〇〇名近くが参加する。教師による精神疾患・精神障害に関する授業、精神障害当事者が作詩した詩の朗読、こころのバリアフリー研究会会長の特別講義、ギター演奏や音楽ライブ、生徒たちによる合唱、そして精神障害当事者・支援者を囲んだ車座トーク、最後は、参加者全員でアンジェラ・アキの「手紙――拝啓 一五の君へ」の大合唱で幕を閉じる。準備には学校側を含めた実行委員会を組織し、事後の振り返りもするという。これまでの九回で二七〇〇名の生徒がこの授業を受けている。生徒たちの感想文では、「直接ふれあわなかったら、病名だけで誤解や偏見をもっていた。知らないでいることの怖さを教えてくれた」

「病気だから何もできないと決めつけるのは間違いだと思った」などが寄せられた。この取り組みによって、ボランティアに来る生徒が現れ、生徒の職場体験学習も行われ、文化祭では精神障害者をテーマとした研究発表もあるという。精神障害当事者の寺川さんは生徒たちには有名人である。岡山市では、平成二十七年度「こころの健康早期支援事業」を開始し、京山中学校を最初のモデル校とした。

京山中学校は校是として「共生」を掲げており、人権教育が盛んであった。一年生はハンセン病を、三年生は水俣病を学習していた。二年生の枠が空いていたところに精神疾患・精神障害が収まった。しかし「こころの病気を学ぶ授業」は、それでも最初からすぐ実現できたわけではない。話し合いを繰り返し、校長先生が「やるべきだ」と表明し決まった。「こころの病気を学ぶ授業」は県下の中学校に普及し、なかでも当事者の体験スピーチは人気である。

ひまわりは地元の谷万成町会と共同で、二か月に一度の「まちづくり会議」を立ち上げた。これは二〇一二年まで通算一〇〇回を数えた「ひまわりサロン」に区切りをつけ、地域との関係を新たに発展させたものである。ここではさまざまな企画が練られ行事が立ち上がってきた。毎年行われるアート展では、さまざまな作品が発表される。月一回の健康相談室、新春の餅つき大会、夏祭り、人権教育講演会などインクルーシブな地域コミュニティづくりの原動力となっている。また「ひまわりカフェ」は施設と町内会が共同で運営している。この他にも隣接する万成病院と地域との交流拠点であるカフェ「こだま」の活動、地域公開セミナー、スポーツ交流などが取り組まれている。地域との関係では、かつては「（病院の）中の様子がわからない」といった不安があった。地域と交流し、地域に根を張る活動は病院開設以来の課題であった。地道な交流の中で少しずつ理解者が広がり、「誰でもなる可能性がある病気」と認識されてきた。この活動により、病院も施設も存続できている。今後は、理解を求めることを超えて地域に貢献できる施設にしていきたいという。

地域に精神科病院ができた六〇年前は、のどかな町にこつ然と建った病院が異様で近寄りがたい存在であったと町内会長は話す。病院の建設に九割の住民が反対だったという。二〇年前に賛成と反対は半々に変化し、今では賛成が九〇％以上という。地道な学校や地域社会との交流で見えない「壁」を取り除き、薄めていった結果である。「差別するな」と声高に叫ぶより、地道な交流を積み重ねてありのままの精神障害者を知ってもらうことが何よりも大切なことをわれわれに教えてくれる。施設長である田渕泰子氏の存在も大きい。彼女は山陽放送のアナウンサーから二〇〇三年に精神保健福祉士として万成病院に転職し、現在に至っている。メディアへの働きかけのセンスは彼女に依るところが大きい。

［基準一］ひまわりは事業の主たる利用者が精神障害者であり、さまざまな施設と事業を展開している。今日の理念であるエンパワメント、ストレングス、リカバリーなどコンシュマー中心の実践を体現している。［基準二］医療の継続や生活能力の改善に加え、多様な活動を広げ、社会参加を重視しており、基準を十分に満たしている。とりわけ、ピアカウンセラーの活動などが評価される。［基準三］当事者中心の活動を支援しており、偏見と差別を解消し、地域住民の理解と受容を得る努力を続けている。市民的権利の回復と擁護のための広報活動には極めて熱心であり、好意的に評価されている。［基準四］障害者自立支援協議会への参加や情報交流などさまざまな関係機関とのネットワーク形成に力を入れている。［基準六］地域の保健、福祉、労働、医療機関と連携しており、利用者のQOL向上のために献身的に取り組んでいる。［基準七］学会でも毎年のように研究発表しており、その実践をまとめている。職員の研修や実習生の受け入れなどにも積極的である。さらに、ピアカウンセラーの養成やボランティア育成にも力を入れており基準を満たしている。［基準八］ひまわりは二〇〇三年が活動の始まりである。将来も発展が期待できる実践モデルと評価される。

## ――市川コミュニティ精神保健医療福祉会議（第七回受賞）

市川コミュニティ精神保健医療福祉会議（通称市コミ）は、市川市内の精神保健福祉団体や関係者である地域事業所、ＮＰＯ法人、当事者会、家族会、市民などのネットワークであり、二〇〇八年より活動している。精神保健に関する最新の情報を発信してきた地域精神保健福祉機構（ＣＯＭＨＢＯ）も参加している。市川市は、もともと国立国府台病院（現・国立国際医療研究センター国府台病院）をはじめ、精神保健福祉資源が豊富な地域であり、精神障害リハビリテーションの思想や技術、また啓発活動などにおいて、全国でも最先端の活動が展開されている地域である。

［基準一］市コミは、事業の主たる利用者が精神障害者であり、さまざまな事業を展開している。また今日の理念であるエンパワメント、ストレングス、リカバリーなどコンシュマー中心の実践を見事に体現している。［基準二］医療の継続や生活能力の改善に加え、多様な活動を広げ、社会参加を重視しており、基準を十分に満たしている。とりわけ市コミのストレングスモデルの実践はコンシュマー中心主義であり、高く評価される。［基準三］クラブハウスモデルを取り入れ、当事者を一市民として、当事者中心の活動を支援している点が評価される。［基準四］ストレングスモデルに基づいて、利用者の希望や個性を重視した個別支援を重視している点が評価される。［基準五］市コミはそれ自体が地域ネットワーク体である。連携する機関や団体、個人は多様で、フォーマルネットワークからインフォーマルな人々のネットワークまで幅が広く、生活に密着した支援が日常的に展開されている。［基準六］地域を基盤としたアウトリーチ支援やストレングスモデルの実践、ＷＲＡＰプログラムやピア活動、ＩＰＳの実践など、今日のリハビリテーション活動を総合的に展開していることが評価される。［基準七］ＷＲＡＰやストレングスモデル、ピア活動などで自信を深めた当事者が、学会発表や体験発表を積極的に行っており、支援の層も厚いことが評価される。［基準八］市コミは、直接的には二〇〇五年度からの「マ

ディソンモデル活用事業」の受託が始まりであるが、その萌芽的活動は一九八〇年代から始まっており歴史的蓄積がある。また将来も発展が期待できる実践モデルと評価される。

### ――NPO法人遠州精神保健福祉をすすめる市民の会（E-JAN）（第八回受賞）

一九九三年に浜松市にメンタルクリニック・ダダが設立され、PSWの大場貴之は回復していく当事者から「働きたい」「一人暮らしをしてみたい」という声を聞くようになった。地域に社会資源が少ない状況で一九九五年、関係者の有志が集まり「西遠地区精神保健福祉を実践する会」を立ち上げ、勉強会を始めた。一九九七年、「実践する会」は、参加者メンバーも市民の一人であるとの認識に立ち、「遠州精神保健福祉をすすめる市民の会」（通称E-JAN）へと名称を変更した。E-JANは、「心の病を持つ人やその他の障がいを持つ人に対して、その社会復帰や社会参加の支援に関する事業を行い、ノーマライゼーション社会の実現に寄与すること」を目的に、市民活動としてのあり方を方向づけた。財政的基盤強化のため二〇〇二年にNPO法人格を取得するが、社会復帰施設づくりを進めればそれまで作り上げたネットワークが分断されると考え、他団体支援、普及啓発、人材育成を活動の中心にした。

筆者は二〇一四年にヒアリングでE-JANを訪れたが、社会資源を作って自己完結的な組織として運営されていくケースが多い中で、ネットワークに特化した組織づくりを進めていったところに特徴があり、市民や行政、大学などを取り込んでいく戦略的な活動によって地域のネットワーク組織として認知され、その結果として社会資源が多く創出されていた。また柔軟な組織運営により若い専門職の意見が反映され、常に新鮮な活動が展開されているという印象をもった。

［基準一］E-JANの実践対象は地域で暮らす精神障害者であり、さらには、ひきこもり支援やニートの若者

支援など市民を守る取り組みを幅広く展開しており、基準を満たしている。〔基準二〕主な活動は、定例交流会、サロン活動、啓発事業、イベント企画、メンタルヘルスセミナー、ボランティア養成講座、ビデオの自主制作などで、活動は多様で総合的である。〔基準三〕活動理念は患者としてではなく、市民としての当たり前の社会関係を地域で営むことができるような社会づくり、その人らしい生き方ができるような社会づくりであり、そのために、ボランティアや家族、ユーザー、専門職が一体となってこころの健康に取り組み、豊かな住みやすい地域づくりを進めている。市民としての交流機会をさまざまな形で展開することで、市民の一員としてその権利を擁護し、ノーマライゼーションの社会を実現しようとしている。〔基準四〕もともと精神科クリニックの個別相談から誕生したE-JANは、法人の理事に精神障害当事者や家族も参加しユーザー本位に運営されている。近年では精神障害者の退院促進のために住居と仕事の確保を始め、協力不動産業者七か所、協力就労事業所七か所を組織している。一般地域資源との結びつきを重視し、さまざまなイベントに精神障害者も参加して生活の充実を目指している。〔基準五〕精神保健センター、浜松市、浜松医大、福祉事務所、社会福祉協議会、教育委員会など関係機関や市民の幅広い参加がある。地域性と市民性を基礎として、専門性、素人性、当事者性を取り入れた事業やネットワーク活動を通して人や機関同士の交流が生まれている。〔基準六〕団体名を「遠州精神保健福祉をすすめる市民の会」という「市民」を基本とした名称とし、活動当初から浜松医科大学精神科の参加を得て大学も団体会員であり、浜松医科大学の学長が会長になり、社会的信用を得ながら地域精神保健福祉活動を推進した。NPO法人の自主性、個別性、迅速性の特性を活かし、事業とボランタリーの中間にミッションベースの活動を展開している。市民が中心の地域づくりの推進、地域のネットワーク化と地域資源の活用、新たな公共サービスの供給主体として、自己実現や社会貢献の場の提供を行っている。〔基準七〕活動は一九九五年からであるが、一九九七年、団体メンバーも市民の一人であるとの認識に立ち、「遠州精神保健福祉をすすめる市民の会（E-JAN）」へと名称を変更した。二〇〇七年まで社会福祉事業は行わずに地域のネットワーク構築のために、他団体支援、普及啓発、人材育成を中心に取り組んだ。また精神保健福祉ボランティア養成講座の受講生からE-JANの活動に参加する市民も多い。教師用のテキストを作成し、思春期メンタルヘルスリテラシーとして、精神保健福祉センター・教育委員会連携のもと教員のための研修会を行っているが、精神疾患の早期発見だけが目的ではなく、子どもたちや保護者とこころの健康の保持・増進について活動している。［基準八］E-JANの活動は一九九五年から開始されており、活動の蓄積がある。

## ――社会福祉法人多摩棕櫚亭協会（第九回受賞）

社会福祉法人多摩棕櫚亭協会（以下、多摩棕櫚亭）は、一九八六年、「多摩の精神医療を変えたい」という創設者たちの思いから国立市に地域の共同作業所を開所し、活動を開始した。次々と共同作業所を立ち上げ、「安心できる場所」「語り合える仲間」「おいしいごはん」など、生活のなかで誰もが望むものを提供する場所づくりを進め、同時にイベントの実施などを通して地域とのつながりを積極的に構築していった。

しかし活動開始から一〇年経った頃、安心できる場の共同作業所が一方で保護的で変化のない環境となってしまうことへの問題意識から、試行錯誤を経て精神障害者の就労支援を開始する。一九九七年通所授産施設ピアスを開設し、きめ細かい支援によって精神障害者を就労に繋げる完全通過型のトレーニング施設を追求した。その後、トレーニングとは別に就職活動から定着支援までをカバーする障害者就労・定着支援センター・オープナーを二〇〇六年に開所する。この組み合わせと練り上げられた支援プログラムは、わが国の精神障害者就労支援の先駆的な基準となっていく。近年では発達障害者を対象とした就労支援、また地域の就労支援関係機関との連携、就労支援にともなって必要性が増した医療機関との連携にも取り組み、「就労支援の棕櫚亭」としてパイオニアとしての存在感を放っている。

［基準二］地域での生活支援を続けてきた一〇年の試みの中から、利用者が「働きたい」という強い希望を持っていることに注目し、その希望を実現しようと通所授産施設ピアスを立ち上げた。当時かなり難しいといわれていた精神障害者の就労支援を特化した形で積極的に行い大きな成果を上げてきた。就労を通した社会参加は当事者が大きく市民権を得る活動である。［基準一〜五］就労支援の実践は、閉鎖的な福祉サービスとは決定的に異なり、まさしく一般の社会・地域の中で当事者が望む生活を可能にしていくことであり、棕櫚亭はそのためのノウハウを蓄積してきた。［基準六・七］また医療機関と緊密な連携をはかり、ストレスが避けられない当事者の就労を支えている。地域連携の活動として行ってきた多摩地域就労研究会や、二〇一二年に立ち上げた全国就労移行事業所連絡協議会ではリーダー的な役割を担い、就労支援に関わるあらゆる専門スタッフの学習や研鑽に貢献している。［基準八］多摩棕櫚亭の活動は三〇年を越え、この間、障害者自立支援法・障害者総合支援法の制定の中で、多摩棕櫚亭が当初からこだわった期限を明確にした就労支援の方法は、今や法律の裏づけも得て全国的に広がり、すでにスタンダードとなっている。多摩棕櫚亭は現在も就労支援というアプローチでは全国の事業所を牽引する存在である。加えて、近年では就労定着支援に力を注いでおり、今後も法改正に伴う新しいサービスについて実践の経験を集約し、政策提言していく役割を担っている。

## ――ＮＰＯ法人ハートｉｎハートなんぐん市場（第一〇回受賞）

ＮＰＯ法人ハートｉｎハートなんぐん市場（以下、なんぐん市場）は、人口約二万二〇〇〇人の高齢化人口減が著しい愛媛県愛南町にある。その起源は一九七四年、全国に先駆けて開設された社会復帰施設平山寮の誕生まで遡る。一九六二年に開院した御荘病院の近くで、住民の協力を得ながら退院後の生活を支える活動が続けられてきた。一九八五年に「南宇和精神衛生を考える会」(現・南宇和心の健康を考える会)が、一九八九年には御荘保健所が中心となり「南宇和精神障害者の社会参加を進める会」(現・南宇和障害者の社会参加を進める会)が設立される。リサイクル活動やさまざまなイベントの先頭に立ってきたのは南宇和ライオンズクラブとその活動を楽しむボランティアであり、もとより精神障害者を含む地域住民自身による活動であった。なんぐん市場はそのような、すでに障害者と地域住民が一体となったネットワークの中に立ち上げられた(二〇〇六年NPO法人化)。

現在は就労継続支援A型として、観葉植物レンタル・あまご養殖、農業(ポンカン・甘夏・アボカドの生産)などを行っている。愛南町から委託され、温泉施設「山出憩いの里温泉」を運営し、従業員は障害者もそうでない人も同じ待遇、同じ条件で働いており、障害者も業務上の責任を担う。

一九九七年に愛媛大学医学部から長野敏宏医師を病院長に迎えた御荘病院も、地域精神医療改革を進め、グループホームやデイケアを次々と立ち上げ、共生型小規模多機能型居宅事業所や短期入所生活介護事業所を開設。一五〇床あった精神科病床を順次縮小し、二〇一六年六月にはついに病床を〇床とした。

[基準一~六] なんぐん市場の活動は、精神障害者と地域住民の長い交流と助け合いに裏打ちされた地域に密着した活動であり、高齢化と人口減のなかで、障害者と住民が共に住む地域のために、同じ方向を向いて進められてきた。主な活動分野は職能開発、雇用拡充、まちづくり、経済活性化と、地域の未来のために必要なものを住民と障害者がいっしょに作り出し、運営していくものである。すでに精神障害者のリハビリテーションの課題ではなく、高齢化と人口減に住民とともに取り組む活動自体がソーシャルインクルージョンでありリハビリテーションとなっている。[基準七] 地域産業を守るための人材育成に大きく貢献しており、農業、漁業など、地域の産業を担う人材を養成している。[基準八] 二〇〇六年にNPO法人化し、一〇年以上の活動実績がある。

歴史を積み重ねてきたなんぐん市場の現在の課題は、すでに地域に必要な人材であり地域住民である障害者の対象化を、どのようにしてやめていくかということである。

以上、これまで選定された精リハ学会ベストプラクティス賞の受賞実践を紹介してきた。ここからは、まだ精リハ学会のベストプラクティスには選ばれていないが、筆者が注目している将来選ばれる可能性の高い実践をいくつか紹介しておきたい。

## ――株式会社アソシア
### 【最初にジャンプのスタート】

アソシアの設立は、たくさんのお金を借りて、投資して、「無謀」と思えるほどの冒険から始まった。しかも株式会社を設立して福祉事業を立ち上げたのである。設立者（代表取締役）の神谷牧人氏は言う。「ゆずれない理由があった」と。身内から「正直、自分はあんな所には行きたくない」と言われたときの驚き。「障害者」や「福祉」が持つイメージから類推できるのは、入所施設でのケア、通所訓練、福祉的就労、ケアつきグループホームなどであろうか。もちろんそうした「保護」や「ケア」が必要な利用者もいる。しかし神谷氏は、「もしも自分だったら」という発想から「おしゃれな福祉施設づくり」を選択し、株式会社の道を選んだ。株式会社では社長の権限が大きい。即決で物事が動いていく。

筆者は「アソシアソーシャルトレーニング」という、指定就労移行支援施設にドア一つで併設しているカフェにおじゃまして、緑に囲まれた室内のテーブル、贅沢な椅子や調度品、ファッション雑誌、素敵なユニフォームのウェイトレス、美味しいバイキング・ランチを味わい、周りを眺め、とてもゆったりした気分になったことを覚えている。主婦層に人気があるのも頷ける。そして奥のドアを開けると、そこには開放的な異空間が広がっていた。BGMが流れる中で、障害者とスタッフがあちらこちらで何やら作業をしている。パソコンを前に話し合っているグループ、何かの作品を仕上げているグループ、お菓子を作っているグループなど、どこかの会社に紛れ込んだような気分になった。

**［ユニークな事業展開］**

沖縄を南北に走る国道五八号線に面した北谷町北前に、「アソシア社会大学」がある。以前はジーンズショップであった大きな建物を借りて設立したという。ここもオシャレである。とても通所型の生活訓練施設とは思えない。廊下も壁もカーブを描いており、内装にこだわった贅沢な設計であることがすぐわかる。二階建ての建物の中はいくつかの部屋に仕切られているが、それらは大小の教室である。一限目「心理学概論」、二限目「英会話」、三限目「音楽」、四限目「ダンス」、別の曜日では「ライフデザイン学」「中国語」「パース演習」など、興味深いカリキュラムが壁に貼ってある。講師は大学の先生、ミュージシャンや外資系企業の秘書経験者、元ホテルマン、臨床心理士、作業療法士、精神保健福祉士、英語の堪能な人や特技を持っている人などさまざまである。ここに入学した三〇名ほどの「学生」は、発達障がいのある人や精神障がいのある人が大半である。付近にはレストランやハンバーガーショップ、コンビニ、喫茶店などが並んでおり、学内に食堂は要らない。彼らはときどき「授業」をサボって、街中でくつろいで過ごすこともあると言う。ここに通う利用者も親たちも満足度が高い。「アソシア社会大学」に通っている大学生という「ハリ」がある。訓練でADLを高めるのではなく、「得意なことを伸ばす」「新しいことに挑戦する」「コミュニケーションスキルを高める」など、育て直しの機会となっている。

【注目される大きな成果】

アソシアは「福祉」や「障害者支援」を前面に出していない。地域社会と自然な融合が図られるようにしているのが理念でもある。それでも、実績はしっかり上げている「アソシアソーシャルトレーニング」（年間登録は約四〇名）では、開所からの六年間で一〇〇名以上が一般就労している。二〇一三年度は二九名、二〇一四年度は三〇名が就労しており、就労率が高い。就労後も、定着支援のために積極的に就職した企業へ出向いている。「アソシア社会大学」の卒業生は、約六〇％が「ソーシャルトレーニング」へ移行。二五％が他施設へ、一〇％が進学、五％が直接に一般就労するという。その他の事業では、相談支援事業である「アソシアソーシャルサポート」を展開しているが、子どもから高齢者まで年間七〇〇件の計画相談を実施している。二〇一五（平成二十七）年度からは訪問看護ステーションもスタートした。また、人材育成にも力を入れている。スタッフの教育は一般公開しており、一般企業から多いときで三〇名ほどの見学者が来ると言う。また、企業から社員研修、福祉関係者からの人材育成も頼まれると言う。近隣の市町村や教育委員会、医療機関など幅広い関係機関から利用相談や紹介が広がっている。

【広がる夢の世界】

アソシアの夢は広がる。「障がいを抱えている方だけでなく、現在、沖縄県の抱えている離婚率や母子家庭率の高さと無関係とは言えない子どもの貧困などの解消に向けた取り組み」として、「リゾートホテルを経営し、そこで働く方は障がいを抱えている方や母子家庭の母親、沖縄の観光業で働きたいと思っている大学生や県外からの若者である。そして、近隣にはヨーロッパ型のクラブチームを併設して運営し、サッカーなどスポーツを中心に、音楽や学習塾も兼ねた施設の経営も行う。そこでは、ホテルで働く母親の子どもや、地域の片親世帯など、同性代と比較して十分な学校外教育を受ける機会が少ない子ども、障がいのある子どもがスポーツや音楽などの習いごとを無料で学べる環境を創出したい。そうすることで、これまで母子家庭で、子どもの迎えのためにパートタイムでしか働けなかった母親が、無料で子どもを一八時まで預けられることによりフルタイムで働くことができる」と神谷氏は語る。

この話を神谷氏から聞いたとき、イタリアのトリエステを思い出した。トリエステにあったサン・ジョバンニ精神病院が完全閉鎖で幕を閉じた一九八〇年、多くの精神病患者は街で暮らせるようになっていた。一九七三年に始まったコーパラティーバ・ソシアル（社会協同組合）の活動と重なったからである。清掃クリーニング協同組合、農業協同組合、ヨットや乗馬などを経営する観光協同組合、街中のオシャレな宝石店、革製品のお店、レストラン、美容院、海辺近くのプチホテル、家具の工場、ラジオ局など三〇近い業種が誕生して新たな観光資源となっていた。

いま、アソシアは沖縄の精神科病院や福祉事業所で働くスタッフたちの憧れであり、「自分も必ず次はアソシアで働きたい」と言われる存在になっている。スタッフの中心は三〇歳代と若く、夢は大きいが、必ず実現できると自信に満ちた神谷氏の笑顔が印象深い。

### ――社会福祉法人巣立ち会

次は巣立ち会である。長期入院精神障害者の地域移行・地域定着支援に早くから取り組み、同時に若者支援、精神科医療の可能性としての早期介入にも意欲的に取り組んでいる。

［沿革］

社会福祉法人巣立ち会は、一九九二年六月から調布市や三鷹市周辺の地域で始まった定員四名のグループホームや共同作業所つくりが始まりである。その後、二〇〇〇年までに、巣立ち共同作業所、巣立ち工房、巣立ちホーム調布、巣立ちホーム調布第二、こひつじ舎を立ち上げ、二〇〇二年に社会福祉法人を取得している。その後も、グループホームや通所事業所を次々と立ち上げ、二〇〇五年には、三鷹市から精神障がい者地域自立支援事業（ピアサポート事業）を受託、東京都からは精神障害者退院促進支援モデル事業を受託し、活動の根幹事業が形成されていった。二〇〇八年からは、特定相談支援事業「野の花」を設立し、その後、うつ病復職者支援「ルポゼ」の立ち上げ、早期介入・早期支援ユースメンタルサポート「COLOR」の立ち上げ、「シンフォニー」の竣工、こひつじ舎の新築・移転などで今日に至っている。

巣立ち会の活動は、精神科病院の長期入院者の退院・地域移行・定着支援活動から始まった。後で紹介する四つの通所事業所に通う八割以上が統合失調症である。しかし現在は広く心の病を持った人々への支援や精神疾患の早期支援による病状悪化の防止など、実践の対象を拡大している。とりわけ、思春期に特化した支援やうつ病のリワーク支援などメンタルヘルスの今日的課題にも意欲的に取り組んでいる。

### ［活動の内容と特徴］

巣立ち会のスタートとなったミッションは、社会的入院の解消である。その根底には、社会的入院が重大な人権侵害であるという思いがある。病院のソーシャルワーカーであった現理事長の田尾有樹子は、二〇数年前を振り返ってこう話す。「精神科病院には、病状は安定して寛解状態であるにかかわらず、戻るべき家族がいないとか、地域に生活の足場がないため、長期に入院している患者が大勢いました。この人たちが退院して地域で暮らせる仕組みを何とか創りたいと考えました」。掲げている主な理念は、エンパワメント（自尊心を持って生きる）、ピアサポート（助け合う仲間がいる）、リカバリー（病気や障害があっても、安心して生きがいを持って地域で生活できる）の三つである。イギリスからこの分野のリーダーであるジェフ・シェパードやジュリー・レバーを招聘した講演会や、「リカバリー・カレッジ」を開催するなどとりわけリカバリーへの思いは強い。その結果もあると思われるが、ミッションも明らかに拡大している。今日では、社会的入院の解消だけではなく、広く心の病を持った人々への支援へと自然と活動が広がっている。

主な事業やプログラムの内容を紹介すると、第一に通所事業所がある。巣立ち会には、「巣立ち風」「巣立ち工房」「こひつじ舎」「シンフォニー」という四つの通所事業所がある。定員はそれぞれ二〇名から五〇名であるが、実際の利用者は四か所合わせて二八六名（二〇一四年十月一日現在）おり、体験利用者を含めると三一〇名と多い。「巣立ち風」と「巣立ち工房」は三鷹市にあり、多機能（就労継続支援B型・自立訓練）の通所事業所で、利用者の平均年齢も五〇歳代で、単身者中心であることから約半数の人が生活保護を受給している。「こひつじ舎」は西調布にあり、平均年齢は四六・五歳と前二者よりはやや若い。「シンフォニー」は調布市にあり、主に若者向けの認知行動療法やソーシャルスキルの学習など自立訓練を実施しており、平均年齢も二八・六歳と若い。

第二に居住支援活動がある。先に紹介した通所事業所は、障害者総合支援法の下で全国に続々と立ち上がっており、事業所数も多い。しかし、全国的に見れば居住支援は未だ弱く、巣立ち会の存在は群を抜いている。一九九二年、最初に立ち上げた「巣立ちホーム」から今日まで開設したグループホームは八か所あり、合計八七居室に六七名が支援を受けながら暮らしている。また、グループホームではない民間アパートなどで暮らす四二名にも支援をしており、合わせて一〇九名（二〇一四年十一月一日現在）の居住支援を展開している。

第三に精神病性疾患の早期発見・早期支援の活動がある。「COLOR」と呼ばれる若者のメンタルサポート活動を展開している。発病から治療につながるまでのタイムラグ（DUP＝精神病未治療期間）が長いほど予後が不良であることが明らかにされ、できるだけ早い段階から薬物療法とともに手厚い心理社会的支援の重要性が指摘されている。巣立ち会ではそのために精神病に苦しむ若者の早期発見、早期支援に取り組んでいる。具体的には就学や就労などの個別相談、家族支援、訪問相談、医療機関や役所での手続き、学校や職場への同行支援、生活リズムの改善やコミュニケーションの練習などのグループ支援、認知行動療法や集団心理療法、WRAP、当事者研究などさまざまな展開をしている。

そして第四に就労支援がある。なかでも「ルポゼ」と呼ばれるうつ病専門の職場復帰支援（リワーク）・就労支援は、あくまで利用者本人のペースや希望に沿って利用期間を定めている。また、受け入れや開始時期に制限を設けず、速やかに利用が可能であること、かかりつけの医療機関を替える必要がない、充実したプログラムと柔軟な個別支援の体制、さまざまな社会資源や制度を活かしたサポート、離職者の就職活動・再就職の支援などを売りにしている。

このように、通所支援や居住支援や地域生活での相談活動を中心に全体の活動は展開されているが、若者や復職をめざすうつ病者にも就労支援活動が行われている。また、精神障害者の市民権の回復や権利擁護に熱心であり、かつ市民の理解を得る活動も地道であるが展開している。

［実績］

今や、退院促進・地域移行・地域定着支援活動では、巣立ち会の存在はこの分野ではあまりにも有名である。巣立ち会のグループホームや通所事業所などを利用して退院した精神障害者は二四年間で二二八名に及ぶ。共同生活援助（グループホーム）入居者の平均年齢が五五・一歳となっており、通所事業では就労継続B型利用者が一四五名と中心的な事業であることがわかる。また、退院支援から現在まで継続利用している一一九名の調査では、平均入院期間が一一年一一か月、その後の巣立ち会の利用平均期間が八年三か月で、その平均年齢は五七・八歳となっている。男女別では、男性七九名、女性四〇名で、一〇三名（八七％）が統合失調症の診断を受けている。グループホームでは、六か所が通過型（他の二か所は滞在型）であるために、グループホームから民間アパートへ移行していった利用者も多い。これらグループホームを卒業していくＯＢの支援も夕食会への参加、職場訪問やアパート訪問で継続している。

就労支援では「ルポゼ」の活動が実績を積み重ねている。二〇一四年十一月二十日現在の終了者総数八七名の転帰を見ると、復職五二・八％（四七名）、再就職三〇・三％（二七名）と八割以上が就労復帰している。また、COLORの活動では、現在一三歳から二九歳までの四四名の利用者がいるが、これまで五八名が終了している。利用者は三鷹、調布だけでなく周辺の市区町村からの利用者も半数以上いる。支援の中心は、就学や家族支援などであるが、都立高校（チャレンジスクール）を訪問し、スクールカウンセラーや特別支援教育コーディネーター、養護教諭とも連携している。

【組織と人材育成】

二〇一七年現在スタッフは七三名（常勤二九名、非常勤四四名）である。常勤者の内訳は、精神保健福祉士が二三名と一番多く、社会福祉士一名、臨床心理士一名、資格なしは三名などとなっている。非常勤者では、臨床心理士一三名など専門職だけではなく、市民の感覚を活かした主婦や当事者スタッフもいる。また、サービス管理責任者が八名おり、法人全体の運営は理事会であるが、実務はサービス管理責任者が中核である。研修や教育活動などにも熱心で、月一回の内部での勉強会、外部の研修会への派遣、講演会の実施など力を入れている。しかし、スタッフの九割が女性であり、出産、子育てと仕事の両立を環境的に整備していくことも課題と思われる。

【活動の評価】

巣立ち会は、発足以来、グループホームや通所事業（福祉的就労）を次々と立ち上げ、二〇年以上の歴史的蓄積があり、また最近では、若者支援やうつ病者の復職支援など将来も発展するモデルを間違いなく示している。なかでも最大の特色は、入院中心から地域生活中心への流れを促進する優れた実践であることにある。この基調にあるものは、生活の質や豊かさを求めているが、あくまでもお膳立てではなく、利用者の主体性を尊重した活動である。リカバリーの普及に力を入れていることからその精神を知ることができる。

行政との関わりや連携関係では、三鷹市、調布市および東京都と深く結びついた連携を基に実施している。また、若年層の支援では高校など教育機関や医療機関との結びつきがよくできている。地域や市民との結びつきでは、三鷹や調布地域で、あらかじめ地主や大家さんの理解を得て、グループホーム専用に設計して建設された物件を次々と賃貸契約していくなど地域の連携に強みを発揮している。

**［今後の課題］**

訪問した筆者の意見として、通所事業では大半が就労継続B型であるが、製品加工だけではなく、その作業内容を農業や飲食産業にも広げていってほしいと考えた。グループホームはこのまま次々と立ち上げることで「ゲールの里親」ではないが、社会的入院者を受け入れた地域としての日本型モデルを示すことができるのではないだろうか。うつ病の復職支援や若者支援は社会的な関心と需要があり、今後も発展させていってほしい取り組みである。しかし、精神疾患の早期発見・早期支援はまだ始まったばかりで手探り感もあるだけに、大学や医療機関と連携した研究的なプロジェクトの立ち上げも必要と考える。

最後に、地域との関係強化である。三鷹（人口一八万人）や調布（人口二二万人）は、比較的福祉資源が揃っていて住みやすい町と言われる。精神障害者は町で「ひっそりと棲む」のではない。市民としての存在感ある豊かな暮らしの実現のために、今後も市民的権利の獲得に力を入れてほしい。巣立ち会は、今後も新しいメンタルヘルスの諸課題に挑戦しながら、自己完結型ではない広範な地域ネットワークのモデルを三鷹、調布地域で提供していくと思われる。

## ——NPO法人ワークスみらい

もう一か所紹介しておこう。「NPO法人ワークスみらい」は、就労に特化した実践を高知市内で展開している。月額工賃が八〇〇〇円から一万五〇〇〇円のこれまでの福祉的就労に疑問を持ち、働いて給料を得ることを目標に、竹村利道氏が始めた実践である。二〇一四年六月現在で、就労継続A型を中心に一〇事業所を展開している。筆者が訪れ、竹村氏と話した内容を含めて紹介する。

高知市内随一の繁華街、帯屋町商店街に「ひだまり小路土佐茶カフェ」が存在感ある個性を佇ませている。二〇一〇年に開店した和食中心のこのお店は三階まであり、広くゆったりしている。ここで働く従業員は二二人で、そのうち障害のある人は九人、笑顔と誇りを持って働いている。見たことも味わったことのない土佐料理が食卓に次々と並ぶ。思わず味に唸る。一流の料理である。予約しなければ席はとれない。行列のできる人気店の秘密がわかった。当たり前のことであるが、福祉が売りではない。場所と味で勝負している。

もう一軒紹介しておこう。高知市内の江ノ口川のほとりに、夜でもライトアップされている白壁と水切り瓦のコントラストが美しい「藁工倉庫」がある。そこにリニューアルされた大きな蔵が三つある。障害者のアートを展示している「藁工ミュージアム」、地中海料理のレストラン「土佐バル」、そしてミニシアター「蛸蔵」である。ここでも障害者が普通に働いている。「土佐バル」は開拓時代の小樽のレストランに似ていて、天井が高く広々した空間である。スペインで修行し、大阪の一流ホテルでチーフをしていたシェフを凄い額の支度金を用意して引き抜いてオープンしたという。味は料理もワインも素晴らしいものだ。ここもリピーターだけでなく、貸切バスが留まる高知の観光名所である。他にも半径五キロに八つの店舗がある。喫茶店、スイーツ、ランチ、甘味茶寮などどこもが地元の人気店である。障害者を含む従業員は二〇〇人を越える。地域での一大起業活動である。

さてここで、仕掛け人である竹村利通氏を紹介したい。彼の生まれは高知市内である。NPO法人ワークスみらいの理事長である。帯屋町商店街で成功させ、漆喰の美しい倉庫群で成功させるイメージは幼い頃から彼の脳裏にあったものだ。大学を卒業し、郷里の高知市内で精神科ソーシャルワーカーとして数年間は精神科病院に勤務し、その後は高知市社会福祉協議会の職員として約一〇年障害者福祉センターに勤務している。そこで、障害者の働き方、働かせ方に疑問を持ったという。福祉作業所での内職のような仕事、売れない自主製品、あまりにも低い工賃、これでいいのだろうかと。

彼は一般就労の場の提供をめざして立ち上げた有限会社で一度失敗している。その失敗は今に活かされていると話す。訪問した当時は、一三〇人を越す障害者が雇用されているが、精神障害者は五八人といちばん多い。精神障害者にとって働くことは、①障害者の基本的権利、②生計の手段、収入の獲得、③個性の発揮、自己実現、自己効力感、④病気の軽減や認知機能の改善、⑤社会的役割の実現、社会参加、スティグマの軽減、⑥所得税収入の増加、社会保障費の軽減、社会統合の促進など多様な価値を持っている。社会で働くことは、精神障害者を支援する側にとって大きな課題であり目標である。竹村氏は、支援があれば社会で働くことができる精神障害者が多くいることを証明している。

## ——続々と広がるわが国の優れた地域実践

日本精神保健福祉連盟では二〇一五年三月、ここに紹介した地域の優れた実践事例のほかに、同じようなベストプラクティスとして、日本の各地から、「ひきこもりサポートねっとにいがた」（新潟県）、北部地域リハビリテーションセンター（川崎市）、医療法人財団青山会こころの相談センター「チームブルー」（神奈川県）、社会福祉法人てりてりかんぱにぃ（京都府）、社会福祉法人「萌」（奈良県）、NPO法人岡山マインド「こころ」（岡山県）、ジョブコーチサポートセンター八幡（北九州市）、NPO法人チーム４×４（フォー・バイ・フォー）（長崎県）を選んでいる（先に紹介した実践事例を除く）。また、障害者総合支援法制定以降、各地で新たな地域実践が大きく広がっていることも付記しておきたい。

## 5 優れた実践から見えてきたもの

ＷＡＰＲの世界のベストプラクティスに日本から選ばれた実践から四か所、精リハ学会がわが国のベストプラクティスとして選んできた九団体の実践、そしてそれらの実践と同等と筆者が考える三か所の優れた実践を紹介してきた。精リハ学会がこれまで表彰してきた実践は筆者も選考過程のほとんど全てに関与してきたが、どれも地域ベースの団体の実践であり、あとの三か所はあくまで筆者個人が注目する団体ではあるが、精神保健福祉関係者の間でも実践の評価は高い。ベストプラクティスの基準は先に紹介したように明確であるが、それらの優れた実践に共通する要素は何かをここで考察してまとめに代えたい。まず、ここで紹介した地域の実践を精リハ学会が定めた八つの基準に照らして総括的に述べておきたい。

基準一「実践の対象は、精神障害のために日常生活及び社会生活に相当の援助を必要としている人々であること」では、世界のベストプラクティスを含め、初期の団体では統合失調症圏の人々を主な対象としていた。しかし、後半になるにつれてアルコール依存症、発達障害、ひきこもり、若者支援、うつ病者の復職支援、長期入院者の退院支援などに広がってきた。障害者総合支援法の影響もあり、精神障害者のみを対象とした活動からの変化も生じてきた。精神障害リハビリテーションの領域が広がってきたとも言える。

基準二「実践の焦点は、生活能力の改善にとどまらず、多様な活動と社会参加を目指した実践であること」では、多くの実践が障害当事者本位の活動、ユニークなプログラム、就労支援、住居支援、復学・進学支援、地域生活への移行支援、心理教育やＳＳＴなど精神障害者リハビリテーション技術の活用、クラブハウス方式、ピア活動の支援、福祉を前面に出さない「お洒落」な活動、地域への啓発活動など個性溢れた活動をしている。

基準三「当事者が患者としてではなく社会の一員として迎え入れられ、市民権の回復と擁護につながる活動であること」では、当事者グループの支援、ボランティア講座の開催、地域住民との交流、町ぐるみのイベント、マスコミの好意的な報道、地域の多くの住民がその活動を知っているなど市民権の回復と擁護を目標の一つに活動している。

基準四「個別支援の実践は、利用者及び家族の希望に基づき、関連した社会資源のみならず一般社会資源を含めた、統合した援助を図っていること」では、多くの団体が商店街、漁業協同組合、農業協同組合、町内会、民生委員・児童委員、地元の大学、空き家など、どこの地域にもあるごく一般的な地域資源の活用を図っている。

基準五「実践の基盤は、閉鎖的自己完結的ではなく、地域との結びつきやネットワークを拡げる活動であること」では、保健所、福祉事務所、教育委員会を始め自治体行政との結びつきはもちろん、ハローワーク、商工会、不動産業者、家族会、ボランティア団体などともネットワークを組んでいる。

基準六「実践は、利用者の自立を支える医療及び他の社会サービスと結びつき、地域生活のＱＯＬを高めるものであること」では、多くの団体が居住支援と就労支援に力を入れている。特に最近の動きでは、一般企業への就職支援や復学・進学支援など教育リハビリテーションの分野にも活動を拡げている。

基準七「実践は、人材としての利用者及び専門家を育成していること」では、世界のベストプラクティスに選ばれた団体もわが国のベストプラクティスで選ばれた団体も、多くの人材を育てている。精神保健福祉分野で、ここ一〇年の間でも専門家として地域実践でよく知られるようになった人や実践を踏まえた研究者が多く輩出されてきた。しかし、コンシューマ・スタッフやピアサポーターの育成はわが国の地域実践の日が浅いこともあってこれからの課題である。政策動向を見ると今後はコンシューマ人材の輩出も増えてくることが期待されよう。

基準八「実践は、歴史的に蓄積され検証されたものであり、現在も発展を続けていること」が一番難しい。世界でベストプラクティスを選定する過程に約五年を要したのは、五年後も発展しているモデルであることを見定めるためでもあった。実践の始まりからおおよそ一〇年の実績を目安としたこの規定は、今後も発展が続くことを期待してのものであった。

最後に、優れた実践から見えてきた次の五点を結論としたい。

第一に、実践をリードする思想や哲学がはっきり存在していることである。それがあるために、大きな困難があってもたじろがないし、揺るがない。第二に、優れた実践には、それを始めた人がいる。魅力的な人物ばかりである。初期のリーダー層は幾分カリスマ的な存在であったが、現在のリーダー層の発想は（筆者世代から見て）新鮮で柔軟である。第三に、実践者たちは貪欲に外から情報を集め、知識を吸収している。技術もシステムも学んでいる。新しいプログラムも開発している。国内はもちろん海外にも出かけ、また海外からも講師を招聘したりしている。第四に、優れた実践には、発信力の強さがある。実践は外に発信され、実績はすぐに広がる。多くの関係者の関心の的になる。それらの好循環がさらに実践を次の段階に押し上げていると思われる。やどかりの里やＪＨＣ板橋はその代表である。第五に、実践を媒介するマスコミとの良好な関係である。味方としてのマスコミの力が加わることで、発信力はさらに強まっていく。べてるの家はその代表であろう。これらの優れた実践は、すべてが地域から発信されたものである。

［引用・参考文献］

伊勢田堯、小川一夫、長谷川憲一「世界心理社会的リハビリテーション学会による「精神障害リハビリテーションに関する国際的実践活動集」に関する報告」臨床精神医学、二九巻七号、七七九‐七八七頁、二〇〇〇年伊勢田堯、小川一夫、百溪陽三編『みんなで進める精神障害リハビリテーション――日本の五つのベスト・プラクティス』星和書店、二〇〇二年
伊勢田堯・小川一夫・長谷川憲一編著『生活臨床の基本』日本評論社、二〇一二年
伊等静美・田中秀樹・加藤直人『障害者・高齢者と麦の郷こころ――住民、そして地域と共に』東信堂、二〇〇六年
岩田正美『社会的排除――参加の欠如・不確かな帰属』有斐閣、二〇〇八年
浦河べてるの家『べてるの家の「非」援助論――そのままでいいと思えるための二五章』医学書院、二〇〇二年
べてるの家の本製作委員会『べてるの家の本』べてるの家、一九九二年
小川一夫「WAPRの「ベスト・プラクティス選考委員会」の活動と日本でのシンポジウムの開催趣旨」『みんなで進める精神障害リハビリテーション――日本の五つのベスト・プラクティス』星和書店、二〇〇二年
小栗静雄「十勝・帯広のソーシャルサポート・ネットワーク」精神保健福祉、三〇巻一号、一九九九年
門屋充郎「[私の実践]地域精神保健福祉活動の展開――帯広・十勝圏域の取り組み」ソーシャルワーク学会誌、三〇号、一一一―一一四頁、二〇一五年
公益社団法人日本精神保健福祉連盟『保健所および市町村における精神障害者支援に関する全国調査報告書』(厚生労働省平成二十六年度障害者総合福祉推進事業[研究代表/田中英樹])二〇一五年
公益社団法人日本精神保健福祉連盟『精神障害者に対する国民の理解の深化および家族支援に関する全国調査報告書』(平成二十八年度厚生労働省障害者総合福祉推進事業[研究代表/田中英樹])二〇一七年
厚生労働省/国立精神・神経医療センター精神保健研究所「精神保健福祉資料」二〇一七年
杉原努「沖縄県の「ふれあい工場(こうば)」における精神障害のある人の就業および生活支援に関する考察」立命館大学大学院先端総合学術研究科Core Ethics、三巻、二〇〇七年
竹村利道「高知における障害者就労支援の取り組み」コミュニティソーシャルワーク、一三号、三七―四三頁、二〇一四年
田中英樹「ソーシャルインクルージョンのコミュニティ」(仲村優一・一番ヶ瀬康子・右田紀久恵編)『エンサイクロペディア社会福祉学』中央法規出版、一一三四―一一三七頁、二〇〇七年
寺谷隆子『精神障害者の相互支援システムの展開――あたたかいまちづくり・心の樹「JHC板橋」』中央法規出版、二〇〇八年
中沢正夫「東村での活動」公衆衛生、三二巻二号、一九六八年

東雄司編著『精神障害者自立への道――和歌山からの報告』ミネルヴァ書房、一九九一年
永山盛秀「子育ても納得の行く社会参加のひとつ」Review・ぜんかれん情報ファイル、四四号、二〇〇三年
松浦智和「精神保健福祉士のあり方を考える――「帯広・十勝圏域の精神保健医療福祉実践から学ぶこと」名寄市立大学紀要、一二巻八五-九四頁、二〇一八年
宮内勝『精神科デイケアマニュアル』金剛出版、一九九四年
向谷地生良『べてるな人々［第一集-第四集］』一麦社、二〇〇八年
向谷地生良『統合失調症を持つ人への援助論』金剛出版、二〇〇八年
谷中輝雄『生活支援――精神障害者生活支援の理念と方法』やどかり出版、一九九六年

# 第4章 相談援助に関する若干の事例紹介と実践的視点

本章では、筆者が関わったエンパワリングケア事例を紹介し、ストレングスモデルの実践について再考する。またコミュニティソーシャルワーク事例を紹介し、それらの事例を素材に、コミュニティソーシャルワークの実践的視点とアセスメント及びケアプラン、資源開拓について述べる。最後に筆者が支援実践を進めていくうえで重要と考えている「ストレングス・リング」について考えてみた。なお、事例の氏名、年齢、病名、事例の背景、関わりの時期や場所、家族構成など個人の特定に結びつく情報はすべてマスキングしている。

## 1 エンパワリングケアの事例に見るストレングス

「エンパワリングケア」とは、個人・家族・グループ・組織・地域が、社会において自分たちのために行動できるような、個人的、対人的、政治的なパワーを獲得し、内部から発展させる実践である。筆者がストレングスモデルの演習事例や研修事例で紹介したのが次の事例である。この事例は『ストレングスモデル』の第二版から、日本の実践事例として引用されている。

Uさんは、当時五三歳で結婚歴無く独身、統合失調症の発病は二二歳でした。三〇年前から一〇数回の入退院を繰り返し、半年ほど前からB精神科病院の開放病棟に入院中でした。私がUさんにかかわることになったのは、病棟でのケアカンファレンスの結果でした。カンファレンスの焦点は、Uさんの病棟での療養態度、多くの問題点の解決にありました。例えば、起床時間に起きようとせず、日中の病棟プログラムにも一切参加しない。糖尿病があるのに、コーヒーに砂糖をスプーンで何杯も入れて日に三度、四度と飲んでいる。入浴を嫌い、いつ洗濯したかわからない汚いパジャマで一日病棟をブラブラしている。夜は眠れないと何度も勤務室に睡眠薬を求めに来る。頑固な性格で同室の患者と些細なことですぐ口論する。地域の作業所を見学したが、「あんなの仕事じゃない」と言って通うことを勧めてもあっさり拒否する。プロカメラマンの夢を捨てきれず他の選択に見向きもしない。亡くなった母親の遺産がもう底をついたというのに生活保護を申請しようとしない、などでした。とくに、入院費が三か月滞納しており、事務方からも苦情があり、生活保護の申請をUさんに説得する役割として病棟からPSWである私に依頼がありました。

Uさんとの最初の面接でわかったことは、意外に人なつっこい性格であること、若いとき写真の専門学校を卒業しており、プロのカメラマンになることがいまでも夢であること、それでいまでも一眼レフのカメラを毎日磨いていること、節約のため着替えの衣類もほとんど持っていないこと、福祉の世話になりたくない気持ちが強いことなどでした。

面接の途中でUさんが若いときに撮った写真の話になり、アルバムを見せてもらいました。そこでこちらから一つの提案をしました。「この写真を知り合いの病院に展示してよいか」と。Uさんは、まんざらでもない表情を見せ、数点の写真を貸してくれました。数日経って、私はある公立病院の外来待合室にUさんを誘いました。そこにはUさんの写真が額に入れて飾ってあるからです。額の下にはUさんの名前と撮影日が記載されています。それを見たUさんの表情に一瞬の灯りが射したように感じました。病棟に戻り、Uさんから別の写真を再び拝借しました。今度は私が行きつけの喫茶店に写真を飾ってもらいました。そこにも後日Uさんを連れて行きました。その後、銀行とスーパーマーケットの展示コーナーにもUさんの写真を数点置かせてもらいました。

大半が昔の町の風景写真ですが、Uさんの写真はとても人気がありました。どこか昭和初期の町並みが懐かしい。数日後Uさんから相談にやってきました。話は「もう人前に見せる写真がない」とのこと。「それなら新しい写真を撮ればいいじゃないですか」と言うと、「フィルムを買う金がない」と顔を曇らせました。「生活保護を受ければフィルムぐらい買えますよ」と助言すると、何の躊躇もなくすぐに話はまとまりました。生活保護の受給により、滞納していた入院費は一年分割で支払うことになり、こうして病棟からリクエストされた最初の課題は解決したのです。

しかも驚いたことに、私の予想を超えてUさんがその後、急速に変化していったことです。Uさんは朝から病棟にいない。どこに行ったかといえば、C公立病院の外来、喫茶店、銀行、スーパーマーケット、写真屋、町のあちこちにカメラをぶら下げての撮影です。Uさんの日課が日ごとに忙しくなり、二か月後にはさっさと自分で退院していきました。主治医に訊くと、処方は特に変えていないのだが不眠の訴えもなく、無為自閉どころか生き生きしており、もう入院の必要がなくなったと言います。その後Uさんとは馴染みの喫茶店でよく会いました。ベレー帽をかぶり、開襟シャツを襟に出したジャケットを着こなし、パイプをくゆらせ、女子学生を相手にたのしそうにコーヒーを飲みながら写真の講釈をしているUさんの姿はまさにプロカメラマンそのものです。その後Uさんの担当を離れ四、五年友人感覚でつき合いましたが、写真は売れなくても二度と精神科に入院することはありませんでした。二〇数年経って、風の便りでUさんが肺炎で亡くなったと聞きましたが、写真を眺めるUさんの屈託ない明るい表情しか今は印象にありません。

エンパワメントを基盤とした専門職の援助では、Uさんへのかかわりに見たように、当事者の意思に沿い、希望を引き出す戦略を基本とする。私は、実際Uさんとのかかわりにおいて、①先入観（カンファレンスで明らかにされた問題点の指摘）なしにUさんの潜在能力やストレングスを信じること、②人はその固有性ゆえに価値があるのであり、どのような人であっても受け入れること、③非審判的な傾聴を丁寧に行うこと、④信頼関係の形成を大切にすること、⑤人の未来に対する柔軟な見方を持ち、可能性への挑戦（プロカメラマンをめざすUさん）を支持すること、⑥援助者は当事者の幸福を望んでいることを表明すること、⑦その人らしさ（個性）を尊重すること、⑧当事者の「立つ瀬」や自尊感情を重視すること、⑨率直で誠実な対応をすること、⑩適切なユーモアを使うことなどを心がけた。もし、Uさんの問題の改善を目標に、カンファレンスでの評価をもとに一方的に援助方針を決めていたら、説得して訓練に参加してもらうことはできても、Uさんの長所を発見することも、Uさんの気持ちに寄り添う同伴的な援助もできなかったと考える。

当事者の自己実現や人生の再構築を援助するには、人間としての対等性を踏まえ、対話の中でストレングスを見極め、歩む方向を一緒に定めていくことが鍵となる。出発を間違わなければ、当事者のリカバリーを支援するのは特別難しいことではない。

## 2　ストレングスモデル再考

### ――ストレングスモデル誕生の背景

ストレングスモデルは、アメリカ中西部に位置するカンザス州のカンザス大学社会福祉学部が、一九九三年から新しい研究プロジェクトを立ち上げ学部をあげて開発した対人支援の技法である。

当時の社会福祉の援助技術は、伝統的な医療モデルからすでに生活モデルに転換し、エコロジカルソーシャルワークやエンパワメントアプローチが注目されていた。しかしソーシャルワーク全体の中では精神保健福祉分野は遅れていた。精神の病はなかなか治らないし、再発しやすく障害が重い。そのため、クライエントは問題に対して無力であり、その原因はクライエントの欠陥にあるため、それを探して修正すること――精神障害者にとってそれは、その後の人生を症状への対処だけに費やすことを意味する――を前提とした「ダメージ（欠陥）モデル」による診断と、ブローカー（仲介型）モデルのケースマネジメントが中心であった。

カンザス大学のチャールズ・ラップたちは、脱施設化後の地域精神保健システムにおいて、心理主義、貧困、恐怖感、専門家の慣習的な実践、そして既存の精神保健サービスが精神障害者の生活を抑圧してきたと考えた。例えば保護的な住居（ナーシングホーム、ボード・アンド・ケアホームやグループホーム）や保護的な就労の場（保護的作業所、就労前プログラム）、デイトリートメントなどの可能性の閉ざされた生活の場を「ベルリンの壁」になぞらえて、それらが精神障害者のリカバリーを阻害していると考えた。

そこで――社会の注目を集めるためにも――すでに全米に広がっているブローカーモデルではなく、ストレングスモデルをケースマネジメントの新しいモデルとして提唱し、その効果を確認しながら洗練していったのである。この提唱は見事に成功した。ストレングスを基盤とした実践は、二一世紀に入ると世界的に普及し、支持されるようになったのである。

## ――ストレングスモデルの特徴と魅力

ストレングスモデルは革新的で魅力的な実践である。

第一の魅力は、「ストレングス」という視点の優位性である。それにはストレングスの正確な理解が必要である。よく誤解されるのは、ストレングス視点とは問題や病状を無視することであるという理解である。問題や病理に囚われすぎると、クライエントの長所や潜在能力を見落としてしまう。ストレングスモデルでは問題や病状を無視しているわけではないが、ただ小さな役割しか与えない。「ストレングス」はエンパワメント実践を行っていくための土台とみなされ、いわば「すべての人々や地域社会がもつ潜在能力」に近い概念である。つまり、その人に備わっている特性、技能、才能、能力、環境、関心、願望、希望である。病気や障害が重い場合であっても、ストレングスは――雲や霧に隠れているだけで――存在する。ストレングスが存在するのは個人に限らない。問題の原因となりそうな環境にもストレングスが存在する。つまりどんなグループや地域社会も潜在的な受容力と資源力に富んでいることを意味する。こうした見方によって、クライエントと支援者は希望を持ち、困難に立ち向かうことができるのである。

第二の魅力は、ストレングスアセスメントのすばらしさにある。ストレングスアセスメントは、七つの生活領域（「家・日常生活」「財産・経済／保険」「就労／教育／専門知識」「社会的支援」「快適な状態・健康」「レジャー／余暇」「スピリチュアリティ・文化」と三つの時間軸（過去、現在、未来）に体系づけられている。十分簡便なものだが、もっと簡略したアセスメントも可能である。その場合は、「性質・性格」「技能・才能」「環境のストレングス」「関心・願望」をマトリックスで表示し、評価する。

ストレングスアセスメントは、いわばその人の持っているものと望むものの一覧表である。いちばん重要なその人の関心・願望とともに、明るい性格、すばらしい記憶力、持っているが使えていない資格、しばらく会っていない友人、家の近くにあるバス停、以前使っていたＤＶＤプレーヤーまで、願望・興味と関連してクライエントが重要と考えるあらゆるものが「ストレングス」としてクライエントの言葉で記述され、それがクライエントを表現するものとなる。アセスメントにあたり、従来は、前向きな意欲を喚起するために、問題や否定的に見なされがちだった言動を肯定的に言い換え再評価するリフレーミング技法を用いることが有益であった。しかし、リフレーミングがストレングスモデルではない。ストレングスは必ず存在するのであり、リフレーミングは、深い雲に覆われて見えなくなっているストレングスを探し出すのに有効な手段であって、ストレングスモデルをクライエントと一緒に進めていく援助者が身に着けておくと有効な手法に過ぎないことにも留意したい。

第三の魅力は、ストレングスモデルが個人のストレングスだけではなく、環境が持つストレングスを含め両方の強みや良さを評価し活用することが基本となっていることである。しかも、個人のストレングスも環境のストレングスも成長・変化するものと見なされ、したがってストレングスアセスメントは常に改訂される。ストレングスモデルでは利用者と地域社会が有する潜在能力・希望を実現する能力を評価し、これを積極的に活用するのである。

第四の魅力は、地域資源の見方や社会資源開発の実践性にある。多くの地域で、精神科病院への長期入院の背景に、精神障害者に提供できる社会資源の不足があることが指摘されてきた。アメリカではかつて、環境の欠陥、貧弱な地域社会が問題の温床であると考える欠陥指向の社会政策によって、精神障害者の地域社会への包摂とリカバリーを阻む複数の保護的なサービスが地域に展開されてきた。しかしストレングスモデルでは、原則にもあるように、どの地域も資源に富んでいると考える。資源を精神保健サービスに限定して捉えなければ、どの地域でもごく普通にある地域資源、すなわち入手可能な資源と機会がほとんど無限に存在すると考えるのである。

第五の魅力は、個別ケアプラン（個別リカバリー計画）の有効性にある。ストレングスモデルのケースマネジメントの目的は、症状を抑え問題に対処し続ける人生を強いるものではない。クライエントが持つ最大のストレングスである願望・希望を、ストレングスアセスメントに記載されたストレングスのリストを使って、地域社会の中で一歩一歩実現していくことにある。ケアプランは、クライエントと支援者が協働して実現すべき課題を創造し実行するために立てられる。ストレングスモデルではリカバリー志向のケアプランが基本になる。そのため、クライエントの関心や希望が最優先され、支援目標を契約していく。クライエントが最も願っていることが目標に記入され、その実現のためにクライエントと支援者が取り組む共通の予定表が作成される。このケアプランの目標は肯定的に（「○○しない」ではなく「○○する」と）表現され、成功する可能性の高い小さな意味あるステップに小分けされ、一歩進むごとに達成が確認される。

これらの他にも多くの魅力や特徴があるが、ストレングスモデルは、対人援助実践において利用者の病理を診断し欠陥に焦点をあてるのではなく、利用者の長所や潜在能力、また利用者を取り巻く社会資源に着目し、その部分に依拠し、働きかける。クライエント自身と地域のストレングスを使って目標が達成されていく自立的で肯定的な過程の影響は、クライエントの生活だけでなく他の支援者や地域社会との関係にも広がり、結果として生活の質の向上や良好な関係性がもたらされることになるのである。

チャールズ・ラップが示したストレングスモデルの六原則を再度掲げておこう。

原則一　精神障害者はリカバリーし、生活を改善し高めることができる。

原則二　焦点は欠陥でなく個人のストレングスである。
原則三　地域を資源のオアシスとしてとらえる。
原則四　クライエントこそが支援過程の監督者である。
原則五　ワーカーとクライエントの関係性が根本であり本質である。
原則六　私たちの仕事の主要な場所は地域である。

### ――ストレングスモデルによるアウトリーチ支援

アウトリーチは、広い意味でデリバリーサービスの一つである。代表的には家庭訪問がそれにあたり、クライエントがいる職場や施設を訪問する場合もある。アウトリーチ支援が必要な場合とは、①相談者が何らかの理由で援助機関を訪れることができない状況にあるとき、②援助対象はＩＰと思われるが、援助の必要性は存在していても本人に相談の意志がないか援助を拒否しているとき、③本人は援助を求めていても何らかのバリアが存在しているために援助機関にアクセスできないときなどであり、さまざまな背景がある。

原則六にあるように、事務所でクライエントの相談を待っていてはストレングスモデルは実践できない。つまりストレングスモデルの基本はアウトリーチである。良好な関係性を築くためには、クライエントの生活の場に出向き、クライエントのペースで支援する必要がある。

ストレングスモデルでアウトリーチがうまくいった経験は、筆者が精神保健福祉相談員として保健所に勤務していたときに、今で言う「社会的ひきこもり」事例で多くを経験した。参考までに紹介しておこう。

Ｃさん（四六歳・男性）に関する相談は七〇歳を過ぎた年金生活の父親からであった。話を伺うと、大学を卒業してすぐ三年会社勤めして、それ以降は何もせずただ家でブラブラしていたが、母親が入院した頃から「ひきこもり」状態になっているという。普段は食事も自室で食べ、昼間は自室を一歩も出ず、夜になると近所のコンビニに出かけるという。息子に強く言うと物を壊すので、何も言えなく困っているという。

筆者は、緊急性は薄いと判断してまず関係づくりから始めた。最初の訪問では玄関を開けた途端に外に逃げ出してしまい、会えたというより一瞬顔を見ただけであった。二回目の訪問でも、Cさんは家にいたが、全くCさんの部屋に入ることができず、両親と話しただけであった。三回目も四回目も自室から音楽は聴こえてくるが、本人に会うことも話すこともできなかった。

しかし半年経った頃に変化があった。それまではCさんの生い立ちを母親に聞きながら、ドア越しにCさんの気持ちを筆者なりに想像し、代弁していたが、その日の訪問では、部屋の中が見えるようにドアが半開きになっていた。会話はできなかったが、Cさんはその日、逃げることなく机に向かって英語の本を読んでいた。その後の訪問で、Cさんは英語が得意なことを知ることができた。毎日深夜のFMの英語ニュースを聴いていることも知った。ストレングスの発見である。そこで、英語の勉強方法を尋ねると初めて口を開いてくれた。

それからは警戒されることもなくCさんと話ができるようになった。その後は喫茶店で会えるようにもなった。今の生活をやめたら何をしてみたいかとCさんの夢を聞いたりした。訪問活動から二年後には、地域からの思いがけない紹介もあり、不登校の子どもたちが通うフリースクールで英語を教えることになった。Cさんはこうしてひきこもりから脱却していったのである。

## 3　コミュニティソーシャルワーク事例

この二つの事例は、主にコミュニティ・ソーシャルワーカー（ＣＳＷ）養成研修で使用したシュミュレーション事例である。この事例演習のねらいは、ストレングスモデルとＣＳＷを実践的に理解し、応用力を身に付けることにある。事例一では、事例の概要、ストレングスモデルの個別アセスメント、個別ケアプランを紹介する。事例二では、それらに加え、ＳＷＯＴ分析、地域の資源づくりについて若干紹介する。ここでは、研修に参加した専門職の提案のうち比較的適切と思われた提案を紹介した。

### 事例一

Ｍさん（男性、四八歳）は、国立教育大学の学生時代に統合失調症を発病し、二〇歳の時に都下の精神科病院に初回入院（六か月）した。退院後、大学は何とか卒業し教師の資格（子どもの頃から小動物が好きで生物学を専攻し、理科免許を取得）を得る。指導教授の斡旋で都内の私立中学に就職したが、服薬中断が続いたこともあり再発。二七歳時に再入院（一年）してから職場を退職した。退院後は学習塾でアルバイト程度の仕事をするが、その後も内向的な性格でストレスを溜めやすく、数回の入退院を繰り返した。

三五歳になったある日、家族と一緒に暮らす自宅（一軒家）で病的体験（幻聴が主）が出現し、夜間に隣人宅に押しかけたり、近くの路上で通行人を殴りケガを負わせたりして、警察官通報により保護され五回目の再入院（措置入院）となった。Ｍさんは、入院後も被害妄想や幻聴がなかなか消失せず、加えて看護スタッフの働きかけ（院内作業、病棟レクリエーション）にも拒否的で退院のメドが立たない状況が数年続いた。

本人が四〇歳の時に、元教師であった父親がガンを発病し七一歳で亡くなる。きょうだいの仲はとても良く、病院によく見舞いに来ていた三歳下の妹は、すでに結婚し子どもが二人おり他県に別居している。自宅には父親と同じく元教師であった母親（六七歳）がいたが、リウマチを患っており病院通いの毎日であった。二歳年上の兄（弁護士）に子どもはいないが数年前に結婚しており、母親の介護もあり一緒に実家で暮らしている。この時期に主治医から退院の話も出たが、物理的に家族の受け入れ条件が整わないとの理由で見送られた。その後、病状は安定したが（医療保護入院への切り替え）、本人の退院意欲は次第に弱まり、主治医が何回か交替した事情もあり、退院話はその後うやむやとなった。

それから一〇年近くの歳月が流れ、保護者も母親から兄に替わった（二〇〇七年頃）。新任のS精神保健福祉士のねばり強い働きかけ（医療費の支払いに来るたびに兄が面会、障害年金二級を取得、生物学の通信講座を受講）もあって、Mさんの退院意欲も徐々に回復し、院内のグループワークにも参加するようになり、仲の良い患者さんとよく外出するようにもなった。最近のS精神保健福祉士との面接では、退院後にどこに住むか、どんな仕事をするかで相談に自分からやってくるようになった。こうして、二〇〇七年に開かれた自立支援協議会で、Mさんが退院促進支援事業の対象者に決定した。S精神保健福祉士のすすめで入院中のまま自宅近くの小規模作業所に退院訓練のために通所し始めたが、七九歳になる母親が肺炎で亡くなり、一緒に暮らしていた兄夫婦からは自宅には引き取れないとの相談が病院にあった（兄は引き取りたい気持ちがあるが兄嫁が拒否）。本人は兄と相談し実家近くのアパートでの一人暮らしを希望したが、近所の人が入院前の状況を覚えていたこともあり、退院反対の署名運動が生じてしまった。

状況の変化を受けて開かれた自立促進支援協議会では、退院訓練の中止を含めて協議がもたれた。

Mさんの実家は都下のR市にある。R市の人口は約二〇万人。昼間人口は一五万人と都心への通勤者が多い。高齢化率は二〇〇七年十二月現在でちょうど二〇％である。市内の産業大別就業者数は第三次産業が七九％を占める。市内の精神障害者数は推計で約五〇〇〇人、精神保健福祉手帳所持者は六〇〇人強で、Mさんも取得している。また、自立支援医療承認数は二六〇〇人で、医療保護入院届出数は二〇〇六年度二一〇件である。R市には、精神障害者訓練を行う作業所（現在の就労継続支援事業B型）が五か所あり、総受入数は一一二人である。他に地域活動支援センターとグループホームが一か所ずつある。ホームヘルプサービスの利用者はまだ一〇名そこそこである。一般就労に向けた自立訓練事業を行う事業所はまだない。地域家族会はあるが、活動は弱く、精神保健福祉ボランティアグループは設立されていない。精神障害者のセルフヘルプグループも組織されていない。精神科病院は市内に一か所あり、精神科診療所は三か所ある。Mさんのように入院は市外近郊の病院が多い。市には二〇名の保健師と、病院や施設に合わせて一四名の精神保健福祉士がいる。作業療法士や臨床心理技術者は少ない。関係機関との連絡会や業務連絡会が他の市とも合同で組織されており、年に何回かの会議が行われている。

市はニーズ調査やヒアリングを基に「第一期障害福祉計画」を策定しており、この計画では「病院や施設から地域生活への移行」「精神障害者への地域生活支援サービスの充実」も重点化されており、市によれば二〇一三年度末までに「受け入れ条件が整えば退院可能な精神障害者数」が八〇人となっている。すでに障害者自立支援法が市町村に定めた相談支援事業の一つである自立支援協議会は設置されたが、具体的な課題の検討はこれからである。

［リフレーミング］

リフレーミングとは読み替えることであるが、主にマイナス評価を一八〇度変えてプラスに再評価する技法である。例えば、「頑固な性格→意志が強い」、「内向的→もの静かな性格」などである。リフレーミングは、一枚の紙（A４用紙）を用いて、用紙を左側と右側の二領域に分ける。左側は、リフレーミング前の事例紹介のマイナス評価を、右側はリフレーミング後のプラス評価を記入する。また、もともとプラス評価の表現はそのままとする。

［ケアプラン］

【1】本人の希望→退院して何か仕事をしたい。できれば実家近くに住みたい。

【2】長期目標→仕事に就いて、きょうだいや友人とも交流を続けたい。将来的には、何か趣味か就職に結びつく資格を取得する。

【3】具体的な計画（短期目標）

・自立促進支援協議会で、退院・地域移行を確認
・退院後の生活をイメージする
・実家近くのアパートを探す（S精神保健福祉士と一緒に）
・兄にアパートの保証人をお願いする
・市の担当保健師に引き継ぐ（顔合わせする）
・暴力を振るった隣人に謝りにいく（兄と一緒に、必要な場合はS精神保健福祉士も同行）
・小動物に関わる仕事を見つける（ハローワークに登録、アルバイト情報を調べる）
・仲間づくりをする
・通信教育の受講は続ける

| | リフレーミング前 | リフレーミング後 |
|---|---|---|
| 1 | 49歳 | 人生これからの年齢 |
| 2 | 統合失調症 | 病名が確定しており、治療法もある |
| 3 | 大学時代に発病 | 自我が侵食されていない |
| 4 | 再発再入院 | 服薬中断など理由がはっきりしている |
| 5 | 教員を退職 | 教員以外にも仕事はある |
| 6 | 内向的な性格 | シャイな性格 |
| 7 | ストレスを溜め込みやすい | まじめ |
| 8 | 隣人宅に押しかける | 行動力がある |
| 9 | 措置入院 | 本人や周りを保護できる |
| 10 | 院内作業やレクリエーションに不参加 | 自分なりの価値観がある |
| 11 | 家族の受け入れ条件が整わない | 家族がいる |
| 12 | 退院の目途が立たない | 病状レベルでは問題ない |
| 13 | 主治医が何回か交代する | いい主治医にめぐり合えるかも |
| 14 | 退院話もうやむやになる | まだチャンスはある |
| 15 | … | … |

| Mさんのストレングスアセスメント | |
|---|---|
| **性質・性格**<br>・優しい人<br>・シャイな性格<br>・プライドがある<br>・きょうだい想い<br>・頑張り屋<br>・向上心がある<br>・病状が安定している | **技能・才能**<br>・国立大学を卒業している<br>・教員免許を取得している<br>・就労体験がある<br>・就職できる年齢<br>・自我が形成された後の発病<br>・理知的に物事を考える力がある<br>・人生これからの年齢 |
| **環境のストレングス**<br>・実家がある<br>・きょうだい（兄・妹）がいる<br>・家族に経済的に支援されてきた<br>・障害年金二級を取得している<br>・退院促進事業が始まった<br>・自立支援協議会が設置された<br>・市内に通える精神科診療所がある | **関心・願望**<br>・小動物が好き<br>・退院したい<br>・仕事したい<br>・生物学の勉強を続けたい<br>・兄や妹とも時々会いたい<br>・兄嫁とも仲良くしたい<br>・まだ、いろいろな関心がありそう |

〔その後の経過〕

Mさんは、実家の近くに住むことは隣家の同意が得られず、退院が保留になっていたが、実家から一駅離れたところにアパートが見つかり、自立支援協議会での相談から二か月後に退院できた。その後、約半年は近くの精神科診療所のデイケアに通所していたが、偶然のことから駅間にあるペットショップに勤めることができた。ときどき週末には実家に遊びに行くこともあり、また五年間は仕事を継続していたが、その先は関わりがないために不詳である。

――事例二

Eさん(四一歳、男性)は、学生時代にうつ病を発病し、二〇歳の時に実家近くの精神科病院に始めて入院(三か月)した。その後、三年次に再発・再入院(六か月)し、一年間の休学をしたが、何とか都内の大学(経営学部)は卒業できた。Eさんが卒業した頃の家族は、父(六〇歳)、母(五四歳)、五歳上の兄Fさん、三歳上の姉Gさん、二歳下の弟Hさんの六人暮らしであった。実家が明治時代から地元で中堅の旅館業を営んでいたこともあり、Eさんは家業を手伝うことになった。四人きょうだい仲の良い家族である。

Eさんは元々手先が器用で、子どもの頃から料理が好きで、配膳や風呂場掃除などの雑用から次第に調理場を任されるようになり、調理師免許を二八歳で取得した。その後、旅館業は父親が引退で退き、社交的な兄Fさんが結婚を機に社長となった。Eさんの病気の経過も順調で、仕事も良くできて、三〇歳時に七歳年下のIさんとお見合い結婚した。その前後に、Gさんは隣町の知り合いの旅館に嫁ぎ、Hさんはフランスで料理修行をしている。一家の生活は順風万帆であったが、五年前にFさんがギャンブルや株で大赤字を出し、会長である父親から叱責を受け、社長を退いた。旅館の再建のためにFさんに替わりEさんが社長となり、Hさんがフランスから戻り、調理場を担当し、Iさんが女将となった。旅館もリニューアルし、何とかもちこたえていたが、父親が脳腫瘍で三年前に亡くなった。また、高齢の母親も二年前から認知症が出始め（要介護二）、ホームヘルプサービスを活用しながら、長男の嫁が主に在宅でケアしている。Gさんもときどき実家へ介護の手伝いに来てくれている。Iさんは、好きな「女将の会」にもなかなか出席できず、ストレスも溜まっている。Eさん夫婦には小学四年の男の子が一人いるが、発達障害があり特別支援学級に通っていたが、現在では学校に馴染めず在宅のままである。Eさんは、観光協会の役員に選ばれた昨年末あたりから、不眠や食欲不振が続き、事務所でボーっとしていることが多くなり、眠剤代わりに深酒をすることが多くなった。心配をしたIさんは、市の保健センターに相談にいった結果、Y精神保健福祉士から精神科クリニックを紹介された。しかし、Eさんは「心配要らない」と受診は望まず、ポツリと「このまま死にたい」と自問自答している様子とのことであった。

さて、Eさんの実家は東京に隣接する県のT市にある。T市は、昔から温泉があり、神社仏閣や伝統的な祭りも多く、観光文化都市として有名である。T市の現在人口は約六万五〇〇〇人。市域は広域であるが、八七％は森林である。高齢化率は二〇一八年三月末現在で三一％である。市内の産業大別就業者数は第三次産業が六二％を占める。町会加入率は九三％と高い。民生委員・児童委員や社会福祉協議会の活動は県下でも活発な方である。

市内の精神障害者数は推計で約一二〇〇人、精神保健福祉手帳所持者は三一〇人で、Eさんは取得していない。また、自立支援医療承認数は七〇〇人で、医療保護入院届出数は二〇一六年度五二件である。T市には、障害者就労継続支援事業A型一か所、B型二か所があり、就労移行支援事業所はない。他に地域活動支援センター一か所とグループホームが二か所ある。ホームヘルプサービスの利用者はまだ数名そこここである。地域家族会はあるが、活動は弱く、例会には一〇人程度しか集まらない。県立の保健所がある。精神保健福祉ボランティアグループは設立されていない。精神障害者のセルフヘルプグループも組織されていない。精神科病院は市内に一か所あり、精神科診療所も一か所ある。T市には八名の保健師と、病院や施設に合わせて七名の精神保健福祉士がいる。作業療法士は二名いるが、臨床心理士はいない。関係機関との連絡会や業務連絡会が近隣の町とも合同で組織されており、年に数回の会議が行われている。

市はニーズ調査やヒアリングを基に「障害福祉計画」と「障害者計画」を策定しており、この計画では「病院や施設から地域生活への移行定着支援」「精神障害者への地域生活支援サービスの充実」も重点とされている。すでに障害者総合支援法が市町村に定めた相談支援事業の一つである支援協議会は設置され、生活支援部、就労支援部会、差別解消権利部会が設けられたが、具体的な課題の検討はこれからである。

［個別アセスメント］

［1］ジェノグラム

［2］ストレングスアセスメント（Eさん）

［3］個別支援計画

◉Eさんの希望→体調を戻したい。旅館の経営を安定化させたい。

◉長期計画→仲が良いきょうだい、家族の協力でEさんの希望を実現する。

［当面の短期計画］

◉Eさん→負担の軽減のために、観光協会の役員はFさんにお願いする。／家族会議を提案する。／男三兄弟の共同経営とする。／旅館のバリアフリー化を進める。／市内の精神科クリニックへの通院を

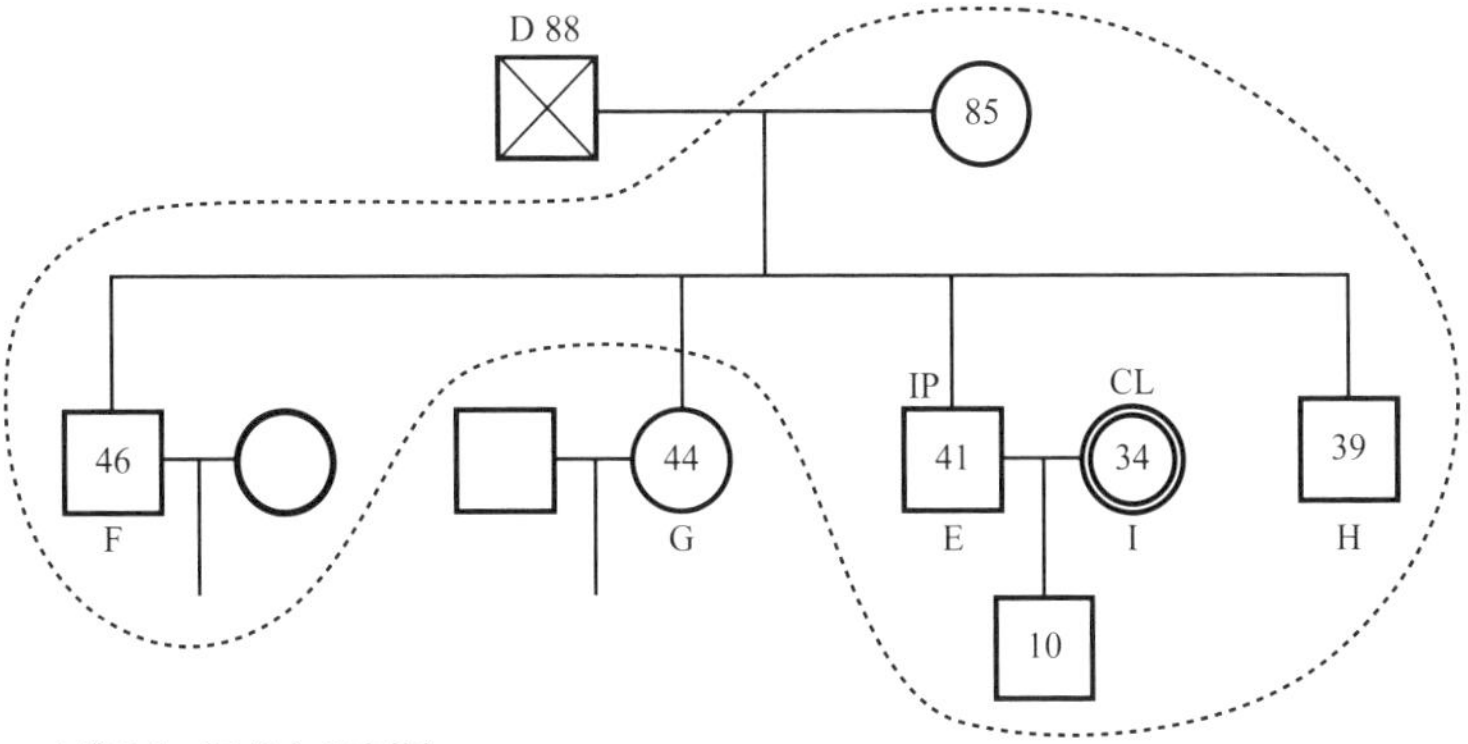


ジェノグラム（Eさんの家族）

ストレングスアセスメント（Eさん）

| | |
|---|---|
| **人柄・性格**<br>・勤勉<br>・責任感がある<br>・我慢強い<br>・優しい<br>・繊細<br>・人当たりが良い<br>・人望がある<br>・感情を表現できる<br>・素直<br>・気配りができる<br>・家族思い<br>・粘り強い<br>・頼りになる<br>・真面目<br>・苦にしない | **技能・才能**<br>・手先が器用<br>・調理師免許がある<br>・配膳や風呂掃除など雑用が苦にならない<br>・経営学を学んでいる<br>・仕事がよくできる<br>・経営手腕がある（大赤字の旅館を再建）<br>・周りの評価が高い<br>・書類手続き等に詳しい<br>・病気の自己コントロールができる<br>・大学を卒業している<br>・仕事ができる<br>・結婚している<br>・頭がよい<br>・酒が強い<br>・人をまとめる力がある |
| **環境のストレングス**<br>・きょうだい、家族と仲が良い<br>・実家が老舗旅館<br>・観光文化都市であり、観光協会のネットワークがあり、つながりを持っている<br>・紹介された精神科クリニックがある<br>・SOSを出せる妻がいる<br>・自分の後を継いでくれる子どもがいる<br>・フランスで料理の修行した弟がいる<br>・経済的に裕福<br>・愛する妻がいる<br>・社会福祉協議会の活動が活発な地域<br>・兄弟が多い<br>・母のケアマネがいる<br>・都市に近い<br>・森林のマイナスイオンがある<br>・温泉がある | **関心・願望**<br>・料理が好き<br>・旅館をうまくやっていきたい<br>・町を盛り上げていきたい<br>・みんなに迷惑をかけたくない<br>・兄に立ち直ってほしい<br>・子どもが自立し、幸せになってほしい<br>・家族が好き<br>・酒が好き<br>・体調を改善したい<br>・母親に長生きしてほしい<br>・睡眠をとりたい<br>・妻を楽にさせたい<br>・社長になりたくない<br>・社会的に母親をちゃんとしたい<br>・ご飯を食べたい |

継続して勧める。

◉Iさん→息子の地域療育を検討するために保健師に相談する。／リフレッシュするために、「女将の会」に参加する。

◉Fさん→Eさんに替わり観光協会の役員を担う（信用を回復した場合は、社長に復帰）。

◉Gさん→義母にデイサービスセンターの利用を勧めるために、義母と一緒に施設見学に行く。女将代理で週二、三回旅館を手伝う（将来はダブル女将も視野に）

◉Hさん→新メニューを開発する。

### ［4］地域のSWOT分析

SWOT分析は、主に企業戦略を検討する際のツールとして用いられることが多いが、一部の保健医療福祉領域でも活用されてきた。自治体行政や病院経営分析から始まったが、筆者は二〇〇一年頃から市町村社会福祉協議会や福祉施設の経営、また地域活動計画の作成時のワークショップやCSW研修における地域アセスメントなどで使用している。また、精神障害者家族会や精神保健福祉に関する研修会などでも普及を兼ねて使用している。この事例でも、各グループが想定する地域をイメージしながら、SWOT分析を行った。

分析の展開方法は、⑴先にEさん家族が希望する「まちづくりの未来像」を話し合い、⑵①時間軸では、強みと弱みは現在のことである。機会と脅威は未来のことであるが、おおむね一〇年後を想定する。②空間軸では、機会と弱みはEさん家族が住んでいる小地域の範囲で、機会と脅威はEさん家族が住んでいる小地域を含む全市的な範囲である。この事例では小地域の設定がないので、T市全域を考えるため空間軸を用いていない。強み、弱み、機会、脅威の四領域でマトリックスを作成し、それぞれをクロスして分析する。③成長戦略（または積極的攻勢）とは、強みと機会をクロスし、強みをさらにパワーアップする積極的な攻勢である。④改善戦略（また

SWOT表

| | | |
|---|---|---|
| ◉まちの未来像<br>(1) 障害者、若者、高齢者、外国人など誰もが暮らしやすいインクルーシブなまち<br>(2) 誰でも訪れたくなる特徴ある文化観光都市づくり（旅館・ホテル、温泉、自然などの資源の差別化）<br>(3) 居住の場と障害者を含む雇用の機会を増やし、子育てしやすいまち<br>(4) 文化・芸術・スポーツ・情報振興の町 | ◉S (Strength)（強み）<br>S1 町会加入率93％と高い（地域のつながりがある）<br>S2 民協・社協活動が活発<br>S3 神社仏閣や名跡、伝統的な祭りなど観光資源が多い<br>S4 自然が豊かである<br>S5 温泉がある<br>S6 観光協会がある<br>S7 就労継続支援事業A／B型がある<br>S8 地域活動支援センターがある<br>S9 グループホーム等がある<br>S10 支援協議会が設立されている | ◉W (Weakness)（弱み）<br>W1 地域家族会の活動が弱い<br>W2 就労移行支援事業がない<br>W3 ホームヘルプサービスの利用が少ない<br>W4 精神保健福祉ボランティアグループが組織されていない<br>W5 精神障害者のSHGがない<br>W6 精神障害者が利用出来る資源が少ない<br>W7 支援協議会を設立するも、部会ごとの検討が進んでいない<br>W8 自然の豊かさを活かせていない<br>W9 住民が気軽に相談出来る場がない<br>W10 高齢化率が高い |
| ◉O (Opportunity)（機会）<br>O1 障害福祉・障害者計画が策定される予定<br>O2 精神障害者退院地域移行支援が始まる<br>O3 地域生活支援サービスの充実が期待される<br>O4 子育て世代が増える<br>O5 近隣の町との連携が進む<br>O6 外国人観光客が増える<br>O7 田舎暮らしを望む人が増える<br>O8 自然を活かしたイベントができる<br>O9 温泉と森林を活用した健康づくりをアピールできる<br>O10 東京オリンピック・パラリンピック | 成長戦略（積極的攻勢）<br>① 就労事業所でオリジナルなヒット商品を開発する。<br>② 障害者や子どもに優しいイベントを増やす（例えば、市主催で障害者スポーツやオセロ大会をする）。<br>③ 若い世代や外国人の居住者を増やすために、祭り、森の音楽祭、絵画カフェ、日本語教室、子育て支援教室などの資源を創る。<br>④ 高齢者を元気にする取り組みとして、ヨガ教室、無料共同温泉、健康体操、健康ランドを開設する。<br>⑤ 医療・介護の専門学校をつくる。 | 改善戦略（弱点強化）<br>① IT／AIを導入する。<br>② 観光スポットで障害者の活躍の場を創る。<br>③ エコツーリズムを広げる。<br>④ 多文化共生を進め、外国人の働く場を増やす。<br>⑤ 温泉つきの住宅を低家賃で提供する。 |
| ◉T (Threat)（脅威）<br>T1 今より高齢化・過疎化が進む<br>T2 森林整備が困難になる<br>T3 野生動物が増えて害がでる<br>T4 後継者不足になる<br>T5 町会加入率が減少する<br>T6 文化の継承が出来なくなる<br>T7 若い世代の観光客の減少（観光産業の衰退）<br>T8 空き店舗が増える<br>T9 障害者の就労の場が少なくなる<br>T10 自治体財政の破綻が心配 | 回避戦略（差別化戦略）<br>① 街中のカフェやサロンなど居場所を増やす。<br>② スポーツイベントの実施や自然環境の維持に高齢者がボランティアとして参加できる機会を創る。<br>③ 外国人向けのホームページを充実する。<br>④ 観光資源を増やし、障害者の働く場を開拓する。<br>⑤ 神社・仏閣でライブ演奏会、小演劇を行う。 | 改革戦略（問題回避）<br>① 自然を活かした農林業に取り組む。<br>② 温泉を活かした介護予防施設、グループホーム、カフェを開設する。<br>③ 施設の複合化を図り、効率的なサービスを整備する。<br>④ 観光協会主催で婚活行事を行う。<br>⑤ 市の助成により、空き店舗を障害者や外国人に開放する。 |

は弱点強化）とは、弱みと機会をクロスし、弱点を強化する戦略である。⑤回避戦略（または差別化戦略）とは、強みと脅威をクロスし、強みを活かして脅威を少なくする戦略である。⑥改革戦略（または問題回避）とは、弱みと脅威をクロスし、最悪の事態を避けるための方策を練る戦略である。(3)このクロス作業で戦略を幾つか抽出する。

ＳＷＯＴ分析作業は一グループ六から八名で行う。その際、あまり順番や優先度は気にせず、思いついたものをどんどん書き込み、出てきた項目数が多くなれば後で入れ替える。表はあるグループが実施した結果である。

**［地域ケアシステムの構築］**

Ｅさん家族の支援経験を基に、Ｔ市保健センターに勤務するＳ精神保健福祉士が地域資源づくりを地域自立支援協議会に提案した。参加者は、Ｙ精神保健福祉士のほかに、町内会会長、観光協会会長、精神科クリニックの作業療法士、市の保健師と障害福祉課職員、市社会福祉協議会ＣＳＷ、民生委員児童委員、特別養護老人ホーム理事長、地元公民館館長、元地元中学校の先生、農業協同組合役員など一五名である。その結果、関係者からさまざまな意見が出て、三回目の会議でようやく次のような地域資源づくりと事務局の設置がまとまった。

**資源名**／魔法のじゅうたん舎アラジン

**経営理念**／心の病や障害のある人の生活支援

**主な事業**／当面は心の病や障害のある人に役立つ身近な情報や一口知識、体験記などを掲載した通信誌（音声案内つき）を発行する。将来は、できる事業から始めるが、ボランティアによる見守り活動や介護の補助的な協力、障害者のためのふれあいの場、子どもの学習支援、障害者の就労先の開拓などをする予定。

**経営形態**／当面は社会福祉協議会に準備室を設置するが、一、二年後には住民主体のＮＰＯ法人を立ち上げる。

**経営方針**／非営利団体として活動するため、設備投資にできるだけお金をかけないで運営する。そのため、協力会員を募る。市に財政補助をお願いする。

**連携したい相手**／［フォーマル］管理組合、自治会、民生委員児童委員、社協、市障害福祉課、市保健センター、子ども家庭支援センター、医療機関、観光協会、農業協同組合、地元の大学。［インフォーマル］女将会、子ども応援クラブ、若者倶楽部、在日外国人の会、地元商店街。

## 4 ストレングス・リング

これまでの筆者の支援経験から得た実践知識は、①ピンチはチャンス、②断ることも時には親切、③包括的な視点から未来のゴール設定を援助する、③クライエントの希望を理解する、④希望が実現するまでの手順を考える、⑤ストレングス・リングを発見する、⑥適切な機会と人の支え、⑦チームアプローチの強さを実践で理解する、⑧正しい援助はないが、適切・不適切な援助はある、などさまざまある。

その中で、未だ十分に説明できていない概念が「ストレングス・リング」である。ここで少し考察したい。ストレングス・リングの着想の源は、筆者の子どもの頃の体験である。父は焼き魚を食べるときに、箸を使って尻尾を挟み、にしんから細かく柔らかい骨を一瞬で引き抜き、ニコリとする。子どもたちは何度挑戦してもできない。山に行って、野生のわさびを採るときも父は不思議な「術」を使う。土を少し除けただけで、根っこを残すことなく一気に引き抜くのである。筆者は何回練習してもできない。

さて筆者も大人になり、精神障害者支援の仕事をするようになり、なぜか援助が凄く上手くいくときがあることに気がついた。金脈を掘り当てた気分である。綿密に計画された援助ではなく、むしろ直感的な援助が功を奏する。この直感を法則や技術のように定式化できないかといつも考えてきた。

この援助を言語化できないまま月日が経ち、二〇〇六年、沖縄の宮古島に来た時に「地下ダム」の話を地元の教育委員会の人たちから伺った。島の居酒屋でオトーリをしながら、職員たちは、「ダムのない時代に宮古島には水がなかった」と言う。不思議に思って質問すると概略このような話である。

宮古島の表土の下は琉球石灰岩と呼ばれる地質で、サンゴ礁の屍骸のようにスカスカで水を通す土壌が数十メートル堆積しており、その下は島尻泥岩層という水を通さない地質でできている。台風の通り道で降水量は多くても、雨水はそのスカスカな地層を通って流れだし、海水と混じり、地表で利用できる真水がない。用水が確保できないため農業は慢性的な水不足で、多くの島民は沖縄本島や本土に出て行くしかなかった。宮古の島人は沖縄でも一番貧乏だった。そこに現れたのが「救いの神」である。昭和三十八年に宮古製糖がハワイからジョン・F・ミンク技師を招聘し地質調査をしたところ「ここは宝の山だ！」と叫んだ。粘り強い交渉もあって、農林省から黒川睦生技官が派遣され、本土復帰後の一九七五年から、川のない宮古島に地下水をせき止めるための壁（止水壁）建設の工事が開始された。実験用の「皆福地下ダム」が一九七九に完成し、そのデータから巨大な福里地下ダムが完成した。今では宮古島で採れるマンゴー、パパイヤを始め、サトウキビもゴーヤも豊作で島人も徐々にUターンし、本土からのIターンも多い。宮古島では、地下ダムに感謝して毎年水祭りが行われている。

話を聞いていた時は「地下のダム」をイメージできなかった筆者は、教育委員会の案内で翌日その「地下ダム」を見学した。そこには資料館があり、職員が丁寧に地下ダムの工事について説明してくれた。

その時、パネルのダム工事の写真を見て、筆者は「ストレングス・リングだ！」と叫んだのである。

今まで宮古島に水がない（溜まらない）ことが諸不幸の源であった。島に降った雨が海水と混じるのは、地中で島と海に境界がないからだった。地下に長大なコンクリート壁を建設し、その境界を造る地下ダム工事の写真では、丸いリングのように島と海を隔てる壁ができていたのである。

……エピソードが長くなったが、「ストレングス・リング」は筆者が「ウィークスト・リング（鎖の最も弱い環）」をもじった造語である。鎖の強さは最も弱い環の強さによって決まる。最も弱い環を壊せば鎖は切れる。「ストレングス・リング」は逆に、鎖の中の最も強い輪を見つけ出すことである。

宮古島の地下ダム建設は、この地域の豊富な降水量を利点として活用できるようにし、地上のダムのように水没する土地もなく、用水問題の解決から雇用問題の解決、新たな産業の育成へとその良い影響が連鎖的に拡がっていった。クライエントや地域のストレングスをアセスメントしていると、たくさんのストレングスを探し当てることができる。ストレングスアセスメントはクライエントと協働で進めていくが、困るのは、ストレングスが多く、何を活用するのがよいのか、何を優先する必要があるかでケアプランがなかなか作成できないことである。その時に最も強いストレングスを取り出すことができれば、局面を一変する変化を創ることができる。逆に言えば、支援者がうまくいっていると感じる支援とは「ストレングス・リング」をつかまえることができた支援である。それはたった一つでいいのである。

精神障害の当事者で心理学者でもあるパトリシア・ディーガンは、『ストレングスモデル』に序文を寄せ、以下のように述べている。

……著者たちは、私たちに明らかな変化が生じることを伝える。「影響の広がり」が起こっていると。まるで一つのストレングスに焦点を当てることで、意義と目的のある新しい生活を作りながら、自分自身の持つストレングスが外へ放たれ始めるようだ。

（ディーガン、二〇一四）

ストレングスモデルは、その人が持つストレングスが最良のかたちでその人の望む目標の達成に活かされることを支援する実践である。ストレングスが活用され、目標達成の経験の中でクライエントが成長していけば、問題や生活課題はその「影響の広がり」のなかで軽減されていくだろう。ストレングス・リングの発見は、そのような一点突破型の支援の要である。

筆者はさらに、群馬大学の江熊要一や湯浅修一らが一九六〇年代に開発した生活臨床の理論も思い起こした。よく知られているように、生活臨床では、異性に関すること（色）、金銭や損得に関すること（金）、学歴・地位・資格に関すること（名誉）、健康に関すること（身体）を生活特徴（指向する課題）と考え、そのどれか特定の一つの要素が刺激される出来事に遭遇し、その課題で失敗したとき、病状に大きな変化をもたらす再発要因（アキレス腱）となるとした。そのため、援助では再発に至った要因は何かと原因を突き止めることに焦点を合わせ、指向する課題を先取りしたり、抑制したりする援助はあっても、クライエントの望みに目が向かなかった。

しかし、よく考えてみると、それらの生活特徴はクライエントの望みでもあり、成長や変化をもたらすストレングス・リングでもある。その意味で生活臨床の再解釈が必要である。伊勢田堯、小川一夫、長谷川憲一らは「希望」を軸に生活臨床の復権をめざしていることを最後に述べておきたい。

［参考・引用文献］

伊勢田堯・小川一夫・長谷川憲一編著『生活臨床の基本』日本評論社、二〇一二年
ディーガン、パトリシア「序」（ラップ／ゴスチャ（田中英樹監訳）『ストレングスモデル――リカバリー志向の精神保健福祉サービス［第三版］』金剛出版、二〇一四年

第II部

# 精神障害
# リハビリテーションと
# 精神保健福祉学

# 第5章 精神障害リハビリテーションの概念

## 1 リハビリテーションの語源

本章では精神障害リハビリテーションの本質的特徴や基本的な構成要素を包括的に把握することを主題とする。論考のはじめに、まず英語に由来するリハビリテーションの語源的意味から見ておきたい。リハビリテーションの語源は、ラテン語のhabilis（形容詞）を語幹に接頭辞reを前接続し、名詞形に整えた合成語である。その意味は、「再び適した状態にすること」にある。中世のヨーロッパでは、「ガリレオのリハビリテーション（名誉回復）」「（身分上ないしは宗教上の）破門の取り消し」のように、リハビリテーションは本来「身分・地位・資格・権利・名誉などの回復」という全人間的復権を意味する広い概念として用いられてきた。各国により訳語の違いは若干見られるが、広義の用語とその意味は世界共通である。

医療分野や障害者に関してリハビリテーションの語が用いられるようになったのは近代になってからであり、一九一四〜一八年の第一次大戦、一九二九年の世界大恐慌以降の医学と職業施策からである。これにより、リハビリテーションは狭義には病気や事故などによって何らかの障害を被った人間を、再び人間たるにふさわしい状態に戻すための援助技術の体系として理解されるようになってきた。その後、第二次世界大戦を経て発達したリハビリテーションは各国に普及を見ることになる。精神障害者領域では、先進各国で見られる脱施設化によってその実体が現れはじめた一九六〇年代以降の人権価値の回復と創造を基盤とした新しい理念であり、サービスであり、アプローチである。

## 2 代表的な定義

次に、精神障害リハビリテーションを明確に規定し、説明する手続きである定義を検討する。精神障害リハビリテーションの概念モデルは、言うまでもなくリハビリテーションそのものの概念に準拠している。WHOは、リハビリテーションを一九六八年に次のように定義した。

「障害の場合には、機能的能力を可能な限りの最高レベルに達するように、医学的、社会的、教育的、職業的手段を併せ、かつ、相互に調整して、個体を訓練あるいは再訓練することである」。この定義は、リハビリテーションを「機能回復訓練」と狭く理解する過小適用を生みやすいが、今日の主要なリハビリテーションの四分野を明らかにし、基本要素に訓練があることを抽出している。イギリスの精神科医ベネット（Bennett, D.）（一九七八）は、リハビリテーションを「身体的、精神的に障害された人が、可能な限り普通の社会的枠組みの中で、残っている能力を最適な段階で最大限に使用できるよう援助する過程」と定義した。この定義では、ノーマライゼーション（normalization）に大きな影響を受けて、「普通の社会的枠組み」と「社会的役割機能」が重視されている。

さて、国連は一九八二年の「障害者に関する世界行動計画」の中で、「リハビリテーションとは、身体的、精神的、かつまた社会的にもっとも適した機能水準の達成を可能にすることによって、各個人が自らの人生を変革していくための手段を提供していくことを目指し、かつ、時間を限定したプロセスである」ことを定義した。この改訂された定義によって、機能的能力は「身体的、精神的、かつまた社会的にもっとも適した機能水準の達成」と明確化され、「各個人が自らの人生を変革していくための手段」と、リハビリテーションの主体は障害のある人自身であることが明らかにされた。また、「時間を限定したプロセス」とリハビリテーションの適用を期間で限定した。これにより、リハビリテーションの過大適用と拡散を防ぎ、環境の改善自体は「機会均等」に含まれることになった。

それでは、精神障害リハビリテーションの性格や構成要素なり特性はどのようなものであろうか。まず、定義から検討してみよう。イギリスのウィングとモリス（Wing, J.K. & Morris, B.）（一九八一）は、精神障害リハビリテーションを「精神障害に伴う重度の社会的原因を明らかにし、予防し、最小にすると同時に、個人が自らの才能を伸ばし、それを利用して、社会的役割の成功を通して自信と自尊心を獲得するのを助ける過程である」とし、社会的役割の強化を中心に、障害をアセスメントし、残った能力を活性化し、自信を得させて、失われた機能や社会における生活能力を具体的に回復させる過程という機能的なとらえ方を基本としている。

一方、アメリカのアンソニー（Anthony, W.）ら（一九九〇）は「精神科リハビリテーションの使命は、長期精神障害を抱える人々の機能回復を助け、専門家による最小限の介入で、彼ら自身が選択する環境において落ち着き、満足するようにすることである」として、本人の技能開発（個人的社会生活技能の増進）と環境面での支援助開発を二大介入として重視した。

これらの代表的な定義に対して、ワッツとベネット（Watts, F.N. & Bennett, D.）（一九九一）は、「リハビリテーションの成功の基準は、個人が可能な限り最高の適応を達成することであり、それは著しい生活能力の改善によるものであっても、そうでなくてもよい」とし、伝統的な「生活能力の改善」というリハビリテーション目標に新しい視点である環境の改善目標も導入した。ヒューム（Hume, C.）（一九九四）は、「リハビリテーションとは、ある人が能力障害を抱えながら適応していくのを援助していく過程である。（…）障害の性質によって、リハビリテーションの焦点の置きどころが定まる」「リハビリテーションの主な目標は、その人が心理的、社会的、身体的、経済的に最大限の自立を達成できるようにすることである」として、リハビリテーションの目標を「改善」から「適応」にシフトさせている。リハビリテーションの目標が「適応」であれば、それは「訓練」より広い意味での対応である社会的支援が機能しなくてはならない。

これらの代表的な定義を受けて、筆者は精神障害リハビリテーションを仮に次のように定義しておきたい。

——精神障害リハビリテーションとは、精神障害を対象に、精神障害のある人の参加を得て、その人と状況の最大限の再建をめざして有期限で展開される、一連の訓練と支援を中核とした技術的かつ社会組織的な方策をいう。

## 3 「精神障害」と「精神障害のある人」

この定義をいくつかの角度から解説することで、精神障害リハビリテーションの意味内容と適用範囲を考察する。まず、「精神科」と冠せず、「精神障害」とした理由から述べる。その第一は、「精神科」が従来の医学モデルに区分された領域である専門科目を直接表す用語であり、かならずしもこの分野に関わる支援者たちの共通領域ではないことによる。第二に、精神障害（mentally disablement）と精神障害のある人（a person with mentally disabled）を区分することによって、障害者福祉との混同を避け、リハビリテーション概念の過大適用と拡散を防ぐねらいによる。精神障害リハビリテーションは包括的な概念であり、治療と生活支援の双方に密接なつながりを持つが、厳密な概念規定には、リハビリテーションと治療および社会福祉（障害者福祉）との違いという確認作業が必要である。その違いは三者の対象規定で区分できよう。つまり、治療は「疾患」に、リハビリテーションは「障害」に、社会福祉は「生活ニーズ」に対応した方策であるという区分である。治療は病理に着目し、その目標を治癒ないし症状の軽減緩和においている。そのため、病因 etiology－病理 pathology－発現 manifestation という過去のプロセスまで焦点をあてる。その結果、臓器別診断と治療が組み立てられ、専門化、細分化が高度に発達してきた。しかし、リハビリテーションは治療に関心があるのではなく、適応に関心を持つアプローチである。それは過去のプロセスではなく、未来につなげる現在を焦点とする。したがって病理性への関心よりも、健康な側面や肯定的な能力を強調する。もちろん、医療から捉えたリハビリテーションは「医療の第三相」であり、「復権の医学」である限り、互いに補完し合う関係にある。

一方、社会福祉に代表される社会サービス全般ともリハビリテーションは異なる。社会福祉は生活者としての生活困難に対する社会組織的取り組みである。生活困難の原因は必ずしも障害とは限らず、病気でも貧困でも他のさまざまな原因からも起こりうる。障害者福祉を「障害者が社会生活を送る上での基本的な生活ニーズを充足するための社会的方策努力」と定義すると、障害と障害のある人との区分は理解されやすいだろう。もちろん、精神障害リハビリテーションの目的は、精神障害のある人が地域で最適の自立レベルでの適応を実現することを促進することにあり、精神障害リハビリテーション概念にとって、障害のある人々への自立支援と社会への統合を目的とする障害者福祉はその外延に接合し、治療と同様にお互いが支え合っていることも事実である。なお、私たちの学会名を「日本精神障害者リハビリテーション学会」と呼称したのは学問的な規定という意味においては厳密ではないが、「精神疾患による障害を有し、社会的援助を必要とする人」を対象とするという実践領域での規定からである。

## 4 対象としての「障害」への着目とアプローチ

今村義典（一九八九）が述べるように、「リハビリテーションの理念が障害に対して身体的、心理的、社会的、経済的目的によって施行されている」ことは、これまで述べてきたように共通認識として受け入れられよう。それでは、精神障害とは何か、その解明が次に重要になる。おおよそ精神障害の特徴は、それが非可視的で直接観察されないことや、非固定（可変性）であること、疾病との併存（慢性障害）であることが理解されている。ウィング（一九七八）の精神障害モデルでは、①一次性（内在性）障害／疾病自体がもたらす症状や臨床的障害、②二次性障害／一次性の障害の結果、本人にもたらされる否定的な個人の反応、③三次性（外因性）障害／もたらされた社会的障害、と、そのレベルを三次元に区分した。何らかの認知障害や陰性症状、再発のしやすさ、適応能力の脆弱性などと共に、生活のしづらさが、社会関係からの疎外状況、心理的社会的障害にあることも指摘している。

WHOのICIDHは、機能障害（Impairments）、能力障害（Disabilities）、社会的不利（Handicaps）を明らかにし、上田敏はそれらに加え、「体験としての障害（Illness）」を明らかにし、障害者本人への主観への反映を構造化したモデルを提起した。これらに対応するアプローチは異なり、治療的アプローチ、代償的アプローチ、環境改善・改革的アプローチ、心理的アプローチと整理されている。改正作業中のWHOのICIDH－2（ICF）では、障害の持つ否定的ニュアンスから中立的ないし肯定的表現に置き換え、障害のある人の主体性や環境の役割を強調したモデルになることが明らかにされている。いずれにせよ、障害は重層的な構造を持つものであり、そうした構造的理解が基本となっている。その意味で、障害は個人の属性ではないことも明らかである。障害の本態は谷中輝雄や臺弘の言葉を借りれば「生活のしづらさ」にある。だとすれば、しづらくしている原因を個人の病理やパーソナリティだけに求めるわけにはいかない。結果としての活動制限や周りの環境・生活条件にも起因しているからである。したがって、精神障害リハビリテーションは、全体としては精神障害のある人とその取りまく環境の双方向への働きかけ、訓練と支援の相互補完を必要とする。

## 5 精神障害リハビリテーションの展開

このように、精神障害リハビリテーションの展開は、障害の構造的把握に基づいた障害への理解と解明、各レベルへのアプローチが基本として展開されている。特に近年の傾向は、障害を治療限界としての「欠損」としてではなく、環境との関連で捉え、個人と社会環境との力動的な相互作用と考える見方が強まってきた。思想としての「全人間的復権」以降は、ノーマライゼーションや自立生活運動などの影響もあり、障害のある人の主体的な参加と行動をリハビリテーション概念に内包するようになってきたのである。

これにより、たとえばＡＤＬ（Activities of Daily Living／日常生活動作）自立からＱＯＬ（Quality of Life／生活の質）向上への変化がリハビリテーション目標にもたらされた。コンシューマー中心主義に代表される新しい動向は、国際的に「生活モデル」を基盤とした「心理社会的リハビリテーション」を押し出してきている。動機（motivation）の形成、対処技能（coping skill）を高めること、セルフ・エスティーム（self-esteem／自尊感情）の重視など回復過程に重点を置いた個人へのアプローチと共に、生活環境の調整や社会的支援の形成などに重点を置いた環境へのアプローチが重視されるようになってきた。これらのアプローチは精神障害リハビリテーションの主体形成を促進し、精神障害リハビリテーション理念にリカバリー（recovery）とエンパワメント（empowerment）を新たな哲学的基盤として加えることになった。リカバリーとは、「人生の破局的な状況から、生活の主体者として病気や障害をかかえながらも社会的に再生・再構築すること」を意味する。また、エンパワメントは、「利用者が自ら関わる問題状況において生活主体者として自己決定能力を高め、自己を主張し、生きていく力を発揮していくことを促進する過程」を意味する。

このように見ると、精神障害リハビリテーションは明らかにその守備範囲が広がってきている。個人のレベルの変容（パーソナル・エンパワメント）と環境のレベルの変容（コミュニティ・エンパワメント）という双方向への働きかけをますます必要としている。今日言われる主要な四つの分野（医学的リハビリテーション、教育リハビリテーション、職業リハビリテーション、社会リハビリテーション）の統合的実践（トータル・リハビリテーション）が一層重視されてきている。

精神障害リハビリテーションのマクロ的な展開は以上であるが、よりミクロ的には先にふれた通り無期限に展開される実践ではない。またその守備範囲も、国連が「障害者に対する世界行動計画」で示したように、予防や機会均等化と区分される領域を受け持つ。したがって、精神障害リハビリテーションは、精神障害のある人の現存能力の維持強化、社会的能力や環境への働きかけなどによってリカバリーとエンパワメントを促進する機能を持つが、その機軸となるのは一連の訓練・教育・支援の技術とプログラムに依っている。そのため、精神障害リハビリテーション過程には、評価・計画・介入・管理（モニタリング・事後評価を含む）が備わっていなければならない。精神障害リハビリテーションは、基本要素として、その価値基盤・目標・プロセス・期間・サービス・プログラム・方法技術などをより精密化していく課題を有している。

## 6　むすび

故・砂原茂一は、「リハビリテーションは分割しがたい一人の人格としての障害者に対する全人間的接近である」と言ったが、それには学問においても、実践においても一層の実証性と実践性が問われている。換言すれば、学際性とチームアプローチが精神障害リハビリテーションの命綱である。精神障害リハビリテーションサービスは、多様なサービス供給機関やフォーマル／インフォーマルケアの拡大と障害者本人、ボランティアを含む「機能的専門家」の増大と、地域ごとのネットワーキングによって、精神障害のある人の生活の質を問う新たな段階を迎えようとしている。精神障害リハビリテーションは、障害のある人々と異なった専門家たちと多様な非専門家たちの三者の協働作業であることを本質的特徴とした総合的実践である。

［文献］

アンソニー、W／コーエン、M／ファルカス、M（高橋亨、浅井邦彦、高橋真美子訳）『精神科リハビリテーション』マイン、一九九三年（原書刊行一九九〇年）
今村義典「臨床医学としてのリハビリテーション」総合リハビリテーション、一七巻一号、二頁、一九八九年
ウィング、J・K／モリス、B編（高木隆郎監訳）『精神科リハビリテーション――イギリスの経験』岩崎学術出版社、一九八九年（原書刊行一九八一年）
シェパード、ジェフ（斉藤幹郎、野中猛訳）『病院医療と精神科リハビリテーション――英国における歴史的展開』星和書店、一九九三年（原書刊行一九八四年）
日本障害者リハビリテーション協会編『リハビリテーションの理念と実践――二一世紀へのメッセージ』エンパワメント研究所、一九九七年
ヒューム、C／プレン、I編著（丸山晋他訳）『精神保健リハビリテーション』岩崎学術出版社、一九九七年（原書刊行一九九四年）
ワッツ、F・N／ベネット、D・H（福島裕監訳）『精神科リハビリテーションの実際①／②』岩崎学術出版社、一九九一年（原書初版刊行一九八三年）

# 第6章 思想史としての精神障害リハビリテーション

## ――はじめに

リハビリテーションは近代医学の産物である。それは二〇世紀の二度の世界大戦を契機に、傷病兵という欠損労働力の修理から始まった。同時にリハビリテーションは、労働能力のない貧困者の一員である障害者・病者対策という歴史文脈から述べるならば、一九二九年の世界大恐慌以降の近代社会保障の産物でもある。しかし、精神障害者に関する戦後のリハビリテーションは、ナチスが進めた大虐殺である「最終的なリハビリテーション計画」(ギャラファー、一九九六)への反省から始まっている。ヒトラーの時代のドイツは、フランシス・ゴルトン(Francis Galton 1822-1911)に代表される社会的ダーウィン主義を極限まで推し進め、リハビリテーションさえ葬り去ろうとしたのである。その意味で、今日の精神障害リハビリテーションは近代の人権思想を出発点としている。上田敏は『リハビリテーションの思想 第二版〔増補版〕』の序で、リハビリテーションとは「『人間らしく生きる権利の回復』すなわち『全人間的復権』であり、過去の生活への復帰であるよりもむしろ『新しい人生の創造』なのだ」（上田、二〇〇四）と述べ、根源をなす思想の重要性に触れている。

ここでは精神障害リハビリテーションを中心に、その発展を促してきた思想、つまり精神障害のある人々の生活と人生の再建を目的とし、障害に対応した総合的な援助科学であり実践であるリハビリテーションの価値を磨く考え方（思想）を歴史的に鳥瞰することで、今日の思想史的到達点、そして精神障害リハビリテーションを支えるあるべき未来理念に迫ってみたい。

## 1　リハビリテーション前史の障害者

障害者に対する社会認識と対応が歴史的に変遷してきたのは自明の事実である。砂原茂一はその段階を大きく三期に分けて、第一期の無視と排除、第二期の憐憫と慈善を経て、第二次大戦後「ようやく人権の主張の時代に到達した」（砂原、一九九七）と述べている。しかし、少なくとも日本では、人権思想が単なる理念的宣言の段階から政策やサービスに具現化してきたのはつい最近の事柄である。

第一期の無視と排除の時代、古代ギリシャでは、哲学者プラトンが「国家篇」の中で、ソクラテスがグラウコンに語らせる手法で次のように述べている。「すぐれた人々の子どもは、その役職の者たちがこれを受け取って囲い（保育所）へ運び、国の一隅に隔離されて住んでいる保母たちの手に委ねるだろう。他方、劣った者たちの子どもや、また他方の者たちの子で欠陥者が生まれた場合には、これをしかるべき仕方で秘密のうちにかくし去ってしまうだろう」（プラトン（田中・藤沢訳、一九七六））。江草（一九八八）によれば、同様のことはスパルタのリュクルゴス憲法にも規定されており、子どもは種族の長老の前で市民としての適格性について検査され、虚弱や障害のある子どもの場合は、不適格者として河や森に追放、遺棄することを定めていたという。この時代の障害者は呪われ、無益なものとして山に捨てられ、厄介者としてその人権はまったく認められていなかった。古代、人間以下の価値とは、家畜、奴隷、障害者であった。

今日では、砂原（全人間的復権）や上田（リハビリテーションの思想）が繰り返し強調するように、リハビリテーションは「身分・地位の回復」「破門の取り消し」「無実の罪の取り消し」「名誉回復」「犯罪者の社会復帰」など、総じて権利や身分・名誉の回復を意味する用語として理解されている。しかし、問題はそうした身分や名誉を回復するリハビリテーションの担い手もしくは主体が誰であったかである。中世のラテン語であるリハビリテーションの語源つまり、「再び（re）適する状態（habilis）にすること（ation）」とは、「人間」が「その社会に「適応」する意味であった。リハビリテーションは他動詞である「リハビリテード（re-habilitate）」の名詞形であり、その対象である障害者はリハビリテードされる客体の位置から出発した。

よく例に出される、中世ヨーロッパにおける「破門取り消し」の意味も、中世ヨーロッパの魔女狩り裁判での「名誉回復」も同じであった。「ジャンヌ・ダルクのリハビリテーション」つまりオルレアンの少女ジャンヌ・ダルクは、一四三一年五月三〇日に宗教裁判で火刑となるが、魔女であるという無実の罪の宣告と破門の取り消しで「名誉回復」したのは彼女の死後、シャルル七世によって命じられた再審査勅命による「復権の裁判」（一四五六年七月）によってであった。彼女の死後五〇〇年を経て一九二〇年には法王ベネディクトゥス一五世によって聖徒の列に加えられ、今日では国家的祭日となっている。ガリレオ（一五六四‐一六四二）の場合も同じであった。法王パウルス五世時代一六一六年の第一次宗教裁判で地動説の放棄を命じられ、一六三三年の第二次宗教裁判では異端誓絶、アトチェトリで幽閉される。法王ヨハネス＝パウロス二世によって教会がガリレオの宗教裁判を見直し、法王庁がこの裁判の誤りを宣告して破門を取り消されたのは彼の死後三五〇年も経った一九八〇年のことである。長い間、専制君主がいったん剥奪した臣下の身分を回復することに見られるように、教会をはじめ社会の絶対的権威・権力がリハビリテーションの裁量権を独占していたのである。一七世紀イギリスのエリザベス救貧法および一九世紀の新救貧法時代も同じである。精神障害者を含む障害者は労働能力により選別され、「恐怖の家」である救貧院への収容、ワークハウス（労役場）や出身地である教区内での居住の自由しか得ることはできなかった。中世では、精神障害者が人間の一員に認められていなかったばかりか、「社会適応」は「放置」「施し」「迫害」の制約から自由になることを意味したものではなかった。第二期の憐憫と慈善の時代を含めて総じて一九世紀末までの精神障害者は、慈善事業を含め、貧困者の一員としてその「救貧対策」がとられていたにすぎない。

## 2 リハビリテーション思想の歴史的蓄積と転換

二〇世紀の二つの世界大戦が、救貧対策以外の障害者施策やリハビリテーションを発展させた契機になったのはよく知られている通りである。アメリカでは、第一次世界大戦を契機にして、一九一六年には、退役軍人の職業訓練のための「国防法」が、そして一九一七年には、農村から都市へ移住する労働者の職業訓練を目的に「スミス・ヒューズ法」が制定された。この年、作業療法士の組織化に続いて一九一八年には、「スミス・シアーズ退役軍人リハビリテーション法」が制定された。これは「再び現役復帰する」ための傷痍兵対策としてのリハビリテーションであった。世界的にも第一次世界大戦の「負傷兵」つまり「国の英雄」に対する社会復帰としてのリハビリテーション（機能回復訓練・職業訓練）が傷痍軍人から始まったが、アメリカではすでに一九二〇年には理学療法士協会の設立があり、一九一八年法も一九二〇年に障害者の職業的自立を促進するための市民職業リハビリテーション法（スミス・フェス法）に改正されている。これにより傷痍軍人だけでなく一般の障害者や労災者にもリハビリテーションの適用範囲を広げ、補装具の給付、カウンセリング・プログラム、職業斡旋を含む職業リハビリテーションがなされるようになった。この法律は、全米リハビリテーション協議会の示したリハビリテーションの定義に沿って一九四三年に改正され（バーデン・ラフォレ法）、職業リハビリテーションを基本にしながらも医学的リハビリテーションがつけ加えられている。日本では、一九〇六年の日露戦争時は「廃兵」扱いに過ぎなかった位置から、一九三一年の満州事変以降は「傷痍軍人」に対するリハビリテーションがスタートし、一九三九年には軍事保護院が設立され、傷痍軍人に対する医療、生活援護と共に職業リハビリテーション（訓練、職業補導）が行われるようになった。また、障害児領域では、一九二一年に松倉松蔵による柏学園、一九四二年の高木憲次による整肢療護園など、肢体不自由児療育施設の中からリハビリテーション医学も発展してくる。この間、一九二九年には救護法の制定により、「障碍者」も初めて貧困者救護の対象とされるが、しかし多くの障害者は依然リハビリテーションの対象外とされ、優生思想を背景とした一九四〇年の国民優生法や「矯正」思想の枠内で扱われたにすぎなかった。

第二次世界大戦後のリハビリテーションはどうであろうか。リハビリテーションは傷痍軍人対策から次第に戦傷した国民一般の職業的自立に拡大している。障害者のリハビリテーション関連の法律はアメリカ以外のヨーロッパにも普及し始めたが、日本では「更生」「社会復帰」がリハビリテーションの訳語として使用され、好ましくない状態を改善し、元の好ましい状態に戻すという限定的意味が込められていた。この「好ましい」「好ましくない」の価値尺度には当時の「社会価値」や「労働力」が使われている。つまり、自活の可能性のある人を、またはその対象者が社会に迷惑をかけないよう、再教育・矯正・訓練する意味で、これらの用語には「指導」が続くというリハビリテーションの他動詞的性格には変わりがなかった。

一方、アメリカでは第二次世界大戦後にリハビリテーションに大きな変化がうまれた。リハビリテーション医学技術の進歩があって、一九四七年にはリハビリテーション専門医制が発足しているが、これには一九四五年の日常生活動作（活動）（Activities of Daily Living: ADL）概念の登場が大きく貢献している。当時、「生命」の視点とその治療が最優先されていた医学の世界に「生活」の視点を持ち込むことで、リハビリテーションの固有性を確立させたからである。ＡＤＬは、アメリカの医師ジョージ・ディーバー（Deaver, G.）と理学療法士のエレノア・ブラウン（Brown, E.）が提唱し、ニューヨーク大学のラスク（Rusk, H.A.）やロートン（Lawton, M.P.）が発展させたが、一九七六年にリハビリテーション医学会評価基準委員会は、ＡＤＬの概念を身の回りの活動に限定し、家事など応用動作はＡＰＤＩ（Activities Pararel to Daily Living）と区別することになった。いずれにせよこれが、専門家主導のＡＤＬの評価と訓練、職業スキル訓練の発達というリハビリテーションの技術的基盤をもたらすことになった。

## 3 今日のリハビリテーションを方向づけた二つの思想

さて、第二次世界大戦後のリハビリテーションが一九四八年の国連における世界人権宣言を基調としていることは間違いないであろうが、その具現化は必ずしも一足飛びではない。たとえば、日本で一九四九年に制定された身体障害者福祉法で見ると、その目的は障害者の「更生」に置かれているように、リハビリテーションの限定および他動詞的性格は一貫したままである。一九六〇年の身体障害者雇用促進法でも、職業的自立に限定されたリハビリテーションという基調は変わらないままであった。一九七〇年代に入ると、リハビリテーションは医学技術の発展に促されるように市民権を得ていくが、リハビリテーションの対象から外れた重度の障害者は収容施設でのケアという別コースが用意され、入所施設が次第に増加していった。

日本における人権思想とリハビリテーションの結びつきの具現化は、国際障害者年を契機とする一九八〇年代まで待たなければならなかった。

新しいリハビリテーションの考え方には二つの思想が貢献している。第一に、ノーマライゼーション思想の登場である。ノーマライゼーションはナチスのユダヤ人らに対する「隔離・収容・絶滅」と知的障害者への「隔離・収容・断種」にみる思想的共通性への抵抗概念として登場した。ユトランド半島の田舎町、デンマークのスキャンで生まれた「ノーマライゼーションの父」（花村、一九九四）と称されるバンク＝ミケルセン（Bank-Mikkelsen, N.E.）は、第二次世界大戦中の学生時代から「団結デンマーク」の記者としてナチスに対するレジスタンス活動に身を投じ、約半年の間強制収容所に入れられ、戦後の釈放後、デンマーク社会省に就職（知的障害福祉課担当官）している。デンマークでは、一九五一年に知的障害児の親の会が発足し、一九五三年には国に対する知的障害者の処遇改善に関する要望書を提出する。その草稿にバンク＝ミケルセンはボランティアの立場で関わり、「ヒューマニゼーション」「ヒューマン・リレーション」「イクォーライゼーション」などを検討した上で、要望書のタイトルを「ノーマライゼーション」（デンマーク語では「ノーマリセーリング」）とした。ノーマライゼーションとは、「障害者の生活条件を、可能な限り障害のない人と同じ条件にすること」「障害者の生活を普通の人の生活に近づけることを保障すること」であり、障害者をノーマルに、つまり非障害者にするという意味ではない。障害者の生活の条件をノーマルにするという実質的平等、障害者の社会統合を内容としたものであった。当時の知的障害者施設は一五〇〇床を超える隔離されたコロニー型入所が基本であり、それはヨーロッパ、アメリカも同様であった。このノーマライゼーションという考え方は、デンマークでは一九五九年（知的障害者）法で直接に実を結び、北欧を経て全世界に発信された。国連の「知的障害者の権利宣言」（一九七一年）、「障害者の権利宣言」（一九七五年）そして一九八〇年の「国際障害者年行動計画」と続く「国連・障害者の一〇年」(一九八三年から一九九二年)など、リハビリテーションはノーマライゼーション思想に大きな影響を受けていくことになった。なおこの理念は、インテグレーションやメインストリーミングなど障害児教育の分野でさらに発展していくことになった。日本では、雑誌「愛護」が一九七四年に初めてノーマライゼーションを紹介するが、本格化は一九八〇年以降であった。

もう一つ、今日のリハビリテーションに大きな影響を与えた思想は「自立」概念の転換である。当時の「自立」概念は、職業的自活という意味での自立、またはADLという身辺的自立に限定されていたため、そのどちらの目標からも排除された重度障害者の自立はリハビリテーションの対象外であった。一四歳で小児麻痺、呼吸障害など重度障害を抱えたエド・ロバーツ(Edward Verne Roberts 1939-1995)らアメリカ・カリフォルニア州の重度障害者らが始めた自立生活(independent living)運動は、これまでの自立概念を一変させた。「人の助けを借りて一五分かかって衣類を着、仕事に出かけられる人間は、自分で衣類を着るのに二時間かかるために家にいるほかない人間より自立している」(DeJong, 1979)とし、援助を受けながらも自己決定権を行使し、自分が人生の主人公として社会的に有意義な生き方を主体的に追求する意味での自立があることを主張したのである。この新しい自立観は、直接的には一九七二年のカリフォルニア大学バークレー校における「自立生活センター」(CIL)の設立で実を結び、一九七〇年代に全米各地に同センターの設立が拡大し、わが国の障害者運動にも新しい目標を与えることになった。同時に、この新しい自立概念の登場により、リハビリテーションの目標にこれまでの生活を中心としたADLだけでなく、人生全体を視野に置いたQOL(「生活の質」「生活全体の内容の充実」「より良い生活」)の提唱という新たな視点への広がりをもたらすことになった。リハビリテーションにとってさらに重要なのは、障害者をリハビリテーションの対象・客体の位置から主体の位置へシフトさせたことである。八重田(二〇〇一)は、これまでの「自立モデル」から「相互依存モデル」への転換と述べているが、自己選択・自己決定に裏打ちされた新しい自立概念は、リハビリテーションの主体が障害者本人であることを確立した思想といってもよい。一九八一年には、障害者インターナショナル（DPI）という国際的な組織を結成するに至っている。実際、自立生活センターでは、自立生活技術訓練プログラム（定藤、一九九四）を開発し、今日ではピア・カウンセリングに包含することでリハビリテーションを他動詞的性格から自動詞的性格に転換させてきている。

このように世界レベルでは一九六〇年代後半以降、ノーマライゼーション、自立生活運動、QOLなど相次ぐ障害者理念の発展がリハビリテーションを新しく方向づけていったが、これらの思想的発展と前後して、「社会リハビリテーション」概念の登場にもふれておかねばならない。社会リハビリテーションに関する最初の定義は、WHOの「全リハビリテーション過程の妨げとなるすべての経済的、社会的困難を減少させ障害者を家庭や、地域社会や職業に適応できるように援助し、社会に統合あるいは再統合することをめざすリハビリテーション的営みの部分」（一九六八年）であった。小島蓉子（一九七八年）も「社会関係の中で生きる障害者自身の全面的発達」と合わせて「障害社会そのものの再構築（リハビリテーション）を図る社会的努力」ときわめて広い概念で説明していた。実際一九七四年、国連障害者生活環境専門会議が示した「バリアフリーデザイン」報告書は、リハビリテーションの目標を個人から環境に拡大した。しかしその後、国連は、一九八二年「障害者に対する世界行動計画」を発表し、その施策の柱の一つにリハビリテーションと区別した「機会の均等化」を掲げた。従来の社会リハビリテーションの主要な側面はこの「機会の均等化」に取って代わった。これにより、一九八六年国際リハビリテーション協会（RI）社会委員会は、社会リハビリテーションを「社会生活力を高めることを目的としたプロセス」と個人に対応したリハビリテーションの枠組みで再定義することになる。この「社会生活力」（Social Functioning Abilities: SFA）とは、「さまざまな社会状況の中で、障害者自身が自らのニーズを充足することに向かって働く人間の能力であり、また最大限豊かに障害者自身が社会参加を達成する権利を行使する自らの力である」とした。これにより社会リハビリテーションも、医学的リハビリテーションや職業リハビリテーションと同一線上で、障害者の潜在的能力に働きかける技術開発の根拠を獲得することになった。その後の社会リハビリテーション活動では、障害者の能力を高めるアドボカシーや社会生活力プログラム、精神障害者領域では社会生活技能訓練（SST）がその内容となってきた通りである。

リハビリテーション思想を考える上で、もう一つ挙げておきたいのが、発達保障という教育思想の考え方である。糸賀は、重度知的障害者など重症心身障害児の近江学園の活動を通じて、どんな子どもたちでも必ず発達するものであり、たとえ極微の変化であってもその発達を促す援助こそが重要と提唱した。有名な「この子らを世の光に」（糸賀、一九六八）は、この子らの存在（being）が社会に光を放つかけがえのない価値を世に問うとの意味で、直接的には「福祉の思想」として普及しているが、高橋（二〇〇〇）も述べるように、「存在することから生まれる自立」ないし存在ゆえの価値を包摂したリハビリテーションが語られてよいだろう。これらの思想の出現は、武井（一九九四）の言葉を借りれば、「これまでは、障害者と健常者をつなぐ線はもちろんですが、障害の種類や程度を越えて、障害者同士をつなぐ思想や場がなかった」状況を大きく変えていくことになった。

## 4 ニューミレニアム時代の「リハビリテーション思想」

一九九〇年代に入り、アメリカでは「障害のあるアメリカ人法（ADA法）」（一九九〇年）が制定され、イギリスでは「国民サービス及びコミュニティ・ケア法」（一九九〇年）が、そして日本では「心身障害者対策基本法」の「障害者基本法」への改称・改正（一九九三年）、「高齢者、身体障害者が円滑に利用できる特定建築物の建築の促進に関する法律（ハートビル法）」（一九九四年）の制定、「障害者プラン（ノーマライゼーション七か年戦略）」（一九九五年）の策定があったように、障害者を取り巻く制度的進展が各国で着実に見られるようになってきた。精神障害者領域でも例外ではない。一九九一年には国連で「精神障害者援護及びメンタルヘルス改善のための原則（国連原則）」が採択され、人権の普及と具体化が世界標準となってきた。

すでにニューミレニアム時代に入り、国際的には、国際障害分類の改定作業が進められ、二〇〇一年には国際生活機能分類（ICF）の発表、二〇〇〇年三月には「障害に関する世界NGOサミット」が開催され「新世紀における障害者の権利に関する北京宣言」が採択された。日本でも、二〇〇〇年に「高齢者、身体障害者等の公共交通機関を利用した移動の円滑化の促進に関する法律（交通バリアフリー法）」の制定、二〇〇〇年四月からの新たな成年後見制度の施行などがあった。こうした世界的動向の中で特筆すべきことは、障害者の権利の明記と差別の禁止が一段と強調されるようになったことである。アメリカのADA法に続き、オーストラリアでは一九九二年に連邦障害者差別禁止法が制定され、イギリスでは一九九五年に障害者差別禁止法が制定されたのをはじめ、今日では四〇か国以上で障害者差別禁止法が制定されるなど、障害者差別の禁止を特別法の制定で整備する動きが各国で強まってきた。日本政府も国際社会権規約委員会から二〇〇一年、障害者差別を禁止する法律の制定を勧告された。

思想レベルで今後を展望すると、第一に、理念にも新しい変化が現れてきたことが指摘できる。エンパワメント、ストレングス、リカバリーといった概念の登場である。エンパワメントは、無力化され剥奪された利用者や家族、集団、地域社会の権利、能力などを取り戻していくことを意味し、自己決定を尊重し、利用者らの力の発揮を促進する支援をエンパワメント・アプローチと総称している。またストレングスは、利用者には本来、潜在する能力や長所があることを評価すべきで、そうした力に依拠し、引き出す支援を重視した個人に対応したアプローチであり、エンパワメントの中軸となる概念である。どちらも精神障害者に限った概念ではないが、リカバリーは、精神障害リハビリテーションで強調されはじめた概念である。リカバリーは、精神病を患ったことにより人生に破局的な影響、たとえば、失われた当事者の権利、役割、責任、自己決定権、可能性や人々の支援など、これらの影響や喪失から精神障害当事者自身が病気や障害を抱えながらも社会的に再生・再構築していくプロセスであり、「人生の再建」という実存的価値や哲学的指針を表現した概念である。これら新しい概念、そして哲学の登場は、明らかに伝統的な専門家主導のリハビリテーションからの転換を求めている。これらの概念が、リハビリテーションの持つ他動詞的性格を自動詞的性格に明白に転換させたといってよい。障害者はリハビリテーションにおける客体から主体の位置へと変化を見せることで、専門家と障害者の位置関係もパターナリズム関係からパートナーシップ関係へと変化を見せてきた。二一世紀は利用者主導（コンシューマイニシアティブ）がリハビリテーションの原則になってきたのである。

第二に展望することは、QOLからHOL（Hope of Life）への発展である。WHOのQOL調査票（一九九五年）では、QOLを「個人が生活する文化や価値観の中で、目的や期待、基準及び関心に関わる、自分自身の人生の状況についての認識である」と定義し、六領域（身体的側面、心理的側面、自立のレベル、社会的関係、生活環境、精神面・宗教・信念）とその下位項目を明らかにしている（WHO, 1995）。客観的な指標としていずれも重要であることは間違いないが、人生は客観的に評価できるものではなく、その人に固有で一回限りのものである。

上田が強調する「実存レベル」で捉えるならば、リハビリテーションの目標はその人が望む希望（hope）にこそ焦点づけられるべきであろう。これは従来、主観的レベルでのQOLとして捉えられていたが、より厳密には実存レベルであり、一人ひとりの固有性でしか把握できないものである。希望の明示は精神障害者をリハビリテーションの主体者に据えたといってよい。

## 5　むすび　精神障害リハビリテーションにおける思想の位置

これまで見てきたように、リハビリテーションの思想はその社会に支配的な体制や障害者観から独立して存在していたわけではなく、幾度かのパラダイム変換を経て現在に至っている。今日のリハビリテーションは、全人的復権をめざす技術的・社会的・政策的対応の総合体系としてますますその発展が期待されているだけに、このリハビリテーションの価値を擁護する思想は、リハビリテーションの基底であり、その発展方向に強い影響を及ぼす羅針盤である。羅針盤があることで、思想を具体化する道具的手段としての技術もその真価を発揮できる。技術におけるエビデンスベースドの発展も、原点としての思想を忘れては全人間的復権に結びつかないことを忘れてはならないであろう。

〔文献〕

DeJong, G. : Independent living : From social movement to analytic paradigm. Arch Phys Med Rehabil, 60 (10) ; 435-446, 1979.
World Health Organization: WHO QOL-100. Division of Mental Health, WHO, 1995.
糸賀一雄『福祉の思想』ＮＨＫ出版、一九六八年
上田敏『リハビリテーションの思想〔第二版〕（増補版）』医学書院、二〇〇四年
江草安彦『改訂増補ノーマリゼーションへの道』全国社会福祉協議会、一九八八年
ギャラファー、ヒュー・グレゴリー（長瀬修訳）『ナチスドイツと障害者「安楽死」計画』現代書館、一九九六年
定藤丈弘「自立生活技術訓練プログラムとその実践」（小島蓉子、奥野英子編）『新・社会リハビリテーション』一三八―一四四頁、誠信書房、一九九四年

砂原茂一「リハビリテーションの理念」（日本障害者リハビリテーション協会・総合リハビリテーション研究大会常任委員会編）『リハビリテーションの理念と実践』エンパワメント研究所、一九九七年
高橋流里子『障害者の人権とリハビリテーション』中央法規出版、二〇〇〇年
武井満『障害の思想』、星和書店、一九九四年
花村春樹『「ノーマリゼーションの父」N・E・バンク－ミケルセン――その生涯と思想』ミネルヴァ書房、一九九四年
プラトン（田中美知太郎、藤沢令夫訳）「国家」『プラトン全集一一――クレイトポン／国家』岩波書店、一九七六年
八重田淳『リハビリテーションの哲学』法律文化社、二〇〇一年

# 第7章 精神保健福祉学とは何か

## 1 はじめに

二〇一一年六月十六日に神戸（神戸学院大学）で開かれた日本精神保健福祉学会設立準備総会では、「国内においても超高齢社会と少子化への対応とともに、深刻な自殺、虐待の多発、所得格差による貧困率が世界第三位になるなどの多くの社会問題の解決に向け、精神保健福祉学の視座から解決しなければならない諸課題に直面」しているとの社会認識に立ち、「すべての国民とともに、多くの精神に障がいのある人びとのウェルビーイングを促進し、ノーマライゼーションやソーシャルインクルージョン（社会的包含）の実現をめざし、精神保健福祉を向上させるための社会的な課題の解決に向けて早急に取り組むべき」として、精神保健学と社会福祉学が学際的に交差し「精神保健福祉学を学問的に探求する学術的な組織として、社会貢献できる諸活動を展開することを目的にした学術研究団体である「日本精神保健福祉学会」を設立すること」（日本精神保健福祉学会、二〇一一）を宣言した。

その後、学会は一年後の二〇一二年六月二十九日に札幌（北星学園大学）での設立大会で正式に学会として誕生した。設立大会（第一回学術研究集会）（日本精神保健福祉学会、二〇一三）のシンポジウムでは関連する学会等（シンポジストに一般社団法人日本社会福祉学会・白澤政和学会長、日本精神障害者リハビリテーション学会・野中猛学会長、上野武治北星学園大学教授、およびコメンテーターとして日本精神神経学会・鹿島晴雄理事長）をお招きして「精神保健福祉学の役割を考える」と題して演者たちの見解が述べられた。

このシンポジウムでは精神保健福祉学に関する貴重な助言と問題提起が述べられ、研究者も司会者として近い将来何らかの応答が必要と感じたものである。また同学会学会誌創刊号には、同時に「精神保健福祉学の構築——ソーシャルワークに立脚する実践科学として」と題する大西次郎論文が掲載されている（大西、二〇一三）。大西論文は、先に立ち上げていた日本精神保健福祉士協会内の精神保健福祉学会との関係（切り分け）や、広く社会福祉学やソーシャルワークの視座からその推移を含めて歴史的に論じており、研究者も精神保健福祉士として心強い限りではあるが、逆にそうであれば本学会が精神保健福祉士だけを参加対象とした学術団体であるかの誤解を招かないだろうかと若干の危惧を覚えたところである。そこで、設立大会シンポジウムの司会者として、また設立にかかわった発起人・役員の一人として、改めて「精神保健福祉学とは何か、そのめざすもの」について私的見解ではあるが論考したい。

## 2 先行研究にみる精神保健福祉概念の理解

「精神保健福祉」なる用語の登場は、堀口（二〇〇三）がすでに明らかにしたように、一九九五年の「精神保健及び精神障害者福祉に関する法律」制定の前後からである。それまでは、精神保健と社会福祉は連続した用語でも、またまとまった概念でもなかった。

法の略称が「精神保健福祉法」と呼称されたように、学術用語としてではなく、精神保健と精神障害者福祉を合成した行政用語として便宜的に使用されたにすぎなかった。しかし、法が精神保健福祉法と略称されると、関連する機関や職種や制度も、精神保健センターは精神保健福祉センターへ、全国精神衛生連絡協議会は全国精神保健福祉連絡協議会へ、精神保健相談員は精神保健福祉相談員へと一斉に読み替えが始まった。このような便宜的な用語使用の動きは、過去に保健や医療と福祉の間にもあった。一九九三年に広島県で、保健所と福祉事務所が全国で初めて統合され「総合福祉保健センター」が設立された。その後、一九九六年の地域保健法施行と前後して各地の保健所と福祉事務所の機構改革が進み、保健福祉事務所や保健福祉センター、保健福祉審議会などの呼称が一挙に増えた。ほとんどが自動的な読み替えである。医療福祉では、さらに以前から一つの独立した意味をもって使われていた（江草、一九九二）。精神保健福祉も同様に考えれば特に目新しいことではない。

一九九七年に制定された精神保健福祉士もその延長である。それでも堀口は、「精神保健福祉の語には六つの使用方法が見出される」（二〇〇三）と整理したうえで、精神保健福祉が事実上は精神障害者福祉と同義語として使用され、理解されてきたと述べている。だとすれば、精神保健福祉は社会福祉の一分野である障害者福祉のさらに一分野となった精神障害者福祉のことであると理解してよいのであろうか。これまでの使用法や概念はともかく、精神保健福祉が精神障害者福祉と同義語であれば、心身障害者対策基本法から障害者基本法に改称・改正された時点から、すなわち障害者福祉に精神障害者も位置づけられた時点から精神保健福祉の概念もその内容も障害者福祉に統合されてよいはずである。精神保健福祉士養成課程指定科目における中心的な位置づけである「精神保健福祉論」は、実際に国が示したシラバスによると、障害者福祉論をベースに、その精神障害者版とも言うべき内容であり、実質的に「精神障害者福祉論」となっている。その後、障害者自立支援法が制定され、三障害施策の統合化が進行する中で、このままの精神保健福祉論であれば「障害者福祉論」に吸収・統合できると考えられる。しかし、精神保健福祉は精神保健福祉士の制定と改正以降も、「精神保健福祉の理論と相談援助の展開」や「精神保健福祉に関する制度とサービス」や「精神保健福祉相談援助演習」のように、社会福祉士とは異なる精神保健福祉士の独自性を担保する学問的基盤の一つ（コア学問）として使用されて今日に至っている。精神保健福祉士は、その目的（第一条）に、（一）国民の精神保健の向上と、（二）精神障害者の福祉の増進という二つがある。しかし定義（第二条）では、「登録を受け、精神保健福祉士の名称を用いて、精神障害者の保健及び福祉に関する専門的知識及び技術をもって、精神科病院その他の医療施設において精神障害の医療を受け、又は精神障害者の社会復帰の促進を図ることを目的とする施設を利用している者の地域相談支援の利用に関する相談その他の社会復帰に関する相談に応じ、助言、指導、日常生活の適応のために必要な訓練その他の援助を行うことを業とする者」となっており、事実上、業務が（二）に限定されている。しかるに、精神保健福祉士が現に求められている業務は、法の目的に明示されたように、精神障害者の福祉の増進だけではない。近年ではその職域も国民の精神保健サービス全般に広がっており、本法の定義（第二条）及び厚労省令で定める指定施設の範囲を見直す必要が生じている。したがって、精神保健福祉士のコア学問である新たな「精神保健福祉学」は、狭い精神障害者福祉論ではなく、精神疾患・精神障害者を含む国民の精神保健問題を社会福祉と精神保健の視座から解明し、その問題解決を担う実践科学として再構築することが求められる。同時に「精神保健福祉学」は、その独自性をひとり精神保健福祉士だけが占有する学問ではない。「精神保健福祉論」＝「精神保健福祉学」とは言えないことにも留意する必要がある。さまざまな専門家や専門職が相互に貢献する総合科学として「精神保健福祉」に「学」を連結するには、小田（多田羅・小田、一九九五）が述べるように分野、水準、研究方法の三つのベクトルを示さなければならない。本稿は、精神保健福祉学とは何か、その学問的性格とめざすものを明らかにすることを主題としているが、その前に成立をみている関連学会からその相違を整理しておきたい。

## 3―先行する関連学会

精神・保健（リハビリテーションを含む）・福祉（精神障害者福祉を含む）の二つ以上のキーワードを学会名に表記しているわが国の学会には、日本精神保健福祉政策学会、日本保健福祉学会、日本精神障害者リハビリテーション学会、日本精神保健看護学会、日本産業精神保健学会、日本精神保健・予防学会、日本精神保健社会学会、日本精神保健福祉士学会などがある。日本精神保健福祉政策学会は、精神保健医療と精神障害者福祉に関する今日的な政策研究を焦点としている。日本保健福祉学会は、保健と社会福祉の統合を視野に両者を基本とした学際的研究を中心としている。日本精神障害者リハビリテーション学会は、精神障害者のリハビリテーションとリカバリーに関わる多職種協働を旗印としている、日本精神保健看護学会は、精神科医療分野における精神科看護の実践を学問的に蓄積することを結集軸としている。日本産業精神保健学会は、産業精神保健という職域を中心とした勤労者のメンタルヘルスを受け持っている。日本精神保健・予防学会は、予防精神保健、早期介入、学校保健を主な範疇としている。日本精神保健社会学会は、メンタルヘルスの背景となる社会・文化的構造と変動の研究を社会学的な視点からすすめている。またこの学会は、「認定精神保健社会士」の認定証を授与している。日本精神保健福祉士学会は日本精神保健福祉士協会外に新たに日本精神保健福祉学会が成立したことにより、協会内の学会名（精神保健福祉学会）を職域レベルに呼称変更したものである。このように、学会の基盤となる基礎科学や専門職域の旗印が明確なものもあるが、多くは精神保健（医療を含む）というフィールドでの学際学として学会を成立させている。精神保健福祉を最小単位の熟語である精神・保健・福祉に分離した場合、その順列は六通りあるが、本学会のキーワードである精神・保健・福祉の関係は、もともと対等な関係であって、どれかが主であり、どれかが従という関係ではない、それでも、精神福祉保健、保健精神福祉、保健福祉精神、福祉保健精神の組み合わせは現実に存在していないように、精神保健福祉か福祉精神保健しか残らず、精神分野を保健学の一分野と考えると精神保健と福祉（社会福祉）の合成語と理解するのは当然の帰結である。日本精神保健福祉学会は精神保健福祉学として新たに融合した科学をめざしているものの、英語名を「The Study of Mental Health and Social Welfare」としたように、精神保健学と社会福祉学の同盟としての出発である。

こうした動向は国際的にもすでに始まっている。二〇一一年四月二八～三十日には韓国ソウルで精神保健福祉国際会議が開催された。学会とは名称していなかったが、ソウルで開催されたソーシャルワークと精神保健の春季学術大会で基調講演（田中、二〇一二）に招聘された研究者の経験からは、日本精神保健福祉学会と同じような学術大会であった。しかも数年前から国際的に開催されているという。同じような動きでは、南カリフォルニア大学社会福祉学校とロサンゼルス郡精神保健省が、健康と精神保健と社会福祉の第七回国際会議を二〇一三年六月に南カリフォルニア大学のユニヴァーシティー・パーク・キャンパスで開催している。

## 4 精神保健福祉学における精神障害者福祉の位置づけ

精神保健福祉学は、主として社会福祉学と精神保健学（医学を含む）の二つの科学を基軸とした学際科学（interdisciplinary science）である。しかし、学会員には社会福祉学が唯一の基盤であり、精神保健は学ではなくフィールドに過ぎないと理解している人も多いと思われる。しかしこうした理解は、わが国を表日本、裏日本と俗称し、あたかも陽が当たる方が表日本で、日の射さない場所が裏日本と差別的に表現することと似ている。地図の中心を日本海に置くならば裏日本は表日本にその位置が変わるように、精神保健学の立ち位置を無視することになる。学会設立総会時の記念講演で、公益社団法人日本精神保健福祉連盟の鹿島晴雄理事長は、「医学、医療における学際的連携には三つのレベルが考えられる」として、「自然科学における学際的連携」「医療と自然科学の連携」に続き、「第三の連携は医療と社会科学との学際的な連携です。精神保健福祉学がこれに当たります」と紹介している。そして今後は「精神保健学、精神科看護学、リハビリテーション学、社会福祉学、社会学、精神医学、経済学などの間での学際的な連携ということになるでしょう」と期待を述べている（鹿島、二〇一四）。この学際的な性格を実践分野でみれば、精神保健医療、精神科リハビリテーション、社会福祉領域だけでなく、教育、司法、労働、産業、まちづくり、文化などにもその成果の広がりが期待されている。改めて述べるが、そのコア学問が精神保健学と社会福祉学である。精神保健学はもともと、広くメンタルヘルス問題（狭義には精神疾患および精神的不健康、最狭義には精神障害）を抱えた人々や精神的健康の保持・増進を学問の対象としている。一方、社会福祉学は、この分野に遅れて参加したとはいえ、実践レベルでは精神保健福祉が用語として使用されてきた歴史的事実は先に述べたように精神障害者の福祉からであった。

そこでまず、その精神障害者福祉から、その現代における立ち位置や課題、そしてめざすものを考察する。周知のように、精神障害者福祉は、身体障害者福祉、知的障害者福祉と比較して最も後発組に位置づけられる。一九〇〇年から一九五〇年の半世紀は治安対策としての精神障害者問題であり、社会福祉とは無縁の存在であった。一九五一年から一九八七年は疾病対策を中心に収容的な医療とその補完としての公衆衛生対策であり、これまた社会福祉からはほど遠い存在であった。ようやく、社会福祉が制度として登場したのは一九八八年からである。とはいうものの精神障害者領域への社会福祉の登場は、幾人かの個人的実践や先駆的地域、実践レベルでは一九八〇年代から広がってきた非医療的な実践である民間活動としての小規模作業所運動が全国規模で展開されてきたのも事実である。福祉政策では、一九八一年の国際障害者年とそれに続く国連・障害者の一〇年行動計画（一九八三～一九九二年）がわが国における精神障害者福祉成立の追い風となった。一九八四年の報徳会宇都宮病院事件を契機とした精神保健法（一九八七年）の成立では、「障害」および精神障害リハビリテーションの相対的独立が明らかになり、その目的に「福祉の増進」が理念として謳われはしたが、医療の枠内での福祉であり、精神障害者は一九九三年に改称・改正された障害者基本法までは障害者福祉の対象にカウントされていなかった。同法でようやく精神障害者も身体障害者、知的障害者とともに福祉対象として明文化され、一九九五年の精神保健及び精神障害者福祉に関する法律（略称／精神保健福祉法）で福祉の二文字が法律にも明記された。これにより精神障害者保健福祉手帳が創設され、二〇〇二年度からは精神障害者に関する福祉サービスの窓口も市町村に移行した。さらに二〇〇四年の障害者基本法の改正では、「差別・権利利益侵害の禁止」も規定され、二〇〇六年からは障害者自立支援法が制定され、障害者福祉施策は三障害を統合してサービスの一元化を図ることが基調に進められ、発達障害や難病を含む今日の障害者総合支援法へと続いている。この間、新しい社会システムの理念が精神障害者にも光をもたらすようになった。それは第一に、ソーシャルエクスクルージョンからソーシャルインクルージョンへの国際的な変化である。換言すれば、救貧システムの枠における障害者福祉理論からの脱却である。従来の障害者福祉は、障害者の社会的救済制度（労働力評価を前提とした生活問題としての障害者）としての社会福祉であったが、現代の社会システムでは、社会的障壁の存在とそれをもたらした社会的認識（支配的な社会意識や価値）に焦点化した障害学の登場などで大きな変化がもたらされている。マイケル・オリバー（Oliver, M. 1983）は障害の「社会モデル」（オリバー／サーペイ、二〇一〇）を提唱し、社会的に生み出された障害（ディスアビリティ Disability）、社会との関係性から捉える社会問題としての障害への注目、つまり障害の位置は社会の有り様を映し出す鏡、社会の成熟度を示すメルクマールであり、社会現象としての障害の位置と新しい社会哲学・人間観が提起された。第二に、障害の克服としてのリハビリテーション科学の登場が大きい。まず一九四五年のＡＤＬ概念の登場により、「生命」の視点を優先してきた医学に「生活」の視点が持ち込まれ、リハビリテーションの固有性が確立された。次いで一九七〇年代初頭のＱＯＬ概念の登場は、これまでの生活を中心としたＡＤＬだけでなく、人生全体を視野においた新たな視点の拡がりをもたらした。しかし、現代では標準・典型としての生活の質（より良い生活）ではなく、その人にとって意味のある生活、望む生き方（人生の希望）という唯一的実存的価値の把握が必要と考える。その意味では、ＨＯＬ（ホープ・オブ・ライフ）が提唱される時代へ変化してきたといえる。このことは上田敏の理論でいう実存的レベルで捉えた主観的障害（上田、一九八三）（やまい／illness：体験としての障害／主観的ＱＯＬ）と類似しているが、上田理論では否定的術語で概念化されており、主観的ＱＯＬもまたその評価尺度が開発され、その人自身の生きがいや自己実現を表す概念にはフイットしなくなっている。また、リハビリテーションは障害（かつては障害の固定を前提としていた）そのものに焦点を当て、障害に対応した総合科学であり実践として発展してきたが、思想レベルでは、エンパワメント、リカバリー、ストレングス、レジリエンスなどコンシューマイニシアティブの台頭によって、利用者主体のリハビリテーションが進展するようになった。また社会思想の流れでは、十九世紀後半から二十世紀にかけて、「自由」（ゲゼルシャフト的）と「平等」（ゲマインシャフト的）の二つの思想と体制の対立があったが、二十一世紀の今日、社会協働組合やソーシャルファームなど社会的企業に代表されるように障害者福祉においても第三の道である「博愛」（ゲノッセンシャフト的）[註1]（テンニース、一九五七）が重要な意味を持ちはじめている。

第三に、二〇〇一年にWHOが発表したICF（国際生活機能分類）の考え方と、「障害学」の異同にも留意が必要であろう。両者とも一九八〇年のICIDH（国際障害分類）モデルの意義と懐疑が出発となっている。ICIDHの肯定的側面としては、障害の概念化による構造的理解をもたらしたことで障害者施策やリハビリテーション実践、学術研究に寄与した点がある。しかし、社会モデルから否定的な懐疑の側面への批判が噴出した。両者ともICFモデルによる生活機能の循環および各要素間の相互作用認識では共通しているが、ICD（国際疾病分類）に対応した相互補完的な健康の枠組みから障害を構造的に救えるか（ICF）、障害の切り口から社会のあり方まで言及し、社会問題としての障害を焦点としていくか（障害学）では根本的に異なる。

上記の問題認識を精神障害の三つの固有性に当てはめて考察すると、社会福祉学と精神保健学に二分した議論自体がかみ合わないと言わざるをえない。まず精神障害者は、疾患と障害の併存を特徴としており、傷病者（mentally disordered）と障害者（mentally disabled）の二重規定が、精神保健福祉法や精神保健福祉士法の理論的根拠ともなっている。ゆえに精神障害者が「治った」場合でさえ、医療においては「治癒」概念を避け「寛解」という用語でしか表現しない。次に、現象的には見える障害ではなく、見えない・ないし見えにくい障害という特徴である。この特徴は、障害の自己受容と社会受容および相互受容を困難にさせやすい。例えば、精神障害者

［註1］ドイツの社会学者F・テンニースは、原始共同社会を「ゲマインシャフト」、資本制社会に代表される利益社会を「ゲゼルシャフト」、そして未来の真に人間的な社会を「ゲノッセンシャフト」と概念化した。

自身が症状を病気と自己認識することも他者に説明することも難しく、交通機関の優先席デザインにもなりにくい。そして障害が固定性ではなく、可逆性を特徴としていることである。「固定性」は、障害者手帳における障害等級や障害年金（そして障害認定日）に、また障害者総合支援法の障害支援区分に反映される前提となっている。しかし「可逆性」は、ICFモデルにも反映されたグローバル基準であり、障害を個と環境との相互作用で説明するにも無理はない。精神保健福祉学に社会福祉学から問題提起と展望を述べると、障害者福祉施策の前進には学問的貢献だけではなく障害者自身の運動が比重を占めている。制度・政策の源泉は、運動と科学にある。運動は利益の実現を、科学は真理の探究をめざしている。運動と科学との一致点が制度・政策形成の望ましい姿である。精神保健福祉学はそうした科学としての任務を追求するが、障害者自身が前に出る障害者主体の時代を切り開くことも重要となろう。そして制度設計レベルでは、新しい医学モデルを含む「統合的生活モデル」（田中、二〇〇一）の枠組みが必要になる。この考察は他日に期したい。

## 5　精神保健学と社会福祉学

精神保健福祉学を精神保健学と社会福祉学の方法論を中心とした学際的な学問と規定すると、その方法論の違いから多角的な解明が促進される可能性があると考える。福島章が精神医学と社会学との関わりについて二つの問いのたて方が可能であるとして、「一つは精神疾患の理解に「社会」をどう取りこみ役立てるかという問いと、もう一つは、「社会」の理解に精神疾患をどう取りこみ役立たせるかの問いである」（福島、一九九二）と述べたように、ここでは、現代社会の精神保健及び社会福祉の課題が交差するプラットホームの立ち位置から、精神保健学と社会福祉学の双方向の活用と貢献を論じることとしたい。

精神保健学は、大谷實が「広義の精神保健とは、公衆衛生としての精神保健をいい、国民が精神的苦痛ないし葛藤のために社会的不適応状態に陥るのを回避し、社会における組織的な努力によって積極的に国民の精神的健康の保持・増進を図る諸活動を指す」（一九九六）と述べたように、広義の精神保健では公衆衛生としての精神保健のすべてを対象としており、人々の精神的健康の保持・増進を図る学問と理解している。また、大谷は狭義の精神保健＝メンタルヘルスと説明し、続けて「人の健康のうち、主として精神面の健康を対象として行う精神障害の治療および予防、または精神的健康の保持および増進に関する行政上の諸活動」と定義している。しかしメンタルヘルスそのものはむしろ広義の精神保健、ないし村田信男が整理した準広義の精神保健（村田、一九九三）の範疇であり、狭義の精神保健は精神疾患や精神的不健康を対象としていると理解するのが通説である。この狭義の精神保健には当然ながら治療中の精神障害者も「重度の精神疾患者」として含まれる。しかし、精神保健学は、精神医学のように疾患そのものの内部構造の解明や個別の医学的治療に向かうアプローチとは異なる。それは精神保健学の基盤に保健ないし健康（Health or Well-being）概念があり、基礎理論としての公衆衛生学さらにその固有の方法論としての疫学（epidemiology）があるからである。疫学とは「人間集団の健康と疾病にかかわる諸要因と諸条件の相互関係を頻度と分布によって明らかにしようとする医学の一方法論」（日本精神保健福祉士養成校協会、二〇一二）と定義されている。疫学においても今日では社会的影響をより重視した社会疫学が提唱されている。川上憲人は、社会疫学を「社会構造が健康と疾病の分布にどのように影響し、またこれに関係するメカニズムを解明しようとする疫学の新しい一分野である」（川上、二〇〇六）と述べている。環境、遺伝など人間の健康を阻害する要素を生物・社会心理的理論枠組みや社会科学の視点で解明する疫学を武器に、「健康と疾病の連続性」や「病因論としての人間生態学的視点」から、年齢や性や遺伝だけでなく、自然環境、社会経済的環境や地域の差異、職業、社会階層、文化的要因、ライフイベント、事例性等も俯瞰的にとらえようとする。そのため、精神保健学の守備範囲は膨大で、疾病の発生と罹患予防、早期発見、早期治療、健康の保持・増進、再発予防、リハビリテーションまでが含まれる。しかも、母子保健、学童保健、思春期保健、成人保健、高齢者保健といったライフサイクルの保健だけではなく、学校保健、産業保健、地域保健、災害保健、国際精神保健というフィールドも守備範囲である。直接または関連が強い法律（略称）でも、精神保健福祉法、地域保健法、母子保健法、労働安全衛生法、学校保健安全法、介護保険法、児童虐待防止法、老人虐待防止法、DV防止法、障害者虐待防止法、発達障害者支援法、心神喪失者等医療観察法、自殺対策基本法、アルコール対策基本法、健康増進法等がある。このように精神的な健やかさを対象とする精神保健においては、人々の健康にかかわるあらゆる学問分野が総合される必要がある。医学や心理学、看護学、栄養学、薬理学等の臨床科学と社会学、法学、行政学、経済学、文化人類学等の社会科学双方の学問的背景をもち、社会の価値観や個人の倫理観、あるいは生きがいにかかわる問題をも含むほか、政策的な意味をもつものである。だとすれば、精神保健学自体の、野中猛（二〇一三）も述べたような「多因子的な領域」という学際的性格から、社会福祉学も明確に隣接する一学問分野であろう。例えば、精神障害者の社会的特性や地域社会におけるあり方を精神保健学の視座から解明する際、社会福祉は実践科学として交差する役割を担っている。

こうした学際的な連携が強まると、白澤（二〇一三）が述べるように社会福祉学は果たして「学としての固有の学問体系であるディシプリンがあるのかどうか」が問われてくる。この論点は後で考察することとして、とりあえず論を先に進めておきたい。

古川孝順は学際的な学問の連携や統合が増大するなか、社会福祉政策を機軸に施策コラボレーションのありようを動態的、機能論的に「社会福祉のL字型構造」（古川、二〇一二a）や「ブロッコリー型構造」（古川、二〇一二b）などの図で説明してきたが、社会福祉学を保健学に置き換えても同じ説明が成り立つ。実際、精神保健福祉学の成立以前に、母子保健と児童福祉では保健福祉学が成立していたし、高齢者領域でも保健福祉学が成立していた。しかも、これらの領域は、子ども学や老年学など新たな学際的な研究分野に発展している。精神保健福祉学がその学問的発展のなかでどのような地平を切り開くのかは未知の話ではあるが、社会福祉学も精神保健学もその固有性としてのディシプリンも新たな段階に到達すると思われる。

さて話を再び社会福祉に戻そう。わが国における精神障害者の抱える社会的困難とは、歴史的に蓄積された負の遺産とも言うべき長期入院、それによってもたらされる家族の物質的精神的ケア負担の増大や精神障害者自身の単身化と高齢化、そして住居や職業確保などの地域自立生活の困難、社会にある偏見や差別などどれをとってみても社会福祉からのアプローチを不可欠にしている。なぜなら、社会福祉は社会的原因の存在を背景に、社会生活上の困難、不自由、不利益を被り、ないし社会関係的疎外状況に置かれた人々を対象とした総合的なヒューマンケア・サービスとそのシステムである。つまり個人の努力では解決が困難な生活問題を抱え社会的援助を必要としている利用者（福祉ニーズの発生）のリカバリー支援とソーシャルインクルージョンを目的としており、精神障害者支援も例外ではない。とくに具体的目標としての、精神障害者の地域自立生活支援、約七万人と言われる「社会的入院[註2]」の解決、社会的偏見や差別の解消は今日の社会福祉学が精神保健学と共有する課題である。精神保健学が精神障害者の地域社会におけるあり方やケアシステムを目的の一つにしているだけに、今後、社会福祉学がこの分野での強力なパートナーとしてその役割を発揮していくことと確信する。

しかも今日では、精神障害者支援に止まらず、広く人々の精神保健問題への社会福祉的アプローチも必要とされている。今、地域では犯罪、非行、アルコール依存症とその関連問題、危険ドラッグを含む薬物乱用、児童か

［註2］病状は改善されてもはや入院の必要性がないにもかかわらず、住居など社会の受け入れ態勢が不十分なために、退院できず入院を続けている状態をいう。

ら高齢者・障害者に至る虐待、不登校、社会的ひきこもり、「ごみ屋敷」、うつ病、自殺、孤立死、災害や事件後のＰＴＳＤ、行方不明高齢者や認知症高齢者などの社会病理現象を含む幅広い精神保健上の問題が発生している。

これらの問題は福祉六法中心の従来型社会福祉制度からは漏れやすく援護が十分に届いていない人々であった。旧厚生省社会・援護局による「社会的な援護を要する人々に対する社会福祉のあり方に関する検討会」の報告書（二〇〇〇年十二月八日）は、「社会的に疎外・排除されやすい人々を、社会の構成員として包み込み、誰もが共に生きる社会の創造をめざす」ソーシャルインクルージョンの考え方を新たな福祉課題への対応の理念として位置づけた。こうして、ハンセン病回復者、野宿生活者、未解放部落住民、在日コリアン、リストラや多重債務による新たな貧困、孤立死、ＤＶ被害者、一人暮らし高齢者、難民などの新しい福祉問題と合わせて、児童虐待防止法、高齢者虐待防止法、ＤＶ法、成年後見制度（改正民法）、地域福祉権利擁護事業（改正社会福祉法）、ホームレス自立支援特別措置法、発達障害者支援法、自殺対策基本法、アルコール対策基本法、障害者差別解消法、生活困窮者自立支援法など新たな法整備が始まった。これらの問題は精神保健学と課題を共有する。うつ病・自殺の増加、虐待、ひきこもり、犯罪の低年齢化などは精神保健学的ないし社会精神医学的な問題であるが、同時に現代社会福祉が最も解決を迫られている問題でもある。たしかに臨床精神医学の視点からは、診断や治療の枠内で捉えることも可能な社会病理現象は多い。例えば「うつ病」は伝統的に治療対象とされてきたし、不登校は「登校拒否症」として治療対象に捉えられてきた。個人の疾患や個人精神保健を越えた背景としての社会的要因、即ち社会的解決が求められる問題であるからこそ、精神保健学ないし社会精神医学の出番なのであろう。社会福祉もまた然りである。従来の社会福祉は、医療が薬を出すか入院治療で対応できてきたように、生活困難に対応する方策として現金給付か現物給付あるいは施設入所で解決できてきた問題も多い。しかし三浦文夫

（三浦、一九九五）が七〇年代半ばに指摘したように、現代の福祉ニーズは非貨幣的ニーズが中心となっており、社会福祉も政策対応の変更を迫られてきた。こうして今日の社会福祉は地域福祉を基盤に再構築されている。

## 6 社会福祉実践の援軍としての精神保健学の貢献

今日の社会福祉は地域福祉の推進が大きな目的となり、「地域福祉の主流化」（武川、二〇〇六）の流れにあると言われる。わが国における生活困難は、定型的ニーズから非定型的ニーズへの拡散と先鋭化の様相にあり、従来の社会福祉では対応が困難な諸問題の表出として現れている。社会福祉はもはや福祉特有の知識だけでは有効な対策や実践を打ち出すことはできない。現代社会福祉のこうした諸問題の解明にこそ、心の問題を社会との相互作用や文化的要因も含めて解明しようとする精神保健学や社会精神医学などが持つ研究的特質を活かした貢献が求められる。前述した虐待、不登校、ひきこもり、「ごみ屋敷」、アルコール依存症、自殺、認知症高齢者などの問題は、精神保健学の知見もあって初めて、より正確で適切な対応が可能となる。

例えば「ひきこもり」を考えてみよう。ひきこもりは、一九九〇年代から注目されており、二〇一〇年内閣府は調査データ（内閣府、二〇一〇）を基にひきこもりを約七〇万人と推計したが、今日では一〇〇万人を超えるひきこもりが推定されている。その原因も不登校の延長・出社拒否・いじめ・親の過干渉・精神疾患などなどさまざま要因があり、総じて「社会や人間関係から撤退し、六か月以上自分の部屋や家の中にひきこもって社会参加しない状態」（厚生労働省、二〇〇二）を言う。とくに近年は一年以上引きこもる青年ないし高年齢化した成人が増加しており、援助介入も関係がとれにくく、本人と会えずに終わるか、対面できてもメモでの会話がやっとという場合が多い。引きこもりの増加には、それ以前の不登校の増加、自尊心が大きく揺れやすい傷つきたくない心理、個室、「ファミコン」、Eメールなどパーソナル化する生活スタイル、携帯電話などにみられるわずらわしさを排除したデジタル会話、夢のない大人社会など複雑な背景が考えられる。ひきこもりの状態も完全な閉じこもり状態から、深夜のコンビニまでは外出するタイプまで幅があり、こころの健康問題のなりたちを生物・心理・社会的側面から総合的に捉える知見では、「ひきこもりの評価・支援に関するガイドライン」（厚生労働省、二〇一〇）も示され、その多くは非精神病としての社会的ひきこもりであるという。病気ではないが、逃避したのに逃げ場がない悪循環にはまった状態であり、精神医学的な特効薬や万能薬もない。しかし、精神保健学的な解明は続けられており、社会福祉援助への援用では、まず家族支援を第一に考えること、家庭訪問や面接を通しての状況への共感、家族支援を通じて本人の支援も始めること、ネットワークを用いて援助することを中心に、ストレングスモデルの視点、家族へのサポートとしての家族支援教室など心理教育的接近、本人への認知療法的アプローチ、ひきこもり状態から脱するための「きっかけの提供」やアウトリーチ、居場所の開発などが提起されている。これらに加えてソーシャルインクルージョンの視点では、周囲の理解促進のための啓発活動、セルフヘルプグループの組織化と橋渡し、地域で一緒に問題を考えるグループの組織化などが始まっている。

また近年、いわゆる「ごみ屋敷」問題がテレビのワイドショーなどでたびたび取り上げられ報道されている。最近では東京都足立区、大阪市、京都市などいくつかの自治体が条例を制定してその対策に乗り出した。国会でも二〇一四年五月十六日に日本維新の会、みんなの党、結いの党、生活の党の各党は「ごみ屋敷」対策法案（廃棄物の集積又は貯蔵等に起因する周辺の生活環境の保全上の支障の除去等に関する法律案）を衆議院に共同提出した。しかしこれだけ社会問題化しているにもかかわらず全国の実態は把握されておらず、その対策も周辺地域の環境保全という名目のみで、「なぜごみ屋敷になるのか」その原因解明と解決に結びついていない現状にある。「ごみ屋敷」問題は、社会福祉やソーシャルワーク実践においても、不登校、ひきこもり、虐待、生活困窮、自己破産、依存症、自殺、孤立死、ホームレス、行方不明高齢者、認知症などと同じ地平で課題視されているが、これまで学術的に研究された形跡がない（森川、二〇一四）。せいぜいルポタージュ（岸、二〇一二）かマスコミの取材記事で終わっている。「ゴミ屋敷」問題が顕在化したのは、近隣住民に見える形で居住者の土地にごみが野積みの状態で放置されていたり、悪臭がしたり、害虫が発生したりしてからである。国土交通省は、平成二十一年に「地域に著しい迷惑（外部不経済）をもたらす土地利用状況の実態把握アンケート」を実施しているが、それによると全国二五〇市区町村で「ごみ屋敷」が発生しているという。しかし、実態はもっと多いと思われる。そもそも「ゴミ屋敷」の定義も曖昧である。G-zeroの報告書（二〇一〇）では、「ごみ屋敷」を「『ごみ』が敷地内に溢れかえっている建物のことで、住民からの苦情や戸別訪問等により認知しているもの。なお、ここでいう『ごみ』とは所有者の意思によらず、通常人が見て『ごみ』と判断できるもの」と定義している。しかし、研究者はマンションの一室で入居者が「ごみ」の中で暮らしており、誰にも解決を求めることができずに苦しんでいる事例を支援したことがある。「ごみ屋敷」は結果としての現象であり、目前から「ごみ」がなくなれば解決するわけではない。にもかかわらず、これまでの対応は「支援」ではなく「対策」中心であったため、廃棄物処理法、道路交通法、成年後見制度、行政代執行、条例制定など法的な対応を基本としてきた。「ごみ屋敷」となって目の前に出現するまでには、さまざまな原因が考えられる。研究者は、これまでに「ごみ屋敷」の相談にかかわった経験から、次のような仮説的な見方をしている、その第一は、「ごみ」を貯めてしまう生活技術（整理整頓）の未成熟にあると考えられる。おおよそ人は幼少時に後片付けや整理整頓の生活習慣が形成され、成人になってからでは形成されにくいと言われる。第二に、精神疾患など何らかの精神科的な問題が潜んでいると思われる。その代表は強迫性障害であろう。また、うつ病、妄想性障害、認知症なども考えられる。そして第三に、ごみを貯める人の孤独・孤立感が考えられる。心の隙間を埋める存在としての「ごみ」は、心の問題と切り離すことができない。これらの要因が複合的に絡み合って生じる現象と考えられる。しかし「ごみ屋敷」が出現する原因には定説がない。実証的学術的に解明されてこなかったからである。ここにも精神保健学の貢献が期待されている。

このように、精神保健学は社会福祉の実践レベルでの援用という意味において相当に有用であろう。しかし、ここで留意しなければならないのは、社会福祉が学問レベルにおいて隣接する諸科学に依拠しているという意味ではない。社会福祉を利用者との援助関係において具体化するソーシャルワークにおいて、かつて力動的精神医学ないし精神分析的理解への傾斜の時代があり、理論構築してきた時代に回帰する必要はない。すでにソーシャルワークの理論と実践は深化しており、福祉「臨床」場面における相互的な知見として両者が対等であることも強調しておきたい。

## 7 精神保健福祉学の目指すもの

これまで見てきたように精神保健福祉学は、「あるものの探求」という認識科学や分析科学であるとともに、「あるべきものの探求」という設計科学として価値命題を担う学際的な学問と性格づけられる。また同時に、精神保健福祉学は実践科学でもある。この場合、実践を集積し、実践を理論化し、実践に還元し、実践をリードするのが精神保健福祉学の使命である。経験の知を創造の知に昇華するには広範な学問の参加が望まれるところである。しかしこの広範な学問の参加について、医学や自然科学ではほとんど問題とならない学問の固有性とかディシプリンが、学としての歴史が浅い社会福祉学ではその出発時点から今日まで議論されてきた。岡村重夫は一九六八年、社会福祉を社会保障でも公衆衛生でも、医療でも教育でもない独自の固有性や機能を明らかにすることを研究テーマとした、その結果、社会福祉学を技術論の視座から、社会生活上の困難を抱えた個人と生活環境としての社会制度との「社会関係」（主体者が基本的要求を充足するために制度との間に結ぶ関係）に、社会関係の不調和、社会関係の欠損、社会制度の欠陥があった場合、それらの矛盾を解決するために技術を用いて是正、修正、修復していくことが社会福祉の固有性であるとした（岡村、一九六八）。また、制度論の視座から孝橋正一は、資本主義社会の構造的矛盾を背景に社会の基礎的本質的課題を社会問題と捉え、それに対応するのが社会政策であって、社会の関係的派生的課題を社会的問題と区別し、それに対応するのが社会事業（社会福祉）であるとした（孝橋、一九七二）。その後、嶋田啓一郎（一九八〇）、一番ヶ瀬康子（一九六四）、真田是（一九九四）、三浦文夫（一九八五）など多くの研究者が社会福祉学の固有性を競うように、それぞれの学説を表明してきた、岡田藤太郎（一九八〇）が現代社会の社会福祉は、「社会福祉政策」と「専門社会事業」とからなると述べたように、制度・政策と技術の二分法的理解が一般的であった。最近では先に紹介した古川孝順（一九九八）が「戦後の社会福祉理論は大枠において、政策論、技術論、経営論の三つの類型に整理できる」と「経営論」という中間的な類型を加え、白澤政和は学問のボーダレス化を背景に社会福祉学の危機を表明したことがある。

　しかし、学問間の交流はディシプリンを拡散させるのであろうかと問うとそうではないと考える。むしろディシプリンは交流によって蓄積され、社会福祉学の有用性をむしろ拡げるのではないだろうか。社会福祉学がそのウイングを拡げることによって、むしろ存在証明を確固なものにしていくと考える。先のシンポジウムで、白澤は二つのベクトルと表現したうえで次のように述べている。「一つには、精神保健福祉学に対してのアイデンティティも持って、一定のベクトルが、精神保健福祉学のディシプリンの追求という方向に向かっていくのだろうと思います。もう一つは、精神障害者の課題というフィールドの中で、保健学、社会福祉学等のさまざまな学問が相互に連携し合って研究を進めていくベクトルを持っているのだろうと思います」（白澤、二〇一三）。このベクトルの強さがどちらに向かうかは不明であるが、白澤も期待するように両方のベクトルを強化していくことを学会としては展望したい。

新たに「対話の科学」を押し出してきた（日本学術会議、二〇一〇）、社会福祉学の加わったこれからの精神保健施策から精神保健福祉施策への転換は、狭義の施策において世界基準である収容型の長期入院を前提としない精神科医療の推進、地域を基盤とした精神障害者に対する総合的な生活支援体制の確立、精神障害者の日常的なケアの担い手である家族の支援、精神障害者の参加と公・民のコラボレーションの形成、権利擁護、精神疾患・精神障害に対する社会にある偏見是正等が主要な目標となってくる。

また、広義の施策において人々の精神的健康をいかに守り増進していくかが課題である。精神保健が対象とする人々は全住民であり、実際、住民の四人に一人が精神的不健康を抱えており、四〇人に一人が精神科で治療を受けている。精神保健は、精神疾患や精神的不健康の増大のなかで、わが国の疾病対策もがん、脳卒中、急性心筋梗塞、糖尿病に精神疾患が加わり五大疾病の時代となったことでその課題も多い。時点もしくは年間有病率の地域的差異、精神疾患の発生予防、思春期の不適応予防、労働環境の改善と職場のメンタルヘルス、ストレスマネジメントをはじめ、うつ病や自殺予防、睡眠障害や精神的不調など精神的健康の自己管理、アルコール関連問題と地域保健活動、発達障害者や高次脳機能障害者の地域生活支援、認知症の予防と支援、ターミナルケア、精神疾患の早期支援、疫学的な見地からのハイリスク層への介入やポピュレーション戦略、各種の支援とケアのプログラムの開発、健康増進、モニタリングやアウトカムの評価、自助グループの支援、専門職の役割や連携とチームアプローチのあり方など、精神保健を包括した精神保健福祉学に求められている領域と課題は広範囲である。先のシンポジウムで上野武治は、「労働者のメンタルヘルス悪化の背景には、労働規制の緩和や「過重労働」と「使い捨て労働」が蔓延化していることがある」（上野、二〇一三）として精神保健福祉学会が社会正義の立場から現代日本の精神保健の実態に関心とその改善の方向に関心を持つことへの期待を述べている。同時にこれらの課題解決には政策的展開だけではなく、個別臨床的なアプローチも不可欠である。従来、それは援助技術として、社会福祉ではソーシャルワークが担い、精神保健学ではさまざまな精神科リハビリテーション技術やカウンセリング、健康教育等が担ってきたが、精神保健福祉援助技術として統合化の方向にある。このように精神保健学と社会福祉学が交差する役割を意識しながら、その問われるべき実践課題に接近することが強く期待されているのである。

〔文献〕


G-zero「報告書」彩の国さいたま人づくり広域連合、二〇一〇年
一番ケ瀬康子『社会福祉事業概論』誠信書房、一九六四年
上田敏『リハビリテーションを考える――障害者の全人間的復権』青木書店、一九八三年
上野武治「[学会シンポジウム]精神保健福祉学の役割を考える」精神保健福祉学、一巻一号、四九頁、二〇一三年
江草安彦『高齢化時代の医療福祉』山陽新聞社、一九九二年
大谷實『精神保健福祉法講義』成文堂、一九九六年
大西次郎「精神保健福祉学の構築――ソーシャルワークに立脚する実践科学として」精神保健福祉学、一巻一号、四―一七頁、二〇一三年
岡田藤太郎『社会福祉とソーシャル・ワーク〔増補版〕』ルガール社、一九八〇年
岡村重美『全訂社会福祉学総論』柴田書店、一九六八年
オリバー、マイケル／サーペイ、ボブ（野中猛監訳／河口尚子訳）『障害学に基づくソーシャルワーク』金剛出版、二〇一〇年
鹿島晴雄「精神保健福祉を巡る最近の話題――精神保健福祉学」連盟だより、五一号、二〇一四年
川上憲人「社会疫学――その起こりと展望」（川上憲人・小林廣毅、橋本英樹編）『社会疫学と健康――社会疫学からのアプローチ』東京大学出版会、二〇〇六年
岸恵美子『ルポ・ゴミ屋敷に棲む人々』幻冬舎新書、二〇一二年

厚生労働省「ひきこもりの評価・支援に関するガイドライン」二〇一〇年
厚生労働省「社会的引きこもりガイドライン」二〇〇一年
島田是『現代の社会福祉理論――構造と論点』労働旬報社、一九九四年
嶋田啓一郎『社会福祉体系論』ミネルヴァ書房、一九八〇年
白澤政和「[学会シンポジウム]精神保健福祉学の役割を考える」精神保健福祉学、一巻一号、四三頁、二〇一三年
孝橋正一『全訂社会事業の基本問題』ミネルヴァ書房、一九七二年
武川正吾『地域福祉の主流化』法律文化社、二〇〇六年
多田羅浩三・小田兼三『医療福祉の理論と展開』中央法規出版、一九九五年
田中英樹「日本における精神障害者に対する反スティグマの現況と課題（The status of mental health system and service in Japan in relation to mitigating mental illness stigma: The Spring Conference of Korean Association of Social Welfare & Mental Health. 2012）
田中英樹『精神障害者の地域生活支援』中央法規出版、二〇〇一年
テンニース、フェルディナント（杉之原寿一訳）『ゲマインシャフトとゲゼルシャフト[上・下]』岩波書店、一九五七年
内閣府「若者の意識に関する調査（ひきこもりに関する実態調査）報告書」二〇一〇年
日本学術会議社会学委員会社会学の展望分科会『報告・社会学分野の展望――良質な社会づくりをめざして／「社会的なるもの」の再構築』二〇一〇年七月
日本精神保健福祉学会「精神保健福祉学」一巻一号、二〇一三年
日本精神保健福祉学会「日本精神保健福祉学会設立趣意書」二〇一一年六月二十六日
日本精神保健福祉士養成校協会編『精神保健の課題と支援』中央法規出版、二〇一二年
野中猛「[学会シンポジウム]精神保健福祉学の役割を考える」精神保健福祉学、一巻一号、四五頁、二〇一三年
福島章『精神医学と社会学』金剛出版、一九九二年
古川孝順「社会福祉理論のパラダイム転換」古川編『社会福祉二十一世紀のパラダイム――理論と政策』誠信書房、一九九八年
古川孝順『社会福祉学の新たな展望――現代社会と福祉』ドメス出版、二〇一二年a
古川孝順『「持続可能な社会福祉の展望と課題」に寄せる』日本社会福祉学会第五八回秋季大会会長挨拶、二〇一二年b

堀口九五郎「「精神保健福祉」の概念とその課題——用語の定着過程の検証」社会福祉学、四四巻二号、三-一三頁、二〇〇三年
三浦文夫『社会福祉政策研究〔増補改訂版〕』全国社会福祉協議会、一九九五年
三浦文夫『社会福祉政策研究——社会福祉経営論ノート』全国社会福祉協議会、一九八五年
村田信男『地域精神保健——メンタルヘルスとリハビリテーション』医学書院、一九九三年
森川すいめい〔Twitter@suimebukuro2014〕

# 第8章 民間活動の意義と歴史

## 1 はじめに

一九九九年七月、世界心理社会的リハビリテーション学会（WAPR）において世界の八三か所の優れた実践（ベストプラクティス）に、わが国から五か所の地域実践が選ばれた。「帯広ケアセンター」など帯広・十勝地域の精神保健福祉活動」「群馬県佐波郡境町の精神保健活動」「やどかりの里」「JHC板橋」「麦の郷」である。境町の活動は町の保健師が中心であり、帯広・十勝は公・民の連携活動であるが、他はすべて民間活動である。この表彰された実践は、いずれも重度の精神障害者を援助対象とする地域を基盤とした展開である。五か所の取り組みは、豊富な蓄積と多様なプログラム、ネットワークや医療サービス・精神科リハビリテーション・地域生活支援を結びつけた統合的生活モデルの視座からはいずれもすばらしい実践である。同様の実践レベルは、地域特性や推進主体に違いはあるが、民間活動を若干例示すると、札幌市の「すみれ共同作業所」、浦河町の「べてるの家」、新潟・守門村の村ぐるみの活動、長野市の「りんどう会」などのボランティア実践、世田谷・練馬・大田区・小平市などのネットワーク活動、新宿区の株式会社「ストローク」、町田市の「富士福祉会」や「コメット」、三鷹市の「むうぷ舎」、横浜・川崎・横須賀など神奈川県下の作業所やボランティアを中心とした活動、小松市の「なごみの郷」、浜松市の「遠州精神保健福祉をすすめる市民の会（E-JAN）」、枚方市の「陽だまり」、島根県・出雲地域の「桑友」をはじめとする地域ネットワーク活動、久留米市の「くるめ出逢いの会」、佐世保市の「チーム４×４（フォー・バイ・フォー）」、沖縄県の「ふれあいセンター」等々、各地の共同作業所、社会復帰施設を中心に、セルフヘルプグループ、ボランティア活動などを含めて草の根的な広がりを見せている。

とくに二一世紀を迎えて、行政活動では市町村における新たな生活支援の展開というすそ野が広がり、NPO法人が創出された今日、民間活動は地域レベルから全国レベルの実践まで大きなうねりを形成しつつある。

しかし、身体障害者や知的障害者にみられる民間活動やその反映でもある行政施策と比べると、精神障害者分野には依然として遅れや遜色があるのも事実であろう。それは従来の精神障害者が医療の枠内で括られていたことと無関係ではない。民間活動には、後述するが専門職というよりも、むしろ利用者や市民一般のボランタリーな性格があり、精神障害者の地域生活支援と密接な関係がある。

そこでここでは、民間活動の枠組みを整理したうえで、民間活動の意義と歴史について概観したい。

## 2　民間活動の枠組み

考えてみれば「民間活動」をどのように定義するか、単純なようで学問的には難しいものである。

図1　ウェルフェア・トライアングル
における第3セクター
（Pestoff, 1992）

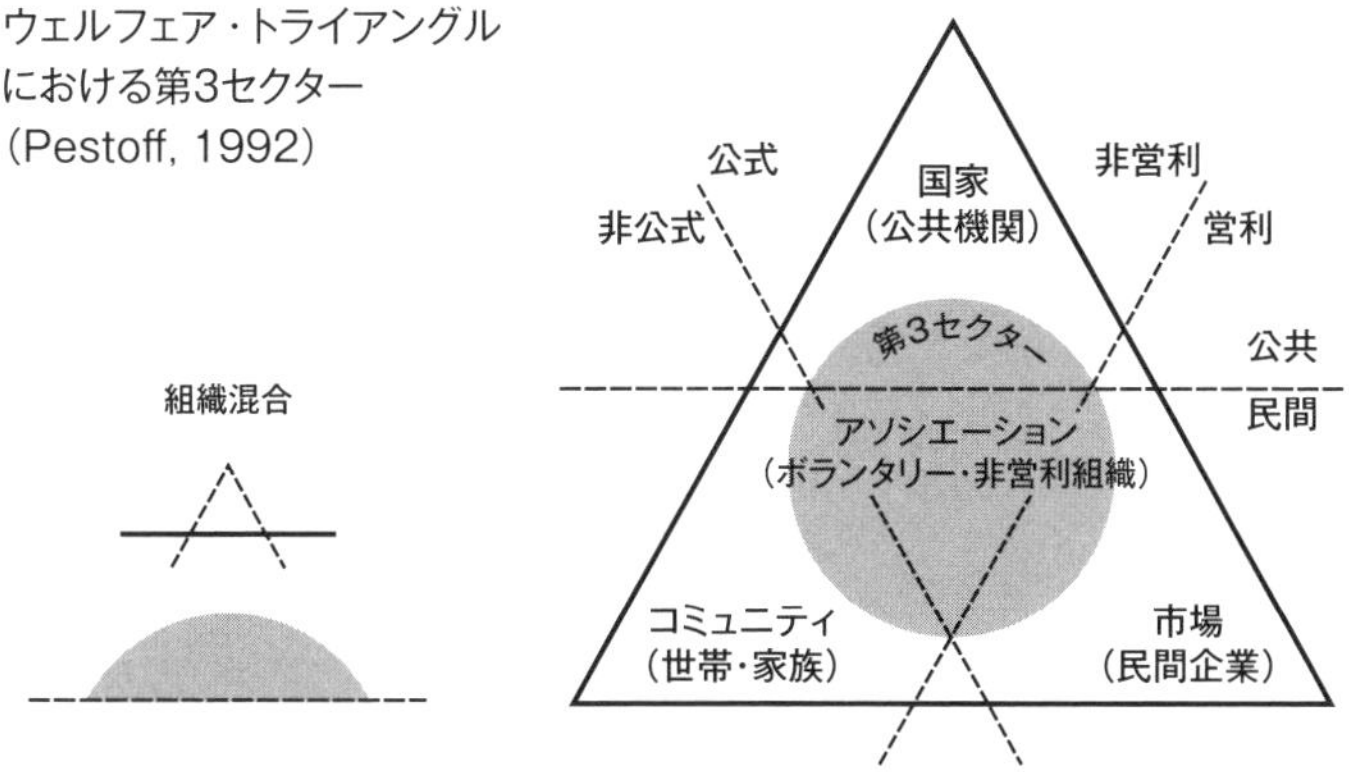


一般に民間活動は行政活動の対置概念として理解されるが、では行政活動とはどこまでを範疇としているのか、これは比較的整理しやすい。国や地方自治体などの行政を直接執行する組織、行政施策や事業、国公立の病院や施設などの専門機関、審議会や公的な連絡協議会などであろう。では、それ以外の民間機関・団体が行うすべてを民間活動として括ると範疇はかなり広くなる。プライベートな活動や任意のグループ・団体の活動から、何らかの法人組織、たとえば社会復帰施設や民間精神科病院の活動までのすべてが含まれる。しかも、活動という概念は、実践概念より幅が広い。ボランタリーな活動から専門職業的な活動までを含むからである。

セクター論では、スウェーデンのヴィクター・ペストフ（Victor Pestoff, 1992）が整理（図1）したように、第一セクターに行政セクター（政府や地方自治体の行政組織、専門機関、公社、公団、独立行政法人、事業団などを含む）が分類され、第二セクターに市場（民間営利）セクターないしプライベートセクター（個人企業など）が分類され、第三セクターのボランタリー（民間非営利）セクターないしアソシエーションに、ボランティア団体、公益法人などが分類されている。しかもこれら三つのセクターは多くがフォーマルセクターであり、他に法人格を有しない任意の団体やコミュニティグループ、ボランティアグループ、セルフヘルプグループ、世帯や家族などがインフォーマルセクターとして多数存在する。

したがって、民間とは広義には公的権力機関（地方自治体などの公共法人）以外の民間機関のすべてを範疇とする。しかし中範囲で括ると、普通法人（有限会社、株式会社、相互会社、企業組合、医療法人）や、共益法人（協同組合、宗教法人、学校法人）以外の法人や任意のグループ・団体の活動に限定される（ただし、医療法人は広義には公益法人に含む説もあり、また共益法人も広義には公益法人とみなす説もある）。普通法人や共益法人は、一般の不特定多数の利益を図るのではなく構成員相互の内部的利益を図る法人組織であり、ここで言う民間とは、利益を上げることを目的としない、公益的な活動を行う民間の法人組織や団体・グループを示して整理しておきたい。つまり、「非配当の原則」「公益性の原則」を基準に民間を括ってみる。するとこの範疇には、NPO法人、社会福祉法人、社団法人、財団法人、特殊法人、独立行政法人などのいわゆる公益法人が入り、人格なき社団である学術研究団体、社交団体、社会啓発団体、任意の団体・グループなども含まれる。社会福祉協議会や社会復帰施設を営む団体は、社会福祉法における第二種社会福祉事業を経営するサービス提供機関・団体である。国及び地方で組織されている全国の精神保健福祉関係団体には、当事者団体や職能団体や人格なき社団も含まれるが、多くは国や地方自治体による各種の補助金を受けており、性格はフォーマルセクターである。したがって民間活動を最狭義には、インフォーマルな民間の援助グループ・団体が行う活動に限定する考え方も生じる。法人格を持たない市民運動、当事者運動（利用者による市民運動）、セルフヘルプグループの活動、ボランティアグループの活動などがここに分類される。このように民間活動と一口で言ってもその範疇は広義から狭義まであることをあらかじめお断りしたうえで、ここでは主に中範囲及び狭義の民間活動に限定してその意義や歴史を概観したい。

## 3　民間活動の歴史

わが国では、明治初期までの精神障害者に対する行政展開は無策であり、精神障害者の治療は加持祈祷や滝修行などの民間療法しかなく、生活支援は家族の責任（私宅監置）、もしくは社寺の楼塔における慈善収容に委ねるしかなかったと言われる。確かに、行政活動ではない民間活動という意味では、一九〇二（明治三五）年の精神病者慈善救治会、一九二六年の日本精神衛生協会、一九四九年の日本精神病院協会、一九五〇年の日本精神衛生会、一九五三年の日本精神衛生連盟、一九五七年の病院精神医学懇話会など全国規模のフォーマルセクターが専門援助機関を中心に結成されているが、その役割は保健医療面の充実に限られており、今日の民間活動を代表しているとは言えないであろう。

今日の民間活動の黎明は、一九六四年三月二四日の「ライシャワー事件」に端を発した法改悪の反対運動から生まれたと言っても過言ではない。昭和大学付属烏山病院、茨城県立友部病院、都立松沢病院、国立武蔵療養所などの病院家族会、高知県、新潟県、京都府、栃木県、山口県、川崎市などの地域家族会が当時の精神科医師や行政関係者の主導で組織化され、一九六五年九月四日に全国精神障害者家族会連合会（全家連）が結成（一九六七年に財団法人化）される。精神衛生法の一部改正以降の動向では、保健所が精神衛生に関する地域の第一線行政機関として位置づけられたこともあり、地域においては群馬大学の江熊要一らを中心に「生活臨床」技法が開発され地域の保健師による訪問活動が活発に行われるようになったことや、精神衛生センターを中心に精神科デイケアのモデル的な実践も行われるようになり、「地域精神衛生活動」の草の根的な交流が求められ、一九六七年に「地域精神医学会」が設立された（なお、同年に病院精神医学会も設立）。しかしこの学会は一九七二年の箱根大会において「生活臨床批判・保健婦批判・地域管理網批判」というラディカルな主張の中で解体されてしまう。一九六八年には地域患者会「横浜あすなろ会」が結成され、同じく地域患者会「大師ひまわり会」が川崎市の保健所活動から誕生している。一九六九年には、小平市で「地域精神衛生懇話会」が結成され、帯広を中心とした「十勝ＰＳＷ研究会」や、「町田精神衛生連絡会」「東京あすなろ会」が結成される。一九七〇年に入ると、埼玉県大宮市で谷中輝雄によって「やどかりの里」が誕生し、札幌市では、横式多美子らを中心に患者会「すみれ会」が生まれ、埼玉県では精神障害者社会復帰施設の原型ともいうべき共同住居「希望の園」が個人により設立されている。一九七一年には福島県で「むつみ寮」が任意団体により設立される。一九七三年には京都府で「ハチの会」が生まれる。一九七四年には、静岡市で「友愛寮」が、同年に「日本精神神経科診療所医会」が結成される。京都府では精神障害者を主たる利用対象とした「おおみや共同作業所」が創立される。一九七五年には谷中輝雄の呼びかけで「全国精神障害者社会復帰民間団体交流会」が結成され、堺市ではボランティアグループ「あさか」が誕生している。しかしいずれも全国規模で草の根活動を主導するネットワークには発展せず、一九七〇年代後半において民間活動は一時停滞の時期を迎える（なお、七〇年代後半では、一九七五年に福島県で「あさかの里」が、一九七六年に日本てんかん協会が、また小平市で「あさやけ第二作業所」が、一九七七年には共同作業所全国連絡会（きょうされん）が発足し、和歌山市に「麦の郷」の前身である共同作業所が設立される。一九七八年には川崎市で「あやめ作業所」、沖縄県で「でいごゼミ」が、一九七九年には「朝日カウンセリング研究会」が誕生している）。

草の根的な民間活動の第一期はこうして一九六〇年代から一九七〇年代前半でほぼ幕を閉じ、第二期は一九八〇年代後半から始まったと言える。第二期は、第一期に見られたオピニオンリーダーの存在という開拓性よりも、わが国内外の情勢の変化が創り出したことに特徴がある。その契機は、一九八一年の国際障害者年とそれに続く一九八三年から九二年の「国連・障害者の一〇年」、そして一九八四年三月に報道された報徳会宇都宮事件の発生などである。この時期の民間活動をリードしたのは、「作業所づくり」である。一九七三年のオイルショックによる雇用環境の悪化などもあり、前述したような作業所は一九七五年までに二四か所の開設を見ているが、国際障害者年の間に全国で四四か所に膨らみ、一九八三年には国が小規模作業所運営助成事業を開始したこともあって、一九八五年には一八五か所、一九九四年には全都道府県で補助金制度が実施され、一九九六年には一〇二三か所、そして二〇〇二年四月一日には一八〇〇か所を超えるというわが国最大の地域リハビリテーション資源となっている。

第二期の民間活動では、一九八一年国分寺市で創設された「はらからの家」の活動、日本社会精神医学会の設立、一九八三年寺谷隆子らによる「JHC板橋」の設立、「全国精神障害者社会復帰活動連絡協議会（全精社連）」の設立、一九八四年の「神奈川県精神障害者地域作業所連絡協議会」や北海道浦河町の「べてるの家」の設立、神奈川県社会福祉協議会を中心とした組織的な「精神保健ボランティア講座」の開催、長野市におけるボランティアグループ「りんどう会」の立ち上げ、全家連による「精神障害者の医療・社会参加・福祉のための全国社会資源名簿」の発刊などが新たな時代の到来を告げている。その後の流れは、一九八六年に全家連の呼びかけで始まった「精神障害者の社会復帰と社会参加を促進する全国会議」の開催、東京精神医療人権センターの設立、一九八七年の精神衛生法から精神保健法への改正による精神障害者社会復帰施設の創設、全国精神保健職親会の結成、一九八八年には関係者の交流や運動を大きく発展させる目的で精神保健ジャーナル「ゆうゆう」が創刊される。また、一九九二年には国が地域生活援助事業を予算措置し制度化に踏み切り、民間活動では全家連より情報誌「レビュー」が創刊される。一九九三年の「全国精神障害者団体連合会（全精連）」の結成、心身障害者対策基本法から障害者基本法への改正、そして一九九五年の精神保健法から精神保健福祉法への改正、国による障害者プランの策定が示され、民間活動は急激な変化と成長を迎えることになった。精神保健福祉法時代になり地域の動向は大きく進展する。障害者プランに基づく精神障害者社会復帰施設が現出し、小規模作業所やグループホームはなおも増加の勢いをゆるめない。精神障害リハビリテーション活動も大きく進展した。また、精神障害当事者が発言を強め、精神保健福祉ボランティアグループは全国で三九七グループを数え（一九九九年神奈川県社会福祉協議会・かながわボランティアセンター調査）、全国交流集会を持つまで成長している。全国組織でも全国精神障害者社会復帰施設協会、全国精神障害者地域生活支援協議会、精神保健従事者団体懇談会、日本精神障害者リハビリテーション学会を始め日本デイケア学会、SST普及協会、日本心理教育・家族教室ネットワーク、日本精神科救急学会の立ち上げも行われた。第二期の民間活動はこのように社会復帰活動を特徴とする作業所づくりを中軸に開始され、その回りに精神障害当事者、家族、ボランティアを含む草の根型の活動が全国的な広がりを見せ、さまざまな全国ネットワークが誕生してきたことに特徴づけられる。

さて、今日は第三期の民間活動を迎えている。その序曲は「福祉」の二文字が法に位置づけられたことから始まっているが、一九九八年三月に「特定非営利活動促進法」の制定がなされ、一九九八年一二月から施行されている。とくに福祉NPO（non-profit organization）は、国際的には社会サービス分野のNPOとして先進国では重要な位置を占めているが、わが国でも一二分野の第一番が「保健、医療又は福祉の増進を図る活動」となっており、精神障害者の地域生活支援にかかわる組織化が急速に広がっている。また、二〇〇二年からは市町村が精神障害者の地域生活支援に本格的に参入したことによって、新たな「公共」の時代を形づくろうとしている。とくに民間活動では、精神障害者地域生活支援センターの設立をめざす取り組みが今は全国的なうねりとなっている。そこで次に視点を変えて、民間活動の意義を論じておこう。

## 4 民間活動の意義

最初に述べたように、民間活動と一口で言っても、そこには「公益法人」や各種の協同組合などの「中間法人」から営利企業である「普通法人」まで、民間なる団体や組織の実態は、使命、規模、構成、制度、資金源泉などきわめて多様である。しかし、市場（営利）でも政府（行政）でもない民間という特性は、歴史的に見ると自助や共助から発生しながら、市民社会の成熟度に合わせる形で新たな社会システムの一員になっている。精神障害者分野での民間活動は、これまで見てきたように絶対的なサービスの供給不足から出発している。そのため、行政セクターへのソーシャルアクションや世論形成と必然的に結びついて展開されてきた。この結果、わが国でもようやく精神障害者施策の進展が見られるようになり、とりわけ精神障害者の地域生活支援を目的とする民間活動は自らサービスを経営・提供する事業組織、したがってＮＰＯや社会福祉法人に代表される法人格の取得を課題とするようになった。福祉多元主義を受けて、二〇〇〇年には社会福祉事業法から社会福祉法への改称・改正が行われ、民間活動がフォーマルセクターに加わることが期待されている。しかし、このことは民間活動の本来持つボランタリーな性格に何らかの法的規制が避けて通れないというジレンマを抱え込むことになる。民間活動への過度の期待は、公的財政支出の抑制や、本来は公的サービスとして用意しなければならない社会サービスの外注化を生み出す場合があることには留意しておきたい。

たしかに、行政活動やその下で提供される公的サービスには優位性もあるが、同時に限界もあることは明らかで、民間活動が行政活動の限界を補充する側面を持つことは事実であろう。公的サービスの優位性は、何といっても憲法に基づく公的責任性にある。生存権（二五条）・幸福追求権（一三条）の保障が国家の責務であるからである。「公」の責任は、財源・制度における安定性や、サービス提供における公平性・平等性を生命線としている。反面、公的サービスはそれゆえの限界を併せ持たざるを得ない。限りある資源を分配するためのニーズ査定主義、サービスが画一的になりやすく個別ニーズへのきめ細かな対応は難しい。柔軟性や開拓性（先駆性）に欠け、新しい価値や福祉文化の形成を組織できないなどがある。これに反して民間活動は、サービスを自分たちで創り出してきた実績、個別の課題やニーズへの柔軟な対処、サービス提供における補充性など、行政活動と比較して何らかの優位性を持っていることは明らかである。しかし、民間活動の意義とは、そうした「政府の失敗」から議論を組み立てる「準公共財理論」だけなのであろうか。

精神障害者施策の場合、サービスの提供や事業の展開以前の問題、すなわち政策の選択から行政活動まで、つねに何らかのカウンターパワーなしには一歩も進んでこなかったのが歴史の事実ではないだろうか。民間活動だからこそできた制度がないなかでの先駆的な取り組み、行政施策への批判や代替案の提示、政策提言活動などは、それが草の根活動から始まったとしても歴史的かつ今日的意義をいささかも終焉していないのである。

今日の民間活動では、利用者・市民参加型のシステム構築が地域を基盤に新たな水準として求められているが、そこには同時に克服すべき課題も多い。多くの場合、民間活動ゆえの基盤となる自主財源の確保、自由度の確保、自己統治機能、開かれた組織の性格は今後の課題でもある。いずれにせよ、第三期というべき今日の民間活動は、協働（コラボレーション）と連帯（パートナーシップ）をあらゆる分野、階層に広げ、権利要求やアドボカシー活動からサービスの提供およびソーシャルアドミニストレーションまでを担うことを期待されている。コラボレーションとパートナーシップ関係には、対等性の保持と同時に一定の緊張関係も必要とされるだろう。

## 5 むすび

精神障害者にかかわる民間活動の意義と歴史を概括的に述べてきた。その焦点は、下から作られた草の根的な公益活動を行う民間活動の特徴や役割を浮かび上がらすことであった。民間活動はいま、新しい公共性の担い手として非貨幣的価値の実現をめざして市民の広範な公共意識による連帯へと成長することを展望する時代に入っている。民間活動には、P・ドラッカー（Peter Drucker）の指摘したミッション（使命）とともに、主体性、自主性、市民性、開拓性が問われてくる。活動の全体像は、「いま、ここで」と「生活のしやすさ」のために、個々のサービス提供、事業の実施と運動体としての社会資源の開拓や世論の形成、システム構築を結びつける総合支援の展開を協働と連帯を旗印にそれぞれの地域で推進する限り、その開花と発展は精神障害者の地域生活支援の明日を切り拓く原動力に違いない。

〔参考文献〕

石川到覚編『精神保健福祉ボランティア』中央法規出版、二〇〇一年
宇田紀久恵『自治型地域福祉の展開』法律文化社、一九九三年
川口清史、宮沢賢治編『福祉社会と非営利・協同センター』日本経済評論社、一九九九年
田中英樹『精神保健福祉法時代のコミュニティワーク』相川書房、一九九六年
田中英樹『精神障害者の地域生活支援』中央法規出版、二〇〇一年
ドラッカー、ピーター（上田惇生、田代正美訳）『非営利組織の経営』ダイヤモンド社、一九九一年

# 第9章 九州における精神科病床数の蓄積過程に関する研究

何故、精神科病床数が日本一になったか

## 1 問題の所在

### ——研究の背景

近年になり、わが国の精神障害者支援は、保護的な精神科入院医療の対応から、地域における自立生活支援を中心としたケアに大きく転換してきている。精神障害者はこれまで医療施策中心でその「疾患」対策が講じられてきたが、障害者基本法により障害者の一員としての位置づけも明確になり、福祉施策が求められ、二〇〇二（平成一四）年度からは、市町村による在宅福祉サービスの基盤整備が進められることになった。また、二〇〇六（平成一八）年からは、障害者自立支援法が制定され、市町村を中心とした三障害を一元化した障害者福祉サービスも始まった。ここ一〇年あまり、精神障害者と家族の位置にも大きな変化が見られるようになり、これまでのケアやサービスを受ける対象から、サービス供給の一員としてピアサポートやピアヘルパー、セルフヘルプグループなどさまざまな活動が発展してきている。また、全国で精神保健福祉ボランティアの活動が興隆しており、わが国における精神保健福祉施策は時代の転換点を迎えつつある。しかし、厚生労働省の調査（二〇〇〇（平成一二）年）によると、わが国の精神科病床数は依然、三五万八一五三床（人口万対二八・四）、在院患者数三三万三七一一人（病床利用率九三・二％）と欧米を始めとした先進諸国では例を見ない精神科病床を有しており、長期入院の弊害が課題となっている。このことは国際的にも改革を迫られる大きな課題となっており、世界保健機構（WHO）は二〇〇二年に日本の精神医療を病院収容から地域医療に転換するよう勧告をまとめ、厚生労働省及び関連学会に対して通告した。勧告によると、日本の精神病床は人口比でも絶対数でも世界最大であり、その病床数を減らし、退院後の医療を含む地域支援体制の整備を急務の課題としている。

今後、わが国が世界水準の脱施設化とコミュニティケアの歩みに追いつくためには、「社会的入院」に代表される長期入院の精神障害者に対する施策を抜本的に見直し、その退院を促進する効果的な施策及びプログラムを病院／地域で共に推進していくことが必要であろう。この点で、九州地域は精神科病床数の際だった過剰地域としてわが国では特異な状況にある。すなわち精神科病床数の多さにおいてわが国でトップ（したがって世界一）が鹿児島県（五六・七床／対人口比一万人）であり、以下、長崎県（五六・二床）、徳島県、宮崎県（五三・六床）、福岡県、佐賀県、高知県、熊本県、大分県、沖縄県と病床数の多い上位一〇位までの県に沖縄を含む八県すべてが含まれているからである。最小の滋賀県（一七・九床）、埼玉県（一八・三床）、神奈川県（一八・七床）、愛知県（一八・七床）などと比較すると三倍以上の開きがあり、この九州地域の実情が病床数の全国平均をなかなか減少させえない大きな要因となっているからである。

周知のように、わが国の精神障害者施策で求められる最大かつ喫緊の課題は、長期在院患者なかでもいわゆる「社会的入院」の解決であり、地域での自立支援システムの構築にある。国は「新障害者プラン」で、すでに七万人を超える「受け入れ条件が整えば退院可能な」いわゆる「社会的入院」の退院促進を目標とすることを明らかにしたが、この九州地域の状況（医療法に定める地域医療計画でも著しい病床過剰地域）に有効に切り込む施策なしにそれは実現できない。本研究は、この九州地域の現状を単に現象や理念面で論ずるのではなく、その歴史および地域特性を十分考察し、実現可能で効果的な施策転換の道筋を明らかにすることを目的とした。

## ――研究の目的と価値

本研究は、九州地域というわが国最大の、したがって世界最大の病床を有するエリアでその成り立ちと背景を明らかにすることを中心課題とする。わが国がこの分野で世界水準に追いつく施策形成の根拠資料を得ることになるだけに、その施策的社会的貢献と意義はきわめて大きいと判断する。本研究の対象自体が新研究分野であり、その価値も国際標準に視点を置き、かつ地域基盤の実践方向を展望するものであり、わが国における精神障害者の市民権を回復し、時代と状況を拓く研究活動として独創性があると考える。

先進国における精神病床数の減少は、アメリカ・イギリスでは一九六〇年代、イタリア・ドイツでは一九七〇年代から開始され、その他のヨーロッパ各国もほぼ一九八〇年代には脱施設化が完了している。わが国では、一九九三年をピークに精神病床数の微減傾向が伺われるが未だ本格的なものではない。国もしくは都道府県レベルにおいてこれまでも精神科病院調査が行われたこともあるが、それらの調査は現象面の数値を求めるものであり、特に本研究がめざすような九州地域における精神病床増設に到った要因なり、広く社会経済政治的背景を分析するものではない。これからのわが国がめざす方向性を考えると、本研究によって得られる知見と施策提言の成果が期待できる。

## ──研究の焦点

九州・南四国地域への病床集中は、「特異な現象」と見られるものの誰もその要因を分析した報告はない。「四国の精神医療」を報告した山下は、「問題は、（…）よく言われるように、九州及び南四国は人口に比べて精神病床数が多いのは何故かということである。その原因が過疎あるいは、産業構造と関係があるのか、ほかにもっと別の要因があるのかどうかということに興味が持たれている」と述べつつも、その要因分析は課題とした。戦前に開かれた座談会で、当時の中川望鹿児島県知事は、「鹿児島は気候の関係で精神病者が殊に多い（…）」（昭和九年一一月二四日、精神病者救療事業座談会「救治会々報」五五号、一九三五年）と述べたが、これも全くのウソである。大正六年六月末現在の内務省統計（地方別精神病者数）によれば、人口比例（人口千対精神病者）で全国平均一・一八人、鹿児島県は一・三七人（九州平均一・二八人）であるが、奈良県二・〇一人、島根県一・八六人、石川県一・六二八人、新潟県一・四九人、富山県と和歌山県一・四一人等と比べても精神病者数は少ない。むしろ、県立鹿児島病院精神科分院開設（一九二四年）の理由は、「英国皇太子を迎える際に、（…）思想問題よりも精神病問題を恐れられた」（同知事）のが本音であろう。

本研究を始めるまでは、江戸幕府による焼酎生産の奨励など明治以前からの流れを考察する必要があると最初の仮説を立てたが、結果は違っていた。詳しくは後節で明らかにするが、戦前史の考察では九州地域がとくにずば抜けて精神病床数が多いことはなかったのである。むしろ東京府、大阪府、京都府など大都市圏と比較すると精神病床数は極めて少なかった。「わが国の歴史に限っていえば、精神病院の圧倒的多数は、戦後の精神衛生法の制定をまって各地に設立された私立精神病院である」（小俣、一九九八）ことは紛れもない事実である。しかし戦後、「ある時点から」九州地域だけが「特異」と思われる精神病床数の急上昇に進み、結果、わが国最大の精神病床産出地帯となったのである。

高宮澄男が指摘したように、「全国的水準をはるかに超える精神科病床と、入院患者数の問題（…）どのような経過理由からして、このように病床数が増加してきたのか。個々の病院関係者の主観的意図から離れて、全県的、全国的な視野から考察し、分析する必要があろう」（高宮、一九八六）は本研究の中心課題である。九州地域における精神科病床数の急上昇を促した「ある時点」とはいつか？　その要因は何か？　さっそく主題に入ろう。

## 2　戦前史的考察　旧二法時代

### ――始まりとしての陸軍病院

日本で最初の近代的精神病院は、一八七二（明治五）年の京都府仮療病院が始まりである。その後、一八七四（明治七）年の医制発布により癲狂院設立の規定が盛り込まれたことにより、公立の精神病院として一八七五（明治八）年の京都府癲狂院（一八八二年に廃院）、私立精神病院としては一八七八（明治一一）年に東京市本郷区田町に加藤瘋癲《ふうてん》院が、同年、北海道で区立函館病院瘋癲病室、一八七九（明治一二）年の東京府癲狂院、同年北豊島郡に癲狂院が設置されている。一九〇〇（明治三三）年の精神病者監護法施行以前にわが国では一八八一（明治一四）年に開院した東京府癲狂院など一四の精神病院が設置されているが、九州では佐賀県に一八八九（明治二二）年「佐賀県柄崎精神病部」が設置されたが病室はなく、かつ四年後には廃止されているように、国民収容施設としての精神病院は皆無であった。明治期全体でみても、九州では、一九一二（明治四五）年の熊本県での仁木神経科医院（病床九）、浦上脳病院（病床数不明／一九四五年に廃院）のみで、精神病院の大半は東京府、大阪府、京都府の三府に集中していた。しかし、この流れとは別に、帝国陸軍病院は一八七四（明治七）年に東京衛戍《えいじゅ》病院精神科病室を立ち上げ、九州でも一八七五（明治八）年に、衛戍病院（いわゆる陸軍病院）として、熊本、小倉に数床の精神科病室を設置している。このように九州にいち早く衛成病院精神科病室が立ち上がった要因は、一八七一（明治四）年の国民皆兵制度、徴兵令から始まり、小倉における士族による暴動（一八七三（明治六）年三月）、一八七四（明治七）年の佐賀県における征韓論の台頭と九州各地へ広がる士族の反乱、熊本での鎮圧、朝鮮上陸と征韓論の沸騰、一八七二年から七八年の琉球処分、一八七七年西南戦争など九州における陸軍の比重の重みと関連していると推測される。いずれにせよ、九州における精神病院の始まりは陸軍によるものであった。

## ――大学精神科教室と精神科病棟の開設

井本ら（一九七八）によると、大学精神医療の影響説が表明されているが九州ではその歴史も古い。九州では明治期に、熊本大学（一九〇四年旧私立熊本医学専門学校）、九州大学（一九〇六年呉秀三門下であり初代榊教授の実弟である榊保三郎によって、京都帝国大学福岡医科大学開設）、長崎大学（一九〇七年呉門下の石田昇（後にアメリカに留学し発病して松沢病院に入院）によって大学病院精神科が開設）の三大学に精神科教室が設置されている。その後では、久留米大学（一九二九年設置／病棟は一九三二年開設）が続くが、後はすべて戦後である。一九〇八年の医学専門学校令改正によって精神科は必修科目となるが、明治期開設された医科大学は全国で一一大学であるから、九州の大学精神科教室の歴史は古い部類に入る。

大学精神科病棟の開設では、長崎大学が最も古く一九〇二年であり、次いで熊本大学（一九〇九年）、九州大学（一九一〇年）となる。この間前後するが、一九〇六年に医師法が公布されている。大正期では、一九二五（大正一四）年に県立熊本病院（八〇床）・熊本医学校精神神経科に呉門下の黒沢良臣が着任し、精神科が開設される。

これら先行した大学精神科教室は明らかに九州の精神病院に供出する精神科医師をその後多く輩出してくる。久留米大学医学部精神科教室だけでも、全国の三万五〇〇〇床の病院に医師を配置しているというように、その影響力は大きい。

## ――外交上の契機

およそ明治から一九五〇（昭和二五）年精神衛生法制定までの近代精神医療の成立と展開に関与した歴史的要因として、生村吾郎は丹念な統計資料を基に、産業構造の変化、土地所有形態の変化、村落共同体・家族制度の変化、外交上の契機、国家による医学・医療の独占、近代精神医学の輸入、「近代天皇制」の採用と肥大の七つを抽出している（生村、一九九五）。このうち「外交上の契機」で九州が関連するのは、長崎県と鹿児島県がある。

長崎は一八五七（安政四）年に幕府が結んだ日英通商航海条約などの条約改正の一八九九（明治三二）年にむけて「横浜トカ長崎神戸ト言フヤウナ所デハ先ズ立ロニ比精神病室ヲ用意スルダケノ都合ニ今日デハ協議が行届イテ居ル次第デゴザイマシテ（…）」（第一三回帝国議会貴族院精神病者監護法特別委員会（明治三二年二月八日）政府説明員答弁）と表明したように、精神病者の収容施設整備は開港場の治安整備という国策で進められた。一九〇六（明治三九）年の第二二回帝国議会における「官公立医学校に精神病科を設置」の決議を受けた日本神経学会第三回総会での「医専に精神病学講座を、医大に病室を設置する」という決議のもと、すでに任命された明治三七年の熊本（兼任教授）に続き、福岡、長崎に専任教授が任命された。また長崎では、一九〇七（明治四〇）年の「長崎市救護所」が応急的に設置を見たが、本格的なものは一九一一（明治四七）年の長崎病院精神病科の開設からである。鹿児島では、一九二四（大正一三）年に英国皇太子を迎えるにあたって、ベット数三一をもって県立鹿児島精神科分院（→一九三一年鹿児島保養院）が設立された（公立では都立松沢病院に次いで二番目の病院）のが「外交上の契機」によるものだった。

いずれにせよ、精神病者監護法の時代の精神病院は、警察およびその上部機関である内務省の監督下に編入されたように、この条約改正と精神病者監護法は密接な連関にあり、三府を除けば神戸、横浜と並んで長崎など外国との門戸となる開港場の精神病床設置を優先したことは間違いない。

## ――大正時代の特徴

大正時代（一九一二年〜二六年）ではどうであろうか。九州では一九一二（大正元）年に浦上脳病院（一九四五年に廃院）が設置され、一九一八（大正七）年に福岡脳病院が設置されているが、一九一九（大正八）年の精神病院法が公布されても、先に挙げた県立鹿児島保養院が一九二四（大正一三）年に設置された程度である。一九一七（大正六）年、内務省（保健衛生調査会）による精神病者全国一斉調査では推定総数六万五〇〇〇人とあるが、うち入院患者は、約五〇〇〇人にすぎない。一九一八（大正七）年でも五九〇〇床中四二〇〇床が三府内に集中しており、九州が最初から多かったのではない。九州各県の最初の精神病院設置は、一九〇二年長崎、一九〇九年熊本、一九一〇年福岡、一九一八年大分、一九二四年鹿児島、一九三四年佐賀、一九三五年宮崎となっており、一九三五年末では、沖縄県には一床もない。

さて、生村説によれば、大正三年以降から昭和初期にかけての天皇を初めとする皇族の行幸、行啓、お成り、及び外国皇族の来日を精神病院を設置せしめた要因にあげている。これは、「近代天皇制」の精神病者への忌避と排除、つまり直訴者への警戒が動機となっているようである。実際、岡田によれば「一九二六年ごろから病床率が全国的に高くなっており、一九三一年からさらにましているが、（…）一九三五年の増床が高くでている」（岡田、二〇〇二）と述べられ、昭和初期では、東京、大阪、神奈川、兵庫など大都市圏に精神病床が急増している。このように神戸においては生村説が有力であるが、九州ではこの説は否定される。一九三七（昭和一二）年末の精神病者（帝国統計年鑑）は、大阪府では四二八六人だが、九州のうち、佐賀、宮崎、沖縄では入院者がいない。一九四五年（戦前）までの公立精神病院は東京府、京都府、大阪府以外では神奈川県、愛知県、兵庫県、福岡県（二〇〇床）、鹿児島県（一五〇床）の八か所である。

精神病院開設を大正年間で見ると、一九一二（大正元）年仁木神経科医院（熊本）、一九一八年福岡県で福岡脳病院、大分県では、朝見病院が外科病院から別府脳病院（精神病院）に転換されて開設されている。一九一八（大正七）年に、精神病院法が公布されるが、全国的にも予算不足で公立精神病院の建設は進まない状況が続いた。そして、先に述べたように一九二四年英国皇太子を迎えるにあたって、ベット数三一をもって県立鹿児島精神科分院が設立されている。

このように、第一次世界大戦（一九一四－一九年）に続くシベリア出兵、大戦景気、大正デモクラシー、昭和恐慌の時代、九州では精神科病院に大きな動きはなかった。

## ――昭和初期の特徴

一九二六年から終戦に至る一九四五年までの九州における精神病院の状況はどうであったか。戦前の全国的な精神病院開設ブームは大正末期から昭和初期と言われるが、昭和初期には九州地域に精神病院はほとんど開設されていない。

一九二七（昭和二）年、熊本県に有働病院が開設し、一九三〇（昭和五）年には鹿児島県に鹿児島脳病院（現・横山病院）が開設されている。満州事変の勃発時である一九三一（昭和六）年九月、「昭和天皇が陸軍の演習のために熊本にきた時に精神障害者が街にいては困るということで収容するために現在の熊本精神病院（当時の熊本脳病院）が開設されました」と精神病院建設が内務大臣からの直々の依頼であったことを証言している。同年、福岡県立筑紫保養院（現・県立太宰府病院）、また、久留米大学に玉丸勇によって精神病棟が開設された。一九三五（昭和一〇）年、宮崎脳病院（六〇床）が、宮崎県では戦前唯一の精神病院（一九四八年火災により全焼、入院患者一一名死亡）として開設をみる。ちなみに、一九三五年でも全国で一四三病院（一万八九八一床）が設置されたが、三府に五〇％、神奈川・兵庫を加えると六〇％が集中しており、九州ではそれほど精神科病床は増床していない。一九三五年福岡県に大川病院が開設し、一九三七（昭和一二）年鹿児島県に三州脳病院（現・三州病院）が開設し、同年大分県では大分脳病院（後に佐藤脳病院に改称／現・佐藤病院）が開設。続いて、一九四〇（昭和一五）年には、別府市に山本脳病院が開設するが、一九四〇年当時の九州（代用精神病院数とベット数）は、筑紫保養院（福岡二〇〇床）、熊本脳病院（一三四床）、鹿児島保養院（一三四床）のみで、佐賀、長崎、大分、宮崎、沖縄にはない状況であった。戦時の一九四二（昭和一七）年には、鹿児島に川内脳病院（現・中郷病院）及び崎元病院花倉分院が開設し、鹿児島全体でベット数は一四〇床となる。また、一九四五（昭和二〇）年六月には県立鹿児島医学専門学校（現・鹿児島大学医学部）に神経精神医学教室が開設された。

## 3 戦後史と高度経済成長

### ――戦後の出発と九州の状況

終戦時、わが国は精神病院数三二、精神病床四〇〇〇床から再出発した。一九四五（昭和二〇）年に佐賀県では国立肥前療養所、長崎県では国立長崎中央病院に精神病床が開設され、熊本県では国立熊本病院が開設された。

一九四六（昭和二一）年に長崎で紅葉病院が、大分では向笠医院（中津市）が開業した。一九四八（昭和二三）年、医療法施行令の公布第四条の六「精神病、結核、らいその他厚生大臣が定める疾病の患者を収容する病院は医療法第二一条によって厚生省令で定める従業員の基準によらないことができる」とされ、翌一九四九（昭和二四）年七月、全国八二の民間精神病院が日本精神病院協会（初代理事長・金子準二）を発足し、同年、鹿児島大学医学部に精神科病棟が、鹿児島に福山病院が開設され、長崎県では長崎大学病院、壱岐公立病院が開設された。また、熊本では熊本保養院（ベッド二三床）が開設された。一九五〇（昭和二五）年五月に精神衛生法が施行され、精神病者監護法及び精神病院法が廃止された。この精神衛生法施行当時の精神病有床数は、単科精神病院一四八か所（一万九〇〇〇床）、精神病床を有する病院五一か所（約二五〇〇床）の合わせて人口万対二・六床で、当時の精神病床数は国際水準の一〇分の一であった。精神衛生法は、私宅監置を廃止し、入院措置を定め、その際の国庫補助を二分の一と定める一方、精神衛生鑑定医制度、在宅精神障害者の巡回指導を行う精神衛生相談所の設置、精神衛生審議会、指定病院制度などを定めた。この年、長崎県では高城病院（島原市）が、佐賀県では佐賀保養院（現・大島病院）が開設し、一九五一（昭和二六）年には加藤病院（大分県竹田市）が開設された。なお、一九五一年には日本精神衛生会が発足している。一九五二（昭和二七）年、厚生省は、戦後復興に精神病床増床第一主義をとることを打ち出した（厚生省公衆衛生局、一九五二年）。この年の一一月、精神病床数は約三万床となり戦前のレベルに回復する。翌一九五三（昭和二八）年厚生省は「精神障害者入院措置取扱要領」を示している。この戦後復興という精神医療における救貧的治安政策こそ、産業基盤が脆弱な九州地域に精神病床を最初に生んだ大きな要因と見なされる。このことは後で考察するとして、全国状況を交えて戦後の精神病院をとりまく変化を追ってみよう。

一九五二（昭和二七）年、宮崎県に県立精神病院が、長崎県に佐世保保養院が開設し、一九五三（昭和二八）

年には、長崎県に県立東浦病院が、鹿児島に谷山病院が、熊本県では日隈病院が開設した。一九五三（昭和二八）年来日したWHO顧問ブレインの「D・ブレイン報告」では、一九五二（昭和二七）年現在、全国で精神病院一七三か所、精神病床数二万二九七三床（人口万対二・六）、平均在院日数二八三・七日であり、一九七五（昭和五〇）年には一〇万床を予測していたが、その後の経過はこの予測を大幅に上回ることとなった。

一九五四（昭和二九）年七月、第一回全国精神衛生実態調査（在宅）が戦後初めて行われ、その結果、全国推定患者数四五万人、うち精神薄弱を除く要収容治療一七万人と発表された。なお、当時は精神病床数三万八〇〇〇床であった。この年、厚生省は精神病院建築基準及び精神障害者措置入院費国庫補助基準を示した。また九州精神病院協会が結成され、熊本県では熊本県立精神病院（小川再生院）の開設（現・県立こころの医療センター）、吉田病院、龍田病院、高田病院が開設し、鹿児島県では加世田病院、大口病院、大隅病院が、大分県では奥村日田病院（日田市）が開設された。この年、厚生省は、初の結核実態調査結果も発表しているが、患者数二九二万人（要入院一三七万人）と、依然結核患者対策が重点となっていた。

一九五一年フランスで発見された向精神薬は、翌年から日本でも使用され始め、一九五五年、クロルプロマジンが薬価基準に承認された。それまでは対症療法的な薬物療法やインシュリンショック療法など身体療法しかなかったが、その後一九六〇年代には、パーフェナジン、レボメプロマジン、ハロペリドールなどの生産も拡大し、本格的な薬物療法の時代に入った。

### ――昭和三〇年代からの全国的な精神病床増加の背景

抗精神病薬の有効性が明らかになった一九六〇年代、日本も欧米と同じようにコミュニティケアの時代が到来するのではと希望を抱いた関係者が当時は多かったという。しかし、現実は精神科病床の増床に次ぐ増床であっ

戦後の精神病院の推移（「我が国の精神保健福祉」より）

| 年次 | 在院患者数 | 人口万対病床率 | 精神病院数 | 平均在院日数 |
|---|---|---|---|---|
| 昭和20（1945）年 | 4,000 | - | 32 | 不詳 |
| 昭和25（1950）年 | 22,000 | 2.6 | 199 | 不詳 |
| 昭和30（1955）年 | 44,000 | 5.0 | 260 | 287 |
| 昭和35（1960）年 | 95,000 | 10.2 | 506 | 333 |
| 昭和40（1965）年 | 173,000 | 17.8 | 756 | 434 |
| 昭和45（1970）年 | 253,000 | 23.8 | 1,364 | 455 |
| 昭和50（1975）年 | 281,000 | 25.1 | 1,454 | 487 |
| 昭和55（1980）年 | 311,000 | 26.4 | 1,521 | 535 |
| 昭和60（1985）年 | 339,000 | 27.7 | 1,604 | 536 |
| 平成2（1990）年 | 348,000 | 28.8 | 1,655 | 490 |
| 平成7（1995）年 | 341,000 | 28.7 | 1,671 | 455 |
| 平成12（2000）年 | 333,000 | 26.3 | 1,699 | 377 |
| 平成17（2005）年 | 324,000 | 25.5 | 1,699 | 317 |

た。それは、戦前から我が国の精神病院が救貧的治安政策とそのための収容施設として成立したことと無関係ではない。戦後も戦前と同じく極端な私立精神病院依存の構造は変わらない。確かに今日では九州地域に代表されるように、精神病院および病床数の全国的偏在という事実は明白であるが、全国的にも精神病床数は昭和三〇年代から急激な量的拡大を示している。昭和四〇年代までに単科の精神病院だけで一九五五（昭和三〇）年の二六〇病院から一九七四（昭和四九）年には九二八病院と三・五倍の増加であり、そのうち、九七・三％は私立精神病院であった。また、病床利用率は一度も一〇〇％を切った年はなく、昭和三〇年の一一一・一％から昭和四九年の一〇一・四％まで超過ベッド状態で推移している。ここで全国的にも精神病床数の増床をもたらした政策的な背景を年次を追って概観してみよう。

一九五四（昭和二九）年の第六次精神衛生法改正により、国は法人立精神病院に対する国庫補助（精神病室の設置と運営に要する費用の二分の一を補助）を始めた。一九五六（昭和三一）年、厚生省公衆衛生局に精神衛生課が新設された年、国は精神病院だけでなく、救護施設にも緊急整備費国庫補助交付基準を示した。一九五八（昭和三三）年一〇月二日に厚生事務次官通知一三二号で特殊病院に対する人員基準を定めるも、同年一〇月六日医務局通知により、基準を満たさなくてよいとした。すなわち、「精神科特例」（厚生事務次官通知）の導入により、患者四八人に医師一人（一般病院の三分の一）、患者六人に看護師一人（一般病院の三分の二）が適用された。同じ年、国民健康保険法が制定されている。そして、一九六〇（昭和三五）年には、医療金融公庫の発足（一九六一年〜一九七二年の著しい病床増加）と精神病床特別融資枠の設定、すなわち精神病院建設のための医療金融公庫の低利長期融資制度がスタートした。一九六〇年代には医療金融公庫全融資枠の三四％が精神病床増加に費やされた。一九六〇（昭和三五）年六月には精神病床数九万五〇〇〇床になっている。この間、一九五九（昭和三四）年五月に日本精神科看護協会が発足し、一九六〇（昭和三五）年一一月には全国精神病院協会栄養士連合会が発足、一九六一（昭和三六）年八月には精神病院ソーシャルワーカー連絡協議会が発足している。一九六一年第九次精神衛生法改正により、国家予算における措置入院費の増大（国庫負担二分の一から一〇分の八へ引き上げ）も注目される。「自傷、他害のあるおそれある精神障害者は、できるだけ措置入院させることによって、社会不安を積極的に除去することを意図した」（厚生省として精神障害者の収容政策ともいうべき措置入院費の国庫負担率の引き上げが行われた。なお、一九六三（昭和三八）年には第二回の全国精神衛生実態調査が行われた。その結果、医療も指導も受けていない放置患者は全国推計数一二八万人、要収容三五万人（うち精神病院二八万人）とされ、郡部に多く、また貧困層により多かった。同年一二月一日朝日新聞朝刊の見出しは、厚生省の精神障害者調査「三分の二は野ばなし」とされ、厚生省公衆衛生局長通知「精神障害者措置入院制度の強化について」が出される。また、一九六三年からは生活保護から措置への切り替えも始まり（経済措置の始まり）、これにより措置入院者が急激に増加し、一九六五（昭和四〇）年では政府精神保健予算の実に九三％が措置公費負担に費やされた。また、一九六一（昭和三六）年四月一日より国民皆保険制度がスタートした。同年一〇月国民健康保険法の一部改正により、結核、精神病の一部負担率が下げられる。

こうして一九六二（昭和三七）年に結核病院数と精神病院数は逆転（精神病院五八三、結核病院五一六）し、病床数では一九六七（昭和四二）年に逆転（精神病床数二一万〇六二七、結核病床数二〇万四九四五）という変化を生んだ。特に、特徴的なのは措置入院比率の増大である。一九五五年〜一九六〇年の措置入院比率は一一・三から一四・七％で推移していたものの、一九六一年は三一・一％となり、ピーク時の一九六五年には三七・五％となっている。このように、一九五五年から一九六一年の増加率である年間一万床の増加が一九六二年以降は一万五〇〇〇床〜二万床の増加へと跳ね上がった。こうした背景に見過ごすことができない事実として製薬資本の参入がある。先に述べたように向精神薬は、クロルプロマジン、パーフェナジンなどは一九六〇年代を通じて一貫して需要が増加しているが、化学的手段が精神病院のスタッフ不足を補うものとなった。いわゆる「薬漬け」である。

この全国的な動向の背景には、わが国が一九五五（昭和三〇）年以降高度経済成長期に入り、一九五九（昭和三四）年の岩戸景気、一九六〇（昭和三五）年の池田内閣「所得倍増計画」政策などの事情もあって精神病院増設ラッシュへの追い風になったことは間違いない。合わせて核家族化の進行、国民皆保険体制の確立、企業としての精神病院育成、結核療養所の精神病院への切り替えなどが相乗的に精神病院と精神病床数の増設をもたらした。

一九六四（昭和三九）年以降の特徴では、全国的には精神病院の大規模化（三〇〇床以上）と利用率の増加（一九六四年で一一〇・三％）が目立つ。不幸なことに、一九六四（昭和三九）年三月二四日に発生したライシャワー駐日アメリカ大使刺傷事件により、「精神異常者野放し論」が沸騰し、政府は精神病床の増設を急ぐ方針を打ち出すとともに、同年四月一日警察庁通達「外勤警察活動の強化要領」を各地の警察本部に通達した。「マルセイ」と呼ばれる名簿が各地で作られていく。また、各地で天皇・皇太子や皇族の旅行・移動に関して警察署から精神病院や行政への「外泊状況」等の問い合わせが行われた。一九六〇年代後半から七〇年代にかけて、精神病床はほぼ飽和状態となるが、それでも増床基調は終息せず、その歪みともいうべき精神病院での不祥事事件が次々と明るみに出されてくる。例えば、一九六八（昭和四三）年大阪・栗岡病院事件（リンチ殺人）、一九六九（昭和四四）年大阪・安田病院事件（リンチ殺人）、一九七〇（昭和四五）年京都・十全会病院事件（傷害致死）、一九七一（昭和四六）年福岡・中村病院事件（リンチ傷害）等々である。一九七〇（昭和四五）年三月五日から朝日新聞に連載された「ルポ・精神病院」（大熊一夫記者）は、当時の精神病院の陰の側面を暴き出したが、「増床・詰め込み」がなぜ行われたのか、その社会的歴史的要因までは掘り下げられることなく、一九八四（昭和五六）年三月に明るみに出た報徳会宇都宮事件の発生まで精神病院と精神病床の増加基調は変更されることなく続いた。

一九七三（昭和四八）年第三回全国精神衛生実態調査が行われるが、この頃になると、国の実施する実態調査への不信感から多くの自治体で反対運動があり不十分な調査で終わる。

## 4　九州における精神病床数増加の要因の戦後史的背景

これまで見てきたように、全国状況では、一九五五（昭和三〇）年には二六〇か所の精神病院が一九六〇（昭和三五）年には五〇六か所と膨らみ、一九七四（昭和四九）年九二八病院で急増傾向はほぼ一段落している。

九州ではどうであったろうか。一九五五年以降、九州でも精神病院と精神病床が急増している。例えば、長崎県ではそれまで六か所だった精神病院が、一九五七（昭和三二）年に開設された西脇病院をはじめ、一九六〇

（昭和三五）年の道ノ尾病院など一九六四（昭和三九）年までの一〇年間に一六か所に急増した。大分県では一九五六（昭和三一）年に大分下郡病院、一九五七（昭和三二）年に大分県厚生連鶴見病院、一九五九（昭和三四）年に県立病院に神経科（外来）が開設したのをはじめ、新たに一五か所の精神病院が開設され、熊本県では、四か所から一四か所に増えている。宮崎県では一九五五（昭和三〇）年に延岡保養院が開設し、佐賀県では一九五六（昭和三一）年に神野病院が開設している。ちなみに一九五八（昭和三三）年には宮崎県、大分県で精神病院協会が発足している。また、全国では一九五七（昭和三二）年一一月に病院精神医学懇話会が発足している。一九五五（昭和三〇）年以降の全国的な精神病床数の急増の要因について、秋元波留夫は次のように解釈している。

何といっても結核病床が空いてきたという事情が最大の要因として働いていることは否定できない。当時、精神病院ブームという言葉がはやったが、このブームの主役は結核病床の衣がえであったといってもよい。

（秋元、一九七六、一七九頁）

しかし、九州地域では結核病床の精神科病床への切り替えはほとんど見られない。それでは、この当時何が九州の精神病床数を急激に押し上げていった要因として考えられるのであろうか。政策誘導におけるマクロ的考察では、日本全体の戦後復興と高度経済成長という上げ潮を背に、戦後の精神衛生実態調査を反映した精神衛生法を初めとした相次ぐ制度改正や国の通知行政、措置制度の提供拡大や経済措置の奨励、医療金融公庫の低融資の開始、国民皆保険制度の成立など、精神障害者の隔離収容政策が精神病床の増床を生み出してきたことは先に見た通りであり、九州も例外ではない。

九州も何らかの社会変動や人口変動が精神病床数の増加をもたらした要因と思われるが、単純な社会変動説や人口変動説では説明がつかないほど、昭和三〇年代以降の精神病床数の増加は際だっている。地域差に関する研究の希薄性の中ではあるが先行研究を大まかに整理すると、その要因を①産業構造の変化に起因するとした見方、例えば、炭坑の閉山、一次産業の衰退、経済基盤の脆弱性、人口の過疎化、北九州工業地帯の形成と衰退、農業政策の転換、労働力の移動、企業誘致などに求める見解、②九州の精神風土や社会意識、ないし社会病理に起因するとした見方、例えば、政治的保守性、天皇・皇太子や皇族の旅行・移動、「家」文化、社会規範、病院パラダイム論、偏見の根強さ、社会防衛意識、閉鎖的な地域性、発症率の高さ、行政姿勢などに求める見解、③その他の社会・文化・政治的要因、例えば、療養環境に適している南国地方という自然風土条件、被差別部落の存在、沖縄の本土復帰、在宅サービスの未整備などが散見されるが定説はない。結論から述べれば、九州における精神病床数の著しい増加は、単一の要因ではなく、各県によっても強弱はあるだろうがそれらの複合要因と思われる。

注目される説では以下の見解がある。宗像恒次は、わが国の「家」文化と関連して次のように述べている。「人口構造が老齢化し、国民所得水準が高くなるにつれて、精神病院入院患者及び病床が増大し、在院日数が延長することになる」とわが国の精神医療を先に分析し、(宗像、一九八三a／一九八三b)続けて、単に所得水準だけでなく、長期在院日数と「家」文化との関連では、「年齢的、社会経済的にみて「精神病者」を保護する力の弱くなった家族が多いところだと考えられる」と家族の保護や扶養の力が弱くなったことに注目している。その際、日本の東北部と西南部とを比較して、同じ農漁村でも西南部は家族の同族的ソーシャルネットワークのハイアラーキーのもつ保護的機能が弱い地域であり、その弱い分だけ、病院に「厄介者」の治療とともに、保護を役割期待していったのではないか」と推測している。こうした家制度の偏在や社会規範については石原邦雄も、「人口あたりの精神病床数が、拡大家族形態が多く伝統的家意識が維持されている地域ほど、圧倒的に少ない」(石原、一九八二）と分析しており、現象的には妥当な見解であろう。しかし、退院・同居を「受け入れない」家族は現象にすぎない。問題は、状況として「受け入れが困難」な家族と捉えるべきであろう。では、なぜ家族をして「受け入れ困難」とならしめたのか、その原因こそ本質というべきものである。

この点を、中山宏太郎や富田三樹生は、専業農家数の減少と精神病院数の増加から鋭く分析している（中山、一九七七）。中山によれば、一家族当たりの平均世帯数は大正時代から昭和三五年頃まであまり変わっていない（四・五人から五人）が、その後、四人を割り三人台に減少してくる。太平洋ベルト地帯への労働力の移動が動因をなしている。精神病床数の増加も精神障害者から家族（労働力）を自由にする政策であるという。また、エネルギー政策の転換による炭坑の崩壊が精神病床数を押し上げた要因と分析している。この点は北海道や福島県とも共通する。これに関して富田は、九州・四国を中心とする西南日本における精神科病床の増加を農村地帯の解体現象から説明し、「万対病床数は四〇から五〇と著しく高く、農業類型もほぼ非稲作地帯である。農村崩壊も早期から始まり、兼業機会にもめぐまれず所得水準も低い。人口流出の型は兼業農村をもって特徴とする」（富田、一九八五）第二の領域と分析している（第一の領域が太平洋ベルト地帯とその周辺、第三の領域が東北地方）。一九五八（昭和三三）年には、石炭産業の不振で全国で失業者が増加（一万五〇〇〇人）してくるが、なかでも、一九六〇（昭和三五）年からの三井三池闘争とその後の閉山は人口の過疎化と貧困化を生み出し、旧産炭地である筑豊炭鉱地帯を中心に精神病床が増加した大きな要因であった。また富田は、筑豊の旧炭山地帯には多くの被差別部落があり、救貧的治安施設として精神病床が増加したことも指摘している。

## 5 離島の精神保健医療という特異性

一方、精神病床数が最も急増した鹿児島県は多くの離島をかかえ、旧産炭地とも状況が異なる。例えば、一九五三（昭和二八）年まで米軍政府下にあった奄美群島では、本土復帰に伴う経過措置を経て、一九五八（昭和三三）年に大島精神病院（現・奄美病院）が開設した。また、一九六〇（昭和三五）年に県立大島病院（四〇床）が開設（一九七四年閉鎖）しているが、当時の事情を松本らは次のように述べている。「奄美群島は戦後の復興の遅れや経済基盤の脆弱性などにより、精神障害者の処遇も改善が遅々として進まなかった。三〇年代半ばに至り、精神衛生法の一部改正に伴い経済措置的拡大解釈が生まれると、相当数の患者が海を越えて鹿児島へ集団的な措置入院を余儀なくされた。なお、彼らの一部は現在も入院を継続している」（松本・上山、一九九二、一四四頁）こうした離島の特殊性は鹿児島県（一九六五（昭和四〇）年に鹿児島県での措置率五六・二％となる）、長崎県にほぼ共通している。

鹿児島県下の離島、たとえば屋久島には精神科病床がなく、今日でも入院が必要な場合、本土の鹿児島県に頼っている。また奄美群島で医療機関が設置され始めたのは一九五三年の本土復帰後のことである。それまではというより、その後も長く奄美群島では私宅監置が続けられていた。戦後は、旧名瀬市に新築移転した県立大島病院が中心となって奄美の医療を支え始めたが、重病患者となれば本土に移送しなければならない。この移送の間に、事故や治療が間に合わず命を失ったという悲惨な事例は跡を絶たなかった。これは、同様に精神医療にもいえることである。当時は県立大島病院に五〇床の精神科病床があるのみで、あとは本土に移送していた。当時の移送手段は船で、奄美大島から鹿児島港まで約一四時間、南の沖永良部島や与論島となると約三〇時間はかかる。その移送の苦労、悲惨さは計り知れない。一九五八年に鹿児島市に設立された谷山病院は、開院当時の入院患者の約三割が奄美からの患者だった。本土に移送され、島に戻ってきても医療機関はなく、家族（親）は高齢という状況だった。この状況を打破したのが、一九五九年の奄美病院（旧名瀬市）の設立であった。そして、一九六五年に徳之島病院（徳之島）、一九六七年に大島保養院（瀬戸内町）が開設され、奄美群島の精神医療が進展し始めた。一九五九年九月に旧名瀬市に大島精神病院（病床三八床）が開設し、同年一〇月に現在の「財団法人慈愛会奄美病院」と名称を変更し、精神科病床九〇床ができたことから奄美の精神医療の発展が始まった。奄美病院が開設したことで、県立大島病院の五〇床は廃止され、その患者たちが奄美病院に移転してきた（ちなみに奄美病院は一九八四年には三五〇床の病床をもっていたが、そのうち二〇〇人ほどが措置入院患者だった。この措置入院を減らすことからはじめ、一九九八年頃には措置入院患者は一〇人余となった）。北部の旧名瀬市に奄美病院ができたので、南部の瀬戸内町や宇検村の人たちは診察を受けるのに一泊して診察を受ける状況下、また、入院するには、精神衛生法による一次鑑定が行われ、二次鑑定は、それから一か月から一か月半も経ってから行われ、その間は入院することもできず、精神障害者をもつ家族は、状態の悪い患者を保護しなければならない状態だった。また、奄美大島内の病床が満床の時は、本土の病院へ数多くの患者が分散し入院していた。そこで、一九六七年に瀬戸内町に「医療法人種済会大島保養院」二六室一〇八床が開設された。

徳之島では一九六三年頃から精神科病院開設の動きがあり、一九六五年にようやく徳之島で初の精神医療機関、「財団法人慈愛会徳之島病院」が開設した。この病院が開設するまでは、奄美大島の県立大島病院や奄美病院に移送していた。南の沖永良部島や与論島は沖縄が距離的に近いこともあり、沖縄に移送することもあった。病院開設当初一五〇床のうち一一五床が措置入院患者であり、中年層の経済的措置が多かった。一九七七年の二五七床の時には、収容率が一二〇％（二九〇人）と最も入院患者が多い時期だった。一九九〇年代に入ってやっと一〇五％ほどの収容率となった。

さて、長崎県下の離島では、一九六〇年に壱岐に、一九六一年に下五島に精神科病棟が設立されたが、対馬においてはなお精神科医師無医地区であったため、保健所による精神保健業務が離島における唯一の精神保健活動であり、保健師などの積極的な家庭訪問や精神保健相談によって支えられていた。しかし、精神症状の悪化した患者は船や飛行機を利用して島外の精神医療機関に入院するしか方法はなく、退院後のアフターケアは困難であり、患者の多くは定期的な通院もままならず病院からの送薬に頼りがちであった。

対馬の精神医療は、一九七二（昭和四七）年から精神保健センターおよび県立東浦病院（現・県立大村病院）の精神科医師による精神科巡回相談によって開始された。そして精神科医療施設のない対馬地区と上五島地区に対し、「長崎県島しょ（対馬・上五島）における地域精神保健医療実施計画」が一九八〇年（昭和五五）より開始された。すなわち長崎大学医学部精神神経科および県立大村病院の協力を得て、離島医療圏組合厳原病院、上五島病院、上対馬病院において派遣医師による定期的な巡回診療を開始し、一九八四（昭和五九）年度に厳原・上五島地区に精神科医常駐体制が確立された。しかし、精神科医常駐体制が確立されても入院を必要とする患者への対応の問題が残っており、対馬においては一九八〇年に「対馬に精神科病床設置を！」という切実な目標をもとに家族会が三八名で結成され、病棟設置のための請願や署名活動が精力的に行われた。その結果、一九八八（昭和六三）年に対馬いづはら病院の新築移転に伴って五〇床の精神科病棟が新設され、緊急時への対応も可能になった（亀山・伊藤、一九九四）。

壱岐の医療機関では、壱岐公立病院（現・壱岐市民病院）の精神病棟が完成したのは一九六〇（昭和三五）年となっており、赤木病院はその四年後に開設している。精神病棟の完成および開設のいきさつの詳細は不明だが、当時人口が多かったため必然と患者も増加したところにあると思われる。壱岐公立病院精神科は開設後も

壱岐の精神医療戦後の沿革

| 機関名等 | 年月日 | 沿革 |
|---|---|---|
| 壱岐公立病院 | 昭和23年4月1日 | 郡立病院（明治28年1月1日開設）を壱岐公立病院と改称 |
| 壱岐保健所 | 昭和30年3月8日 | 武生水保健所を壱岐保健所と改称 |
| 壱岐公立病院 | 昭和35年1月 | 精神病棟完成（当時30床） |
| 赤木病院 | 昭和39年 | 精神科病院が開設（現在28床） |
| 壱岐公立病院 | 昭和39年12月<br>昭和58年10月 | 精神病棟増床（当時55床）<br>同精神病棟増床（現在70床） |
| 壱岐保健所 | 昭和60年4月 | デイケア開始 |
| 家族会 | 平成2年10月29日 | 家族会「のぎくの会」が発足 |
| 地域活動所 | 平成13年 | 地域活動所「のぎくの丘」が開設 |
| 当事者会 | 平成14年4月 | 当事者会「SUNSUNクラブ」が発足 |
| 精神障害者社会復帰施設 | 平成16年3月1日 | 地域生活支援センター「ひまわり」、福祉ホームB型「ひまわりの家」が開設 |
| 壱岐市民病院 | 平成17年 | 壱岐公立病院が移転壱岐市民病院と改称 |

一九六四（昭和三九）年と一九八三（昭和五八）年に増床している。当時はそれでもベッド数が足りず、福岡県、佐賀県、長崎本土の病院に紹介していたようである。しかし、新入院患者は次第と減り始め、一九八八（昭和六三）年対馬にいづはら病院精神科病棟が開設されたことにより、対馬出身の入院患者は一九九〇（平成二）年当時一二名いたようだが、対馬からの新患はなくなったという。平成二年当時、新入院患者が減少している理由として、対馬からの入院がなくなったこと、壱岐の人口が減少していること、なにより病院自身の原因が挙げられている。

沖縄県はまた事情がかなり異なる。戦前に沖縄には精神病床は一床もなかった。もちろん、戦前から精神障害者「対策」を放置したという意味ではない。「日本で、一九〇〇（明治三三）年に制定された精神病者監護法は、当然沖縄にも適用され、その患者数は県庁を通じて内務省に報告されていた。本土においてはその後の精神病院法（一九一九年）などにより僅かな形でも「医療」の形をととのえたのに比べ、沖縄では、警官による直接の取締りとその下での私人である家族への対策委任というこの法の本質そのままの形で行われた。すなわち私宅監置と警察への届出である」（太田、二〇〇〇）。この数は大正年間を通じて次第に増加し、一九二六（昭和元）年監置五二、届出数三七一となり、以後年々増え第二次世界大戦（一五年戦争）開始時には、監置九〇、届出数八九〇に達しているが医療機関は皆無のまま戦後を迎えている。

ちなみに一九四一（昭和一六）年には、非監置者七七五名、監置者一一五名の計八九〇名の届出が報告されている。また、『沖縄精神衛生協会創立一〇周年記念誌』の冒頭にも、沖縄における戦前の精神衛生状況を、「精神衛生」（二号）所収の「沖縄における精神衛生事業の歩み」（上与那原、一九六九）を再録し、「明治三三年制定の精神病者監護法は沖縄にも当然適用され、その数は県庁を通じて内務省に報告されていた」とある。これ以外にも身体的症状を前景に持つ精神疾患、温和な精神障害者が相当数未届のまま潜在したことが推定される。だが、これらの患者に対して、県立病院の精神科、法にもとづく精神病院、または代用指定病院もなく、精神病床は一床もなかったのである。

沖縄県における精神医療の開始は、終戦直前の米軍野戦病院においてなされていた。一九四五（昭和二〇）年六月二七日に、野戦病院の正式の名称はアメリカ軍政府G－六－五四病院となった。大戦後の精神障害者対策は、比較的早々に胎動し始めた。終戦の翌年一九四六年、宜野座病院が創立されると共に、結核病棟、精神科病棟が設置され、粗末な病室がおよそ二〇床設けられた。開設されると同時に入院患者が殺到し、充分な需要に応じられず超過収容を余儀なくされた。戦後の米軍統治下の琉球政府時代は財政基盤の弱さもあり病床の整備もあまり進まず、本土からの派遣医師などの協力が不可欠であった。不足している医師のほとんどが都会に偏在しているので、離島や無医村の急患は年間六〇回近く米軍の救急輸送に依存している。当時の宮古・八重山群島の状況を鈴木は次のように述べている。「沖縄本土から数百キロあまり離れているが、数十万人の人口をもつ宮古・八重山群島に専門病棟が一床もないので、両群島の住民にとっては精神障害者を診断させること自体が、葬婚以上の大騒ぎとなる。患者の家族は船会社と航空会社にお百度を踏まなければならない。交通機関は精神障害者の乗船を断ることができるし、まして航空機利用は禁止されているからである。緊張やむをえざる急病人の項に該当させるには人為的に意識を喪失させなければならないが、専門医の同行は求めようとしてもおらず、一般医は大量麻酔剤投薬を嫌うので、少量眠剤投与後一家同族の屈強な若者を同伴させて乗船させる。このように苦労して診断を受けさせても、その治療効果が短時間で期待できないとすると、便法として掘立小屋隔離が考えられ、市町村は公的監置室の補助費交付に、家族は監置室の資金集めに奔走することとなる」（鈴木、一九六五）。一九六五（昭和四〇）年宮古病院で精神科病棟五〇床が設置され建物は完成したものの、医師がおらず開棟できずにいた。一九六七年二月から沖縄本島にある琉球病院から週に三日間だけ、医師が宮古に出張してきて患者を診るという変則的な形で開棟された。そして一九六七（昭和四二）年には、日本政府派遣医師によって宮古病院で精神科診療が開始されたことで、宮古島での精神医療が始まった。同年二月一日、先島地区（宮古と八重山の総称）における精神医療の中核とするべく琉球政府立宮古病院の中に精神科病棟（五〇床）が開設され、宮古地区に近代精神医学が導入された。医療機関による精神医療は、先島においてはこのときが最初であり、事実上先島の精神医療の歴史はこの時に始まった（八重山病院精神科、一九七七）。

しかし、一九六六（昭和四一）年の沖縄（琉球政府）における精神衛生実態調査は、日本政府による援助と支援の下、予算補助および一〇人の専門調査員（精神科医師）を派遣して実施された。その結果、「沖縄の有病率は本土の約二倍」「本土の精神障害者よりも症状が重い」と宣伝されたこともあり、一九七二年の本土復帰を契機に「沖縄の本土化」ともいうべき精神病床の急激な増加が本土より約一五年遅れで始まっている。一九六四（昭和三九）年、日本政府の沖縄に対する医療援助の一環として八重山地区にも初めて精神科医が派遣され、その二年後の一九六六年に実態調査が実施される。「一九六七年（昭和四二）年、県立宮古病院に精神科が開設されると、八重山全域で私宅監置されていた患者を全員集めて、宮古病院での診療に頼っていた。その時、県立宮古病院では五〇床の病床を持ち、八重山用病床を一〇床確保されていたが常時満床だったという。宮古病院の八重山用一〇床と琉球政府立病院の病床だけではどうにもならず、宮古病院から専任の医師が着任し八重山の診療が進んだことにより、八重山病院に精神科を併設する要望が強まった。一九六六（昭和四一）年一二月に沖縄の精神衛生事情を視察した秋元波留夫の主導で、整備が不十分な沖縄の精神科医療の援助・向上を目指し、日本精神神経学会が関与することになる。一九六七（昭和四二）年一月に第一回沖縄精神科医療問題懇話会が開かれた後、この委員会は、沖縄精神科医療協力委員会（委員長・秋元波留夫）と改称、特に、沖縄への専門医の派遣と行政面への専門的立場からの助言に大きな努力が払われた。この際、国立武蔵療養所、下総療養所、肥前療養所、小倉病院、東京都立松沢病院、静岡県立病院養心荘、愛知県立城山病院、長崎大学精神科などの医師が、六か月、一部三か月交替で沖縄で医療指導などに当たった。保健所・精神衛生協会などの協力のもとに巡回・訪問によって在宅患者の診療・指導も行った。八重山に関しては、琉球大学医学部が開学していないということもあり神戸大学より医師が派遣されていた。この神戸大からの派遣は今日でも続いている。こうして離島を多く抱える沖縄県では、ベット数不足、医師数不足、財政的貧困等精神医療全般の立ち遅れがあったが、現在は全国平均を超えている。

## 6　病床王国の完成

さて、一九六一（昭和三六）年北九州では松尾病院が開設し、翌一九六二（昭和三七）年には長崎県で福岡の酒造メーカーが真珠園療養所を開設した。一九六五（昭和四〇）年、宮崎県では、精神病院数一六、病床数三三〇〇、入院患者数三四一七人、措置一六〇八人（措置率四七％）とあるように、一九六〇年代は九州でも精神病院の経営安定の基盤整備が進み、各地の精神病院も増床のピッチを上げ産業としての精神病院が成立してくる。この産業としての精神病院育成策こそ、さしたる産業基盤のない九州が精神病床数において他の地域以上に増床を生み出した最大の要因である。九州各県の中央直結型ともいうべき行政が精神病院のみならず広く医療施設、福祉施設においても産業としての育成に力を注ぎ、その結果が今日の状況と見るべきであろう。九州のその後の推移では、一九七三（昭和四八）年に宮崎県家族会連合会（八病院家族会）が結成され、一九八一（昭和五六）年には熊本県に全国で初の精神衛生社会生活適応施設として「あかね荘」が開設した。また地域では、八〇年代にやまびこ共同作業所（熊本・一九八三年）など小規模作業所が各地で作られるなど地域に新たな動きが広がってきた。一方、精神病床では、一九八九（平成元）年に長崎県では浦上病院が開設され四〇か所となる、

人口万対病床数全国順位

| | 昭和55（1980）年 | | 平成元（1989）年 | | 平成10（1998）年 | | 平成14（2002）年 | | 平成15（2003）年 | |
|---|---|---|---|---|---|---|---|---|---|---|
| 1 | 鹿児島 | 49.6 | 鹿児島 | 57.0 | 鹿児島 | 57.0 | 鹿児島 | 56.7 | 鹿児島 | 56.7 |
| 2 | 徳島 | 48.3 | 徳島 | 56.6 | 長崎 | 55.7 | 長崎 | 55.2 | 長崎 | 55.0 |
| 3 | 長崎 | 48.1 | 長崎 | 54.5 | 徳島 | 54.3 | 宮崎 | 53.5 | 宮崎 | 53.3 |
| 4 | 熊本 | 47.4 | 宮崎 | 52.6 | 宮崎 | 53.5 | 徳島 | 52.8 | 福岡 | 52.8 |
| 5 | 高知 | 46.4 | 高知 | 50.3 | 福岡 | 52.8 | 福岡 | 52.8 | 徳島 | 52.3 |
| 6 | 宮崎 | 45.0 | 佐賀 | 50.0 | 佐賀 | 50.8 | 佐賀 | 51.3 | 佐賀 | 51.1 |
| 7 | 佐賀 | 41.2 | 熊本 | 49.2 | 高知 | 50.7 | 高知 | 49.9 | 高知 | 49.0 |
| 8 | 福岡 | 40.1 | 沖縄 | 45.7 | 熊本 | 48.6 | 熊本 | 48.6 | 熊本 | 48.5 |
| 9 | 香川 | 37.4 | 福岡 | 45.2 | 大分 | 45.2 | 大分 | 44.4 | 大分 | 44.6 |
| 10 | 福島 | 35.5 | 香川 | 41.8 | 沖縄 | 43.8 | 沖縄 | 42.4 | 沖縄 | 42.4 |
| | 全国平均 | 26.7 | | 28.9 | | 28.5 | | 28.0 | | 27.9 |

平成五年有明保養院（長崎県二一九床）、上野公園病院（大分県一九八床）など、各地で病院及び病床数の緩やかな増加は見られるものの、一九八九（平成元）年で九州地域の精神病床数はほぼ頂点に達する。

今日、医療法による地域医療計画で、九州地域はどの県も病床過剰地域として出現する土台はすでに一九七〇（昭和四五）年までに整備されたのである。

## 7　九州における精神科病床の今後の方向性

九州地域における精神障害者支援の地域特性及び施策形成の歴史的推移を見ていくとき、病床が九州に集中する特異な現象に至らしめた要因は複雑であり、かつ戦前と戦後の間には連続と非連続の両側面が見られた。連続性の側面では、特に天皇制を中心とした近代国家成立の途上、西南戦争や士族反乱の鎮圧、地方行幸、中央直轄型地域政治体制の維持などの精神風土、及び南国の温暖な気候など自然風土を中心に一九九〇年代に至る精神医療の展開の基本的性格（「治安」と「救貧」を中心とした収容主義）が指摘できる。

非連続の側面では、戦後の社会保障制度の整備、国策としての民間精神病院への依存と育成策を基盤に、九州地域における様々な社会変動（都市

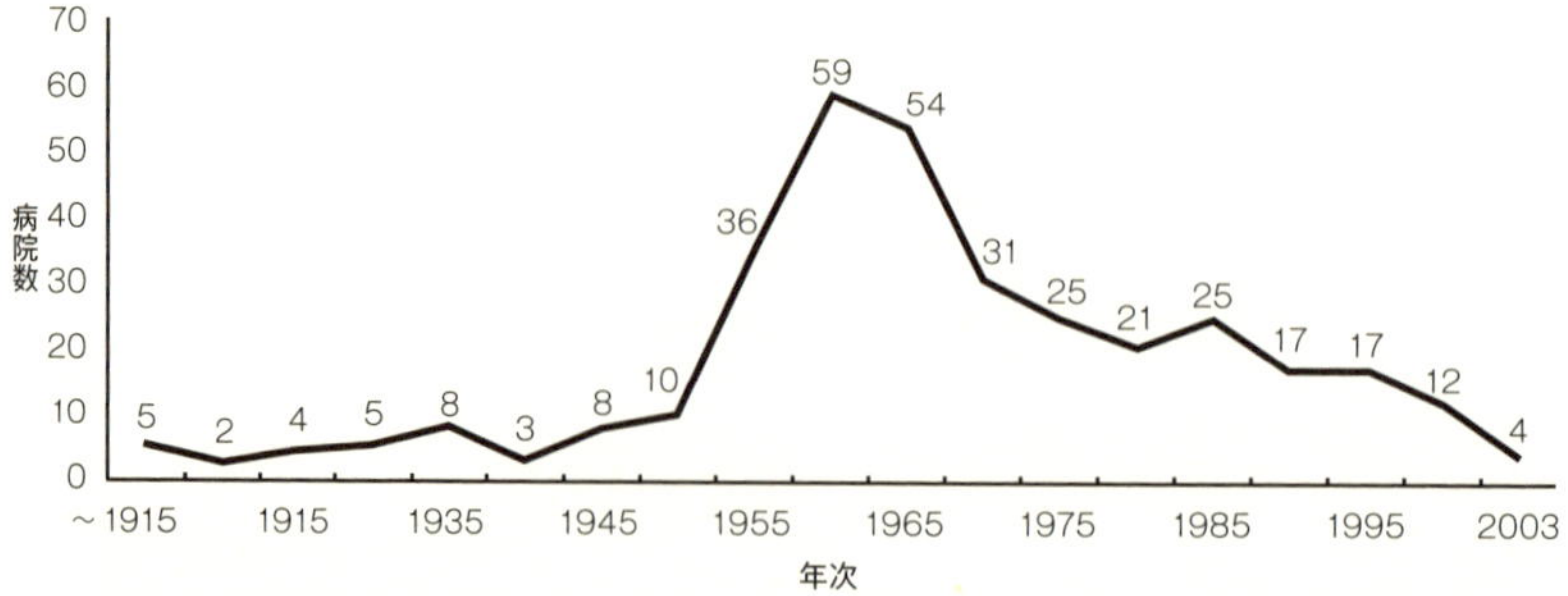


九州の精神病院開設数の推移

への人口流出、農村崩壊、家族システムの弱体化、石炭産業の衰退など産業構造の変化）の影響で、経済的後進地域からの脱却に新たな産業基盤の模索および社会的対応として精神科病床の増床を促す下地が、他の地域に比べて比較的整っていたことを、文献調査、現地ヒアリング調査およびサンプリング・アンケート調査を通じて、いくつかの仮説とともに分析することができた。

話をまた全国動向に戻そう。世界人口に占める割合が二％の日本が、全世界の精神科病床数の二〇％を占めるという特異性、しかもその病床数の八八％までが民間病院に依存している状況。これが日本の現実である。国は先の「障害者プラン」に引き続き二〇〇二（平成一四）年には「新障害者プラン」を発表した。その重点施策と達成目標に、「条件が整えば退院可能とされる約七万二〇〇〇人の入院患者について、一〇年のうちに退院・社会復帰をめざす」とし、その推進方策を検討するため、厚生労働大臣を本部長とする精神保健福祉対策本部を立ち上げ、二〇〇三（平成一五）年九月より、重点施策である「心の健康問題の正しい理解のための普及啓発検討会」「精神病床等に関する検討会」「精神障害者の地域生活支援の在り方に関する検討会」を設置し、二〇〇四（平成一六）年三月及び八月にそれぞれの検討結果を公表した。

精神医療改革では、次の三つを重点とした。①精神科病床数の機能分化を図り、急性期医療の充実、専門病床の整備等を進めることにより、入院医療の質を向上させる。②精神科救急体制を含む地域ケアの体制整備を進める。③病床の機能強化を推進し、よりよい精神医療を確保するため、人員配置の見直しを含めた精神病床数の減少を促す。

さて、「精神病床等に関する検討会」の最終報告書では、今後の方向性に関して基本的考え方を次の三点述べている。①目標値を設定した計画的な医療供給体制の再編（都道府県単位）、②患者の病態に応じた病院・病床の機能分化、入院形態ごとの入院期間短縮や入院患者の処遇改善、である。その上で、精神病床数の都道府県ごとの地域格差がもっぱら長期入院患者数や措置患者数の違いで生じていることにふれ、都道府県間の公平等の観点から大人口で病床数が多い地域では、目標設定における上乗せを求めている。

また、二〇〇四（平成一六）年一〇月、厚生労働省は、「今後の障害者保健福祉施策について」（改革のグランドデザイン案）を発表し、これを基とした社会保障審議会障害者部会及び身体障害者・知的障害者分会、精神障害者分会での審議を受けて、二〇〇五（平成一七）年二月国会に関連法案を提出、いったん郵政関連法案の参議院否決・国会解散に伴い審議未了・廃案となったが、同年一〇月三一日、「障害者自立支援法」が成立（あわせて「精神保健福祉法」等の関係法律も改正）した。施行は二〇〇六（平成一八）年四月（一部一〇月一日から）から始まった。

二〇〇五（平成一七）年五月現在、全国の精神科在院患者数は三二万六三〇九人（病床利用率九一・二％）と減少し、平均在院日数も三二一・七日となっている。一九九一（平成三）年の在院患者数三四万九〇五二人（病床利用率九三・一％）と比較すると一四年間で約二万三〇〇〇人の減少である。これは、精神障害者社会復帰施設や地域での生活支援施策が徐々にではあるが病床数に影響してきた反映と、一方で長期入院患者の高齢化・死亡退院による病床減少という側面も影響しての結果である。しかしながら、二〇〇六年度以降、約七万床を削減する数値目標は自然減的な従来の減少速度から見ても大幅なスピードアップが要求され、よほど強力な国・県の施策提起と行政指導がなければ進展しえない。

さて、九州地域にこの施策を当てはめて具体化するにはどのような方策が考えられるであろうか。次の五点を提起しておきたい。

第一に指摘したいことは、精神病床数の多少に影響しない診療報酬体制の確立である。精神科病院は、その収入の約九割をベッドに依存することで成り立っている現状では、病床数削減に対する民間病院の協力は経営上困難である。ベッド依存率を減らして成り立つ精神医療の確立のために、当然、精神科特例は全廃し、一般医療との格差を是正することが基本と考える。幸い、九州地域でもいま病院の建て替えと二代目、三代目病院理事長・院長の意欲が強まっており、開かれた精神医療や特色のある精神医療を志向する病院が目立ってきた。病院関係者と行政との新たな協議を通して共通認識の確立が必要であり、それは十分可能と考える。

第二に、精神障害者社会復帰施設など地域資源を九州地域では手厚く整備することである。とくに、障害者自立支援法の下でグループホームの大幅な増設や地域活動支援センターの増設と充実、ACT（包括的地域生活支援）など医療を含めた総合的な地域生活支援チームの立ち上げが不可欠である。これにより退院の道筋をつけるとともに、関係者の新たな雇用先の確保を保障することが可能となる。これには、医療スタッフの地域再配置の促進と研修支援が含まれる。

第三に、新たな家族支援策の導入である。それは従来の退院先としての家族依存からの脱却を必要とする。すなわち、社会的なサポート体制の整備である。九州でもボランティアグループや市民団体が誕生してきており、これらの動きを育成する取り組みが求められる。また、成年後見制度など権利擁護の申請を家族が行いやすいように啓発するとり組みも不可欠である。

第四に、精神障害者本人の社会的発言力を強める支援を行うことである。九州地域における新しい動きと変化には、当事者グループの活性化がある。精神障害者本人が発言し、行動することが施策転換の原動力になるからである。このためには、精神保健福祉センターを中心に、セルフヘルプグループ・リーダー養成講座などの開講も一案であろう。

第五に、病床削減補助金の提案（岡田、二〇〇三）にもあるように、時限的には何らかの国の財政テコ入れが必要と考える。この点も関係者間で検討して頂きたいと考える。

［引用・参考文献］

NOVA出版編集部『精神科・老人医療ガイド』二〇〇〇年
青山英康・吉田健男「戦後占領政策と衛生行政」精神医療、一〇巻一号、二〇－二五頁、一九八一年
秋元波留夫「現代の精神科医療と精神病院」『心の病気と現代』東京大学出版会、一九七六年
浅野弘毅『精神医療論争史――わが国における「社会復帰」論争批判』批評社、二〇〇〇年
荒川直人・佐藤壱三「一五／わが国の精神病院の現状」『精神医学書［上巻］』金原出版、九三七－九四八頁、一九八〇年
荒木隆次・二宮英彰・平田健太郎・宇都宮久清・前田久雄「過去一〇年間における精神分裂病者入院期間推移」九州神經精神医学、一三巻一号、八二－八八頁、一九七七年
生村吾郎「「近代天皇制」が精神医療構造に与えた影響――「府県統計書」並びに「行幸啓誌」の分析を通じて」病院・地域精神医学、三六号、一五五－一六二、一九九五年
生村吾郎・喜多川武夫・岩本昌和・高石俊一・朝日俊弘「兵庫県における精神医療」精神医療、七巻一号、三一－四八頁、一九七八年
池田由子・柏木昭・崔田暁子・古沢昭子「治療社会力クラブ――Therapeutic Social Club――の実験的研究」精神衛生研究、一〇号、一六－三一頁、一九六二年
石津宏「地域特性精神衛生」（平山清武編）『沖縄医療保健』財団法人徳明会、六九－八二頁、一九八七年
石原邦雄「精神病長期療養者の家族に関する二地域間調査」精神衛生研究、二五号、二八・四三頁、一九八二年
稲福盛輝編『沖縄の医学〈医学・保健統計資料編〉』考文堂、一九七九年
井本浩之・村上優・吉住昭「九州の精神医療の現状」精神医療、第二次二七号、二三－三七頁、一九七八年
イリッチ、イヴァン（金子嗣郎訳）『脱病院化社会――医療の限界』晶文社、一九九八年
岩崎榮「精神保健サービスの評価とモニタリングに関する研究――都道府県ごとの提示方法の開発」厚生労働科学研究費補助金分担研究報告書、二〇〇三年
上地アキ子・名嘉地静枝「精神保健福祉対策」『人びとの暮らしと共に四五年――沖縄の駐在保健婦活動』沖縄県福祉保健部健康増進課、一二四－一三九頁、一九九九年
上与那原朝常・石川亀一・城間政州「琉球精神病院に於ける患者実態調査一九六二年度」医療研究報告誌、一巻、八三－八九頁、一九六三年

上与那原朝常・泰川恵徹・玉盛尚「第一章／沖縄における精神衛生事業」『沖縄精神衛生協会創立一〇周年記念誌』（財）沖縄精神衛生協会、一－一二頁、一九六九年
榎本稔「精神科医と社会」『現代精神医学体系（二三巻A）――社会精神医学と精神衛生Ⅰ』中山書店、七八－一一一頁、一九八〇年
大城初子ほか「石川保健所に於ける精神衛生の現状」第一八回公衆衛生看護研究発表抄録／琉球政府厚生局公衆衛生部予防課、二六－三三頁、一九六九年
大城ヨシ子「精神衛生活動――与那原町の場合」沖縄精神医療、六号、三六－四八頁、一九七九年
大城康男「第五章／最近の精神科医療の動向と将来の問題」『沖精神衛生協会創立一〇周年記念誌』（財）沖縄精神衛生協会、一〇一－一一〇頁、一九六九年
大田昌秀「沖縄の心と歴史」病院・地域精神医学、四三巻三号、二一五－二二〇頁、二〇〇〇年
岡上和雄「わが国の精神衛生行政精神障害者福祉」『現代精神医学体系（二三巻B）――社会精神医学と精神衛生Ⅰ』中山書店、二〇三－二二五頁、一九七九年
岡田靖雄「江戸期・明治期の精神医療」『臨床精神医学講座S１巻――精神医療の歴史』中山書店、二二一－二三六／二五一－二六五頁、一九九九年
岡田靖雄「精神衛生法」『現代精神医学体系五巻C――精神科治療学Ⅰ』中山書店、三五一－三九七頁、一九七七年
岡田靖雄「戦後の精神科医療の動向――海図下描きの試み」『精神医療』二九巻三一号、九二五頁、二〇〇三
岡田靖雄「戦前の日本における精神科病院・精神病床の発達」『日本医史学会雑誌』第三一巻一号、九九－一〇五頁、一九八五年
岡田靖雄『日本精神科医療史』医学書院、二〇〇二年
尾形裕也『二一世紀の医療改革と病院経営』日本医療企画、二〇〇〇年
岡村正幸『戦後精神保健福祉行政と精神病者の生活』法律文化社、一九九九年
沖縄県精神障害者福祉会連合会「創立前史」『創立一〇周年記念』社団法人沖縄県精神障害者福祉会連合会、二〇〇三年
沖縄県福祉保健部『福祉保健行政の概要』沖縄県、二〇〇三年
沖縄県福祉保健部障害保健福祉課『障害者福祉の概要』沖縄県、二〇〇三年
沖縄県福祉保健部障害保障福祉課「沖縄県における精神保健福祉の項状」財団法人沖縄県精神保健福祉協会、二〇〇三年
沖縄県立精神衛生センター「沖縄県における精神衛生の現状」精神衛生センター所報、四－六七頁、一九八七年

沖縄社会経済調査委員会『本土復帰による沖縄社会経済変動調査報告書（下巻）』五〇一－五一一頁、一九八〇年
沖縄振興開発金融公庫編「三・融資活動」『沖縄振興開発金融公庫十年史』三八二－三八七頁、一九八三年
沖縄振興開発金融公庫編「施設別年度別貸付決定状況」『沖縄振興開発金融公庫五年史』三〇〇－三〇一頁、一九七八年
財団法人沖縄県精神衛生協会『沖縄県精神衛生協会年譜』一九七九年
荻野恒一「三・文化構造と精神疾患」『現代精神医学体系二五［文化と精神医学］』中山書店、一〇三－一一八頁、一九八一年
小澤勲「「中間施設」構想の流れ――「精神衛生社会生活適応施設」（厚生省案）の批判的検討」精神医療、九巻二号、七九－一一一、一九八〇年
小俣和一郎『精神病院の起源』太田出版、一九九八年
懸田克躬編「精神衛生実態調査」『現代精神医学体系二三C［社会精神医学と精神衛生Ⅰ］』中山書店、一五六－一八八頁、一九八〇年
懸田克躬編「精神科医療に関する全国統計の推移」『現代精神医学体系二三C［社会精神医学と精神衛生Ⅰ］』中山書店、四三－一一二頁、一九八〇年
笠原英彦『日本の医療行政その歴史と課題』慶應義塾大学出版、一九九九年
加藤正明「一・社会精神医学概論」『現代精神医学体系二三A［社会精神医学と精神衛生Ⅰ］』中山書店、三－四二頁、一九八〇年
加藤正明監修／蜂谷英彦・南雲与志郎編『精神保健実践講座二［精神保健と精神科医療］』中央法規出版、一九八八年
門屋充郎「北海道における精神病院の実態」精神医療、七巻二号、二一－二二頁、一九七八年
金子雅彦「精神障害と社会環境」『シカゴ社会学の研究――初期モノグラフを読む』五二一－五四六、一九九七年
亀山富太郎・伊藤新一郎『地域医療の実践――離島医療学』神陵文庫、一九九四年
川上武編著『戦後日本病人史』社団法人農山漁村文化協会、二〇〇二年
関西大学人権問題研究室「関西大学人権問題研究室紀要」第二一号、第二五号、第二七号、第三〇号、第三一号、第三六号、第三七号、第三八号、第三九号、第二号、第四三号（計一一冊）
吉川武彦編『沖縄における精神衛生の歩み――沖縄県精神衛生協会創立二十周年記念』沖縄県精神衛生協会、一九七九年
吉川武彦・竹島正編『精神保健福祉のモニタリング――変革期をとらえる』中央法規出版、二〇〇一年
金長寿・牧本勝義・野上憲彦・新福尚隆「精神科医療に於ける長期在院の研究［第二報］――一年以上在院精神分裂病患者の在院理由の検討」九州神経精神医学、二二巻一号、一九七六年

黒田真代・岡田富美・田村美香・岸本静子・森尾眞介「精神障害者のいわゆる「社会的入院」の背景に関する調査研究」保健婦雑誌、五七巻一一号、八七〇‐八七四頁、二〇〇一年
厚生省公衆衛生局「わが国精神衛生の現状並びに問題について」精神衛生会会報復刻版、第一号、一九五二年
厚生労働省大臣官房統計情報部編『平成一三年医療施設調査病院報告（動態調査（都道府県編））下巻』厚生統計局、二〇〇三年
国立精神衛生研究所「炭礦都市の精神衛生構造に関する研究――内郷市の低所得階層問題と青少年問題を中心とした／第一章――内郷市調査の目的・方法・経過」精神衛生研究、第一一号、七‐一八、一九六三年
国立精神衛生研究所「炭礦都市の精神衛生構造に関する研究――内郷市の低所得階層問題と青少年問題を中心とした／第五章――内郷市調査の総括と対策助言」精神衛生研究第一一号、一三一‐一五〇頁、一九六三年
小椋力「沖縄における歴史・文化と精神医学・医療」『沖縄の歴史と医療史』（財）九州大学出版会、一一五‐一二六頁、一九九八年
小林靖彦「二・日本における精神医療の歴史」『精神医学書［上巻］』金原出版株式会社、二一‐四二、一九八〇年
小峯和茂「明治から昭和期における精神病院史」『臨床精神医学講座――精神医療の歴史』中山書店、三一一‐三二九頁、一九九九年
斎藤茂太「沖縄の精神衛生」精神医学、四巻八号、七七‐七九頁、一九六二年
崎浜秀樹「八重山レポート――八重山の精神医療小史」沖縄精神医療、二号、三三‐四六頁、一九七七年
崎浜秀樹「八重山病院精神科のこれからとこれまで」沖縄県立精神衛生センター／こころの健康、第二号、五‐二四頁、一九七六年
崎原盛造・當銘貴世美・石川りみ子「沖縄における戦後医療史序説――医療保障の視点から」『沖縄の歴史と医療史』九州大学出版会、五五‐七四頁、一九九八年
参議院社会労働委員会調査室「本土と沖縄の厚生行政の比較および復帰時点における問題点」一〇七‐一〇八頁、一九七〇年
島成郎「「精神医療」についての二三の疑問」『玉木病院十周年記念論文集』玉木病院、四九‐五九頁、一九八二年
島成郎「「復帰」をはさむ十年の日々」『精神医療・沖縄十五年持続する地域活動を求めて』社会評論社、二九四‐二九八頁、一九八八年
島成郎「沖縄での経験から」『精神医療のひとつの試み』批評社、四四‐六一頁、一九八二年
島成郎「沖縄における精神病院」『精神医療のひとつの試み』批評社、一七六‐二二三頁、一九八二年
島成郎「社会の変化と精神障害者の処遇――沖縄での経験から」精神神経学雑誌、第七七巻第六号、四四九‐四五五、一九七四年
島成郎「精神病院論（その一）」沖縄精神医療、六号、六九‐八八頁、一九七九年
島成郎「日本「復帰」十年――沖縄の精神医療」『精神医療・沖縄十五年持続する地域活動を求めて』社会評論社、一八四‐二一八頁、

一九八八年
島成郎「日本復帰二十五年、沖縄精神医療はいま」『精神医療のひとつの試み［増補新装版］』批評社、三〇六-三五三頁、一九九七年
島成郎・金城ヒロ子・宮里恵美子「久米島での一つの試み」沖縄精神医療、三号、一-一三頁、一九七八年
ショーター、エドワード（木村定訳）『精神医学の歴史——隔離の時代から薬物治療の時代まで』青土社、一九九九年
鈴木淳「沖縄の精神衛生事情」精神医学、七巻八号、七二一-七九頁、一九六五年
鈴木淳「重畳せる課題」こころの健康、第六号、二三一-三二頁、一九八〇年
精神医療史研究会「松沢病院史年表稿」『松沢病院九〇年略史稿』精神医療史研究会、一三五-一五〇頁、一九七二年
精神医療委員会「Ⅳ・わが国の現状と運動論のまとめ」精神医療、八巻一号、四一-五三頁、一九七九年
精神医療委員会「総括——日本の精神病院をめぐる各地の状況」精神医療、八巻一号、一二一-二五頁、一九七九年
精神医療委員会編「特集／家族Ⅱ——家族をめぐる諸問題」精神医療、九巻三号、八九-一〇五頁、一九八〇年
精神医療委員会編「特集／戦後精神医療の変遷」精神医療、一〇巻一号、一一-一九頁、一九八一年
精神医療編集部「生活保護施設の現状——救護施設の場合」精神医療一〇巻三号、五一-五三頁、一九八一年
精神保健福祉行政のあゆみ編集委員会編『精神衛生法施行五十周年（精神病者監護施行百周年）記念精神保健福祉行政のあゆみ』中央法規出版、二〇〇〇年
仙波恒雄・矢野徹『精神病院その医療の現状と限界』星和書店、一九七七年
竹村堅次『日本・収容所列島の六十年偏見の消える日はいつ』近代文藝社、一九八八年
高石利博「御獄信仰と精神科医療の接点-その二《直接的接点》」沖縄精神医療、五号、二四-三六頁、一九七八年
高石利博「御嶽信仰と精神科医療の設定——その一《カミダーリィ》」沖縄精神医療、四号、七七-七九頁、一九七八年
高石和博「御獄信仰と精神科医療の接点——その三《Religion Shock（宗教摩擦）とIdentity Crisis（同一性危機）》」沖縄精神医療、九号、六七-七八頁、一九八一年
高江洲義英「日本精神医学風土記［第三部——第五回／沖縄県］」臨床精神医学、一八巻一二号、一九二三-一九三一頁、一九八九年
高宮澄男「日本精神医学風土記［第一二回／宮崎県］」臨床精神医学、一五巻一一号、一八五五-一八六一頁、一九八六年
高宮澄男「民間精神病院の過去と現在」『法学セミナー増刊／総合特集シリーズ三七——これからの精神医療』一二〇-一二五頁、一九八七年

武崎宗三「本邦精神病者の統的観察」『精神異常者と社會問題』中央慈善協會、七九－九一頁、一九一八年
竹村堅次『続日本・収容所列島の六十年コミュニティ・ケアは進まず』近代文藝社、一九九一年
玉木正明・島成郎「「病院精神医療」についての一考察──一年間の患者実態の検討から」『玉木病院十周年記念論文集』玉木病院、四三－四八頁、一九八二年
寺嶋正吾「一・現代社会における精神衛生」『現代精神医学体系二三C〔社会精神医学と精神衛生I〕』中山書店、三－三七頁、一九八〇年
富田三樹生「宇都宮病院の背景・栃木県」精神医療、一三巻二号、四七－五四頁、一九八四年
富田三樹生「精神病院の底流──救貧的安政策の展開」精神医療、一四巻二号、六一－八五頁、一九八五年
富田三樹生「精神病院論・断章〔特集／権力とフーコー〕」現代思想、第九号、七八－九三頁、一九八七年
富田三樹生『精神病院の底流』青弓社、一九九二年
内藤明彦・堀内憲政・和気鉄「新潟県内におけるいわゆる社会的入院精神障害者の実態調査」新潟医学会雑誌、九一巻一二号、八〇一－八〇七頁、一九七七年
中川四郎「沖縄における精神衛生実態調査（一九六六年）の結果について」精神衛生資料、一五号、一九六八年
長崎県精神障害者社会復帰ニーズ調査検討会『長崎県精神障害者社会復帰ニーズ調査報告書』一九九八年
中谷陽二「施設化と脱施設化の一〇〇年」臨床精神医学、二八巻一二号、一六三五－一六四一頁、一九九九年
中山宏太郎「措置入院制度運用の変遷──昭和五一年八月一六日付公衆衛生局長通知と精神衛生政策の転換」精神医療、六巻二号、二八－三八頁、一九七七年
長山登「精神医療における家族会運動の現状と課題」精神医療、八巻三号、一〇八－一一二頁、一九七九年
二木立『日本の医療費国際比較の視角から』医学書院、一九九五年
二木立『「世界一」の医療費抑制政策を見直す時期』勁草書房、一九九四年
二木立『保健・医療・福祉複合体全国調査と将来予測』医学書院、一九九八年
西村周三「日本の医療経済構造──英米の精神医療の動向との比較で」精神医療、一〇巻四号、三－七頁、一九八一年
野上憲彦・金長寿・牧本勝義・新福尚隆「精神科医療に於ける長期在院の研究〔第一報〕──国立肥前療養所入院患者実態調査」九州神経精神医学、二一巻二号、一二五－一三四頁、一九七五年
橋本明「Geelの精神医療史──一九～二〇世紀に寄せられた国際的関心について」精神医学史研究、四巻、二四－三九頁、二〇〇〇年

橋本明「Geelの精神医療史――伝承と巡礼について」精神医学史研究、五巻、一九－二八頁、二〇〇一年
橋本明「虚構としての岩倉村――日本精神医療史の読み直し」愛知県立大学文学部集、五一号、二〇〇二年
兵庫県精神神経科診療所医会二〇年史編集委員会「第一章／精神科診療所前史」『兵庫県精神神経科診療所医会二〇年史』兵庫県精神神経科診療所医会、八－二五、一九九四年
平安常・屋良澄夫・院根泰昭「沖縄の精神衛生」精神医学、七巻八号、六六－七一頁、一九六五年
昼田源四郎『精神医学レヴュー三八／日本の近代精神医療史』ライフサイエンス、二〇〇一年
広田伊蘇夫『立法百年史――精神保健・医療・福祉関連法規の立法史』批評社、二〇〇四年
フーコー、ミシェル（中山元訳）『精神疾患とパーソナリティ』筑摩書房、一九九七年
藤田利治・佐藤俊哉「精神病院での長期在院に関連する要因――患者調査および病院報告に基づく検討」厚生の指標、五一巻一号、一二－一九頁、二〇〇四年
牧本勝義・野上憲彦・金長寿・新福尚隆「精神科医療に於ける長期在院の研究〔第三報〕――長期在院分裂病患者の退院例の検討」九州神経精神医学、二四巻三号・四号、二四三－二五二頁、一九七八年
松下正明「精神医学史研究のめざすところ」精神医学史研究、一号、一－二〇頁、一九九八年
松本啓・上山健一「日本精神医学風土記〔第四部／第二回――鹿児島県〕」臨床精神医学」二一巻一号、一三九－一四六頁、一九九二年
南山浩二「精神保健福祉システムの変容と精神障害者家族研究」静岡大学人文学部人文論集、五〇号一－一九頁、一九九九年
宮崎隆吉・田中勇三・岡崎孝夫「精神障害による入院期間と地域差――県立淡路病院を退院した患者の調査から」兵庫精神医療、一四号、三五－四五頁、一九九三年
宗像恒次「統計にみる「分裂病者」と精神医療体系――社会学的視角から」精神神経学雑誌、八五巻一〇号、六六〇‐六七一頁、一九八三年
宗像恒次「日本の精神医療体系における社会文化背景」精神衛生研究、三〇号、一三五－一四八頁、一九八三年
村松常雄・松本肇・齋藤徳次郎「東京市内浮浪者及び乞食の精神響学的調査」精神神経学雑誌、四六巻二号、一－二四頁、一九四二年
望月哲也「社会統制としての医療――その概念とパースペクティブ」立正大学教養部紀要、第二五巻、三五－五〇頁、一九九二年
森武夫「精神病院をめぐる状況」精神医療、七巻一号、四九－七〇頁、一九七八年
八重山病院精神科「八重山レポート――八重山の精神医療小史」沖縄精神医療、二号、四三頁、一九七七年

山里昭子「沖縄におけるユタと精神医療〔第一報〕」沖縄精神医療、一号、五〇 - 六〇頁、一九七七年
山下岡剛「社会のシステム化と精神障害」精神医療、六巻一号、三七 - 四五頁、一九七七年
山本紘世「日本精神医学風土記〔第四部／第一〇回——大分県〕」臨床精神医学、二八巻一三号、一六九五 - 一七〇三頁、一九九四年
ゆうゆう編集部・氏家憲章編著『変革期の精神病院——どうすれば病院改革が進むか』萌文社、一九九八年
吉岡真二「私宅監置調査の現代的意義」日本医学史学会、二八巻四号、三三 - 四六頁、一九八二年
吉田貴子・岩尾俊一郎・生村吾郎「近代における「民間」精神病収容施設の実像——兵庫県でのフィールド・ワークを通して」精神医療、二四巻一〇号、三四 - 五七頁、一九九七年
吉田健男「管理社会と地域精神衛生活動」精神医療、六巻一号、四七 - 五五頁、一九七七年
琉球政府厚生局予防課編「沖縄の精神衛生」財団法人沖縄精神衛生協会、一 - 二四頁、一九七一年

# あとがき

本書の「あとがき」に記録しておきたい体験がある。

本書の企画を練り始めた二〇一八年九月五日に、筆者は学生一三人と共に卒論・修論の中間発表を兼ねて出身地である道東（網走・知床）でゼミ合宿を行った。早稲田大学では筆者の最後となるゼミ学生たちである。女満別空港からレンタカーを借りて、網走市（社会福祉協議会で社会福祉概要の講義を受講予定）、知床半島、摩周湖、中標津の牧場（開拓住民の生活聞き取り調査）を周り、標津空港から帰京する三泊四日（予定）の合宿である。

初日の網走市内のホテルで午前三時八分頃、室内の非常灯で目を覚ました。停電のようだったので、すぐ電気がつくと思い寝直したが、事態はそうした楽観的見通しを危うく変えていった。午前五時、北海道の全てが停電という「ブラックアウト」という状況であることがラジオの情報で知らされた。幸い、網走市社会福祉協議会と連絡がつき、車でホテルまで迎えに来てくれたことで、予定通り（?）午前中は社会福祉センターで講義を受けることができた。しかし、午後になっても停電のままであり、そのまま夕方を迎え事態の深刻さにようやく気づかされた。同センターは災害時の避難場所でもあり、筆者らは避難民第一号である。深夜になりホテルに戻るも、タワー駐車場のために停電でレンタカーも出せず、そのままホテルで電気がつくのを待っていた。深夜三時過ぎに電気が復旧し、少しだけ仮眠をした後、早朝に知床半島は諦め中標津のアルゼンチン牧場に向かった。道路は信号が消えていて、停電のままである。車も走っていない。チーズ工場が停電の影響で操業していないため生乳の出荷ができず、牧場主は相当な損害になると諦め顔で話してくれた。夕方、電気がまだつかない民宿でランプとロウソクの灯りで夕食を摂った。深夜にこちらも電気が復旧した。最終日は、この間お風呂に入れなかったため、標津町で入浴施設に立ち寄り、何とか予定通りの飛行機で帰京できた。地震と停電による旅行難民、避難生活という体験は合宿が意図したものではなかったが、筆者が担当する最後の地域福祉ゼミにふさわしい貴重な体験であった。

さて、本書のあとがきに話を戻そう。

一九八四年に雑誌「総合リハビリテーション」の巻頭言を飾った上田敏の論文「ADLからQOLへ」を拝読したときに目から鱗の感動を覚えたことを記憶している。あれから三〇年以上が経過して、リハビリテーション実践はQOL概念によって大きく進展した。筆者の半世紀近くの営みは、精神障害者支援に関わる仕事であり、主に地域を基盤とした精神障害リハビリテーションと精神保健福祉に関する研究である。筆者は川崎市での二七年間の現場実践（市社会復帰医療センター、幸保健所、宮前保健所）を離れて、研究者の一隅に席を置いてからは、以前から関心が強かった精神障害者に関わる歴史や思想の探求に乗り出した。九州に八年間滞在できたことや長崎ウエスレヤン大学のご理解もあって、比較的自由な時間を確保できたことから、韓国の大邱大学への留学や海外の実践を見聞する機会にも恵まれ、また九州各地の離島の研究を始め、わが国各地の実践を学ぶことができた。九州では、「若手研究者の会」をつくり、九州を代表する各地の温泉で毎年のように集まりを持った。

この間、多くの友人と師匠に恵まれ、研究者の生き方、在り方を身近に学ばせて頂いた。故人となられた師匠の岡上和雄先生と先輩の谷中輝雄氏、友人の野中猛氏、日本精神障害者リハビリテーション学会の結成当時からの友人である、安西信雄氏、上野容子氏、伊勢田堯氏、寺谷隆子氏、松為信雄氏、丸山晋氏からは教えられることが多く、今も交流が続いている。そして研究者となる頃からは大学時代のゼミの先輩である大橋謙策先生に師事し、師の呼びかけに応えて大学院時代の先輩や同期の仲間らと一九九五年にNPO法人日本地域福祉研究所を立ち上げた。そして地域福祉の実践フィールドもいくつか担当し、年一回行われる各地の地域福祉実践研究セミナーに参加し、地域福祉の視点も学ばせて頂いた。大学での担当科目も地域福祉が中心となり、いつの間にか、保健所や地域家族会に招かれるより、社会福祉協議会の方が多くなった。しかし、精神保健福祉分野の仕事も諦めたわけではない。むしろ、地域福祉との出逢いが精神保健福祉の考え方に幅をもたらし、その方向性の指針となった。

本書の第Ⅱ部に収録した論文は、主に日本精神障害者リハビリテーション学会、日本精神保健福祉学会で発表した総説的な論文である。紙幅の関係で地域啓発の調査をベースにした論文や共同研究論文は選定から外さざるをえなかった。二つの学会では、学術活動という枠を超えて多くの友人を得ることができた。個々の友人の氏名は割愛するが、ここで改めて感謝申し上げたい。

本書の出版企画は、一〇年近く前だったと記憶している。当時、金剛出版に勤めていた編集者石井みゆきさん（現・やどかり出版）の強い勧めが最初であった。その後、高島徹也氏が編集者となり、毎年のように督促され今日まで待たせてきた。お二人の叱咤激励がなければ到底陽の目をみなかったと思うと、この場をお借りして心からお礼を申し上げたい。

附記となるが、本書第三章「基盤は地域」で紹介した「株式会社アソシア」（沖縄県北谷市）が日本精神障害者リハビリテーション学会二〇一八年度のベストプラクティスに選ばれた。あとがきになってしまったが祝福したい。

最後に、二〇〇三年の精リハ学会長崎大会で紹介したニュージーランドの先住民、マオリの格言を紹介しておこう。

What is most important in the world?—It is people. It is people. It is people.

二〇一八年一一月　古希を迎えて　田中英樹

［初出一覧］

――第Ⅰ部

「精神障害者支援の新パラダイム――精神障害者を支える実践と権利擁護」（社会福祉研究、一〇九号、二〇一〇年）を下敷きに、「リカバリー概念の歴史」（精神科臨床サービス、一〇巻四号、二〇一〇年）、「リカバリー／エンパワメント」「リジリアンス／ストレングス」（精神科臨床サービス、一三巻二号、二〇一三年）、日本精神障害者リハビリテーション学会「ベストプラクティス賞」総評（二〇〇八年～二〇一七年）、日本精神障害者リハビリテーション学会監修『英国保健省――精神保健に関するナショナル・サービス・フレームワーク――五年の経過』（日本精神障害者リハビリテーション学会、二〇〇五年）所収解説、および未発表原稿その他を大幅に加筆修正の上再構成した。

――第Ⅱ部

第5章「精神障害リハビリテーションの概念」日本精神障害者リハビリテーション学会編『精神障害リハビリテーション学』金剛出版、二〇〇〇年

第6章「思想史としての精神障害リハビリテーション」精神障害とリハビリテーション、八巻二号、二〇〇四年

第7章「精神保健福祉学とは何か、そのめざすものは？」精神保健福祉学、三巻一号、二〇一五年

第8章「精神障害リハビリテーションを支える全国組織――民間活動の意義と歴史」精神障害とリハビリテーション、六巻二号、二〇〇二年

第9章「今後の精神保健福祉対策の検討のために――何故、九州で精神科病床数が日本一になったか？」社会福祉研究所所報、七五号、二〇〇七年

［著者略歴］

田中英樹（たなか・ひでき）

●所属――早稲田大学人間科学学術院教授／博士（社会福祉学）・精神保健福祉士

●学歴――日本社会事業大学大学院博士後期課程修了

●職歴――一九七二年、川崎市入職（社会復帰医療センター、幸保健所、宮前保健所勤務）、佐賀大学文化教育学部助教授、長崎ウエスレヤン大学教授を経て二〇〇七年四月から現職。

●主な社会活動――ＮＰＯ法人日本地域福祉研究所副理事長、日本精神保健福祉学会学会長、日本精神障害者リハビリテーション学会副学会長

●専門分野――地域福祉、精神保健福祉、ソーシャルワーク

●主な著書・訳書――『精神保健福祉法時代のコミュニティワーク』（単著）相川書房、一九九六年
『介護保険と地域福祉実践』（編著）東洋堂企画出版、一九九九年
『精神障害リハビリテーション学』（編著）金剛出版、二〇〇〇年
『精神障害者の地域生活支援』（単著）中央法規、二〇〇一年
『市町村における精神保健福祉業務の進め方』（単著）萌文社、二〇〇一年
『精神保健福祉の理論と相談援助の展開』（編著）中央法規、二〇一二年
『ソーシャルワーク演習のための88事例』（編著）中央法規、二〇一三年
ラップ／ゴスチャ『ストレングスモデル［第3版］』（監訳）金剛出版、二〇一四年、他多数。

# 精神障害者支援《せいしんしょうがいしゃしえん》の思想《しそう》と戦略《せんりゃく》
## ――ＱＯＬからＨＯＬへ

２０１８年12月10日　印刷
２０１８年12月20日　発行

著　者◉田中英樹

発行者◉立石正信
発行所◉株式会社　金剛出版
〒１１２－０００５
東京都文京区水道一丁目五番一六号　升本ビル二階
電話　０３－３８１５－６６６１
振替　００１２０－６－３４８４６

装釘◉臼井新太郎
印刷・製本◉太平印刷社

ISBN978-4-7724-1674-0 C3036

## ストレングスモデル［第3版］

### リカバリー志向の精神保健福祉サービス

［著］＝チャールズ・A・ラップ リチャード・J・ゴスチャ ［監訳］＝田中英樹

●A5判 ●上製 ●450頁 ●定価 4,600円＋税

● ISBN978-4-7724-1346-6 C3047

創造性を基盤とした精神障害者ソーシャルワークの
今日的方向性を指し示す「ストレングスモデル」。
支援事例，ストレングスアセスメント，個別リカバリー計画，
現場の教育的指導の技術的詳細を大幅増補した第3版。

## 病棟に頼らない地域精神医療論

### 精神障害者の生きる力をサポートする

［監修］＝伊藤順一郎 ［監訳］＝小林茂 佐藤さやか

●A5判 ●並製 ●272頁 ●定価 3,600円＋税

● ISBN 978-4-7724-1625-2 C3047

医療者・当事者・家族の挑戦と実践知を結集した、
入院治療中心から地域生活中心へと移行する
「来たるべき地域精神医療」のための必携ガイド。

## 病いの語りによるソーシャルワーク

### エンパワメント実践を超えて

［著］＝栄セツコ

●A5判 ●並製 ●230頁 ●定価 3,000円＋税

● ISBN 978-4-7724-1644-3 C3011

精神の病いを患った人がどのように自らの声を取り戻し
自分の生活を再構築するのかを
エンパワメントに基づいた支援モデルとして提示。